CHUZHONG KEAXUE JIAOXUE SHEJI ZHIDAO

初中科学教学设计指导

问题解决、任务驱动

主编：乔 儒、陈 锋

副主编：徐宏武、黄鹏飞、陈亮、汪甜、邬凌羽

ZHEJIANG UNIVERSITY PRESS
浙江大学出版社 | 全国百佳图书出版单位
·杭州·

图书在版编目(CIP)数据

初中科学教学设计指导：问题解决、任务驱动 / 乔儒，陈锋主编. — 杭州：浙江大学出版社，2022.8

ISBN 978-7-308-22516-8

Ⅰ.①初… Ⅱ.①乔… ②陈… Ⅲ.①科学知识－教学设计－初中 Ⅳ.①G633.72

中国版本图书馆 CIP 数据核字(2022)第 061905 号

初中科学教学设计指导——问题解决、任务驱动

乔　儒　陈　锋　主编

责任编辑	季　峥(really@zju.edu.cn)
责任校对	潘晶晶
封面设计	BBL 品牌实验室
出版发行	浙江大学出版社
	(杭州市天目山路 148 号　邮政编码 310007)
	(网址：http://www.zjupress.com)
排　　版	杭州朝曦图文设计有限公司
印　　刷	杭州高腾印务有限公司
开　　本	787mm×1092mm　1/16
印　　张	16.25
字　　数	378 千
版 印 次	2022 年 8 月第 1 版　2022 年 8 月第 1 次印刷
书　　号	ISBN 978-7-308-22516-8
定　　价	59.90 元

《初中科学教学设计指导——问题解决、任务驱动》
编委会

主　编　乔　儒　陈　锋

副主编　徐宏武　黄鹏飞　陈　亮　汪　甜　邬凌羽

编　委　（按姓氏拼音排序）

陈建姣　陈心洲　侯小英　单俞刚　孙超群

徐承翔　姚雪飞　叶　胤　张成生

序

问题解决、任务驱动：使深度学习真正发生

深度学习的起源于 20 世纪 50 年代。当时，布鲁姆在《教育目标分类》中对认知维度层次的划分就体现了"学习有深浅之分"这一思想。比格斯于 2001 年指出，深度学习是一种高水平或者主动地对知识进行认知加工的学习方式，对应的浅层学习则是对知识进行低水平认知加工的学习方式。

一、当前科学课堂教学中存在的主要问题

当代国际著名教育技术理论家 M. 戴维·梅里尔教授曾梳理出困扰教学的几个常见问题：多数教学只采用了讲解方式，而缺乏足够的示证；讲解和提问式教学无法使学生提高解决问题的能力；与主题无关的内容会使学习变得更加困难（增加不必要的认知负荷）；缺乏指导不仅会导致学习效率低下，而且很可能阻碍学习；等等。

近年来，我们通过大量课堂调研发现，在当前科学课程的课堂教学中存在"教师用过多言语讲述和习题操练""轻视学生思考和知识建构"等现状，主要存在三大问题：一些教师虽然能提出大量问题，但是问题普遍缺乏挑战性；一些教师自称任务教学，但是任务设计大多缺少驱动性；大量教师习惯于讲解，不会通过设计项目来促进学生深度理解。究其深层原因：一是教师缺乏"学为中心"的教学新理念；二是科学概念本身复杂且类型多样，没有现成的多样化、针对性的教学范式或策略予以匹配。

二、核心素养下的课堂变革迫切需要深度学习

国内外学者对深度学习的内涵界定有四种观点：深度理解说、理解-迁移说、体验学习说、三元学习说。其中，理解-迁移说是对深度学习内涵最为普遍的认识。其基本观点是，在深度学习过程中，学生不仅要进行复杂的高阶思维、精细的深度加工，还要在深度理解的基础上，主动建构个人知识体系、深度掌握高阶技能，并将它们有效迁移、应用到真实情境中来解决复杂问题。

核心素养是学生在接受相应学段的教育过程中逐步形成的适应个人终身发展和社会发展需要的必备品格与关键能力。核心素养下的课堂教学，要让课程不仅贴近生活，还能回到生活；要从仅是知识量的增加，转变为认

知、情感和素养方面的提高。核心素养下的课堂变革迫切呼唤深度学习的真正发生。

三、指向深度学习的科学教学范式设计与实践

汲取首要教学原理、真实学习理论、ARCS(注意-关联-信心-满意)动机设计模型、以问题为导向(PBL)教学法等当代教学设计理论的精髓,结合科学课程学习的特点及学生实际,针对科学课堂教学中存在的三大主要问题,可以开发出以下三种促进深度学习的课堂教学范式。

(一)问题解决式学习的教学范式

信息加工理论中的"问题"指给定信息与目标之间有某些障碍需要被克服的刺激情境。研究表明,基于问题的学习是促进深度学习的主要教学策略之一,尤其具有真实性和批判性的问题情境更能引发深度学习的发生。

该范式(见图1)主要针对当前"一些教师能提出大量的问题,但是问题缺乏挑战性"问题,其实施关键是要"设计挑战性问题"。

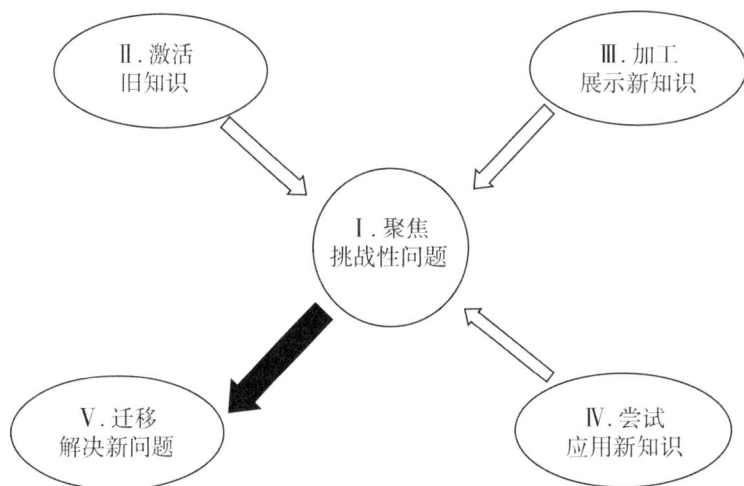

图1 问题解决式学习的教学范式

Ⅰ.聚焦挑战性问题。聚焦解决未达成一致结论的、真实的、能引起认知冲突的挑战性问题,能迅速激起学生的学习兴趣和探索愿望。

Ⅱ.激活旧知识。首要教学原理认为,只有当激活已有知识和技能的心智模式,并将其作为学习新知识的基础时,才能促进学习。

Ⅲ.加工展示新知识。深度学习的发生需要复杂的高阶思维、精细的深度加工,如让学生通过实验学习到新知识。在加工中批判性地学习新知识,就易将它们融入原有的认知结构中。

Ⅳ.尝试应用新知识。在问题解决教学的后阶段,不仅需要开展有梯度

的练习或变式练习，而且需要不断地减少辅助支架，从而能够在众多概念间建立联系，建构新的认知结构。

Ⅴ.迁移解决新问题。将新知识结构化，就能将知识近迁移甚至远迁移到学生的实际生活中，使学生顺利解决新问题，最终达成深度学习。

(二)任务驱动式学习的教学范式

任务驱动式学习也是促进深度学习的主要策略之一。教师设计任务驱动式学习的任务时，需要运用"基于真实任务确定学习任务""形成系列任务并排序""确定任务教学整体策略"等方法，把学生的学习设置到复杂的、有意义的任务情境中，通过让学生完成真实任务来学习隐含于任务中的知识，也就是通过一个个的"任务"来"驱动"学生建构知识与技能。

该范式(见图2)主要针对当前"一些教师自称进行的是任务教学，但是任务设计缺少驱动性"问题，其实施关键是要"设计驱动性任务"。

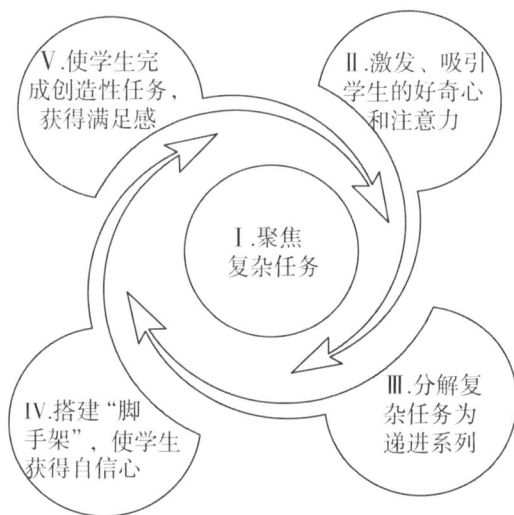

图2 任务驱动式学习的教学范式

Ⅰ.聚焦复杂任务。设置真实性和批判性的问题情境，让学生介入复杂任务，使其学习积极性被充分激发，探索运用高阶思维技能去完成任务。

Ⅱ.激发、吸引学生的好奇心和注意力。动机设计模型的第一个要素就是要激发和维持学生的注意力，引导学生产生问题。

Ⅲ.分解复杂任务为递进系列。赖格卢斯的精细加工理论认为，第一个任务应该以最简单的形式呈现，后续任务的复杂性则依次增加。

Ⅳ.搭建"脚手架"，使学生获得自信心。真实学习理论认为，在真实的学习情境中，学生要解决的是结构不良的复杂问题，教师需要为其提供"脚手架"，即在设计中建构主体性知识，帮助其逐步学会解决问题或完成任务，保证每个学生都有成功的体验。

Ⅴ.使学生完成创造性任务,获得满足感。动机设计模型强调,要提供在真实情境中运用新获得的知识技能的机会,让学生在完成复杂或创造性任务过程中,满意度持续提高。

(三)项目化学习的教学范式

基于项目的学习指的是基于真实情境的有意义项目,通过小组合作,借助多种资源设计、制作作品并将作品呈现出来的一种实践学习。这里研究的是学术性的项目,项目应产生于学科中的重要概念。这种类型的项目主要用来促进学生对所学重要概念的深度理解。学科项目化学习的挑战对学生和教师来说都较容易适应,它能发展学生积极建构学习、合作解决问题、指向特定的学习结果、关注质量标准的能力。

该范式(见图3)针对"大量教师习惯于讲解,不会通过设计项目来促进学生学习"问题,其实施关键是"设计工程性微项目"。

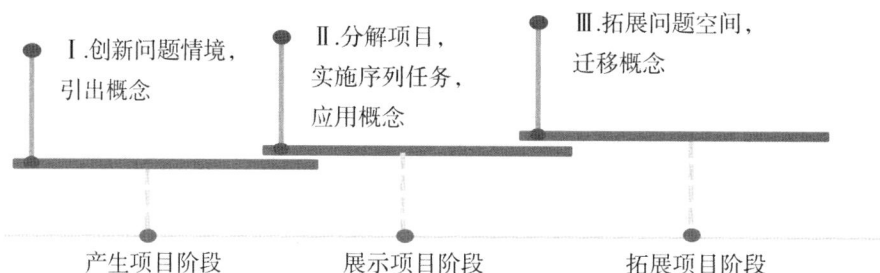

图3 项目化学习的教学范式

Ⅰ.创设问题情境,引出概念。通过将现有的课程材料转化为问题式的、项目式的情境,形成对学生的学术性挑战,引出重要概念并产生项目。

Ⅱ.分解项目,实施序列任务,应用概念。基于STEM(科学-技术-工程-数学)理念,将学术性的项目分解成由简单到复杂的任务序列,引导学生应用概念完成序列任务。

Ⅲ.拓展问题空间,迁移概念。在引导学生自主设计完成任务、交流表达和生生互评的基础上,帮助其提出开放的、跨学科的问题,讨论制定评价量表,迁移概念,完善作品,达成对重要概念的深度理解。

四、实践反思

以上范式是我自2002年评上浙江省特级教师以来,带领工作室研究团队长期研究并推广的成果,实践效果显著,已荣获2021年浙江省(人民政府)教学成果一等奖。

　　现承蒙浙江师范大学生命与化学学院院长乔儒等教授盛情邀请，主编这本浙江省各地名师应用"问题解决、任务驱动"范式等教学成果设计的课例。本书荟萃的许多优秀课例都曾获得过国家、省、市级奖，相信对广大青年教师，尤其是大学师范类毕业生尽快适应中小学理科教学工作，有较高的指导价值。

　　值得说明的是，指向深度学习的课堂教学需要学生在教师的引领下，围绕着具有挑战性的学习主题，全身心积极参与，体验成功，获得发展，故在实践探索中还应注意以下几点。

　　第一，教学要真正体现深度学习的"深度"。从目标方面看，深度学习并不是追求教学内容的深度，而是追求思维的深度、情感的深度及最终学习结果的深度。从课堂方面看，深度学习应是触及学生心灵的学习，是深入知识内核的学习，是体现学习本质的学习。

　　第二，创设真实的学习情景，设计驱动性问题或任务，是实现深度学习的关键。以上范式实践研究表明，适合的、有趣的和富有挑战性的真实问题或任务，能引起学生脑学习的发生，很好地驱动学生进入深度学习状态，引导学生将新知识与旧知识重组与融合，形成新的知识结构。

　　第三，需要建构深度学习评价体系，持久驱动深度学习的发生。我们在大量实践中，需要以布鲁姆教育认知目标分类学指导深度学习目标的制定和实施，以表现性评价和过程性评价等驱动学生深度学习，才能取得更好的效果。

陈　锋
2022 年 3 月

　　陈锋，杭州市自然科学教学研究会理事长，中学特级教师，浙江师范大学实践教学兼职教授，教育部"国培"专家

前　言

　　浙江省自1988年启动在初中阶段全面推行综合理科性质的科学课程改革,迄今已有30余年。新课程理念下的初中科学创新教学设计对于实施高效的课堂教学、激发学生的学习兴趣、提高学生的主动思维和探究实践能力具有重要的作用。提高教师的教学设计能力,是促进教师专业发展、提升教师专业素养的重要内容和途径。初中科学教学设计是师范院校科学教育专业师范类学生的必修课程,对于该专业师范类学生和初入教坛的初中科学教师的专业成长都具有举足轻重的作用。

　　为了落实初中科学学科核心素养的培养,同时为提升科学教育专业师范类学生及初中科学教师的教育教学理念、教学设计能力、教学实施技能与专业素养,浙江师范大学化学与生命科学学院组织了多位浙江省初中科学特级教师、正高级教师、省市级名师及中青年骨干教师构成的编写团队,共同编写了《初中科学教学设计指导》一书。读者对象为师范院校科学教育专业师范类学生以及初中科学教师。

　　有效的教学设计可以减少教学的盲目性和随意性,增强教学的有效性和可控性,也是将教学理念转变为实际操作的关键。它要求教师理性地、多角度地思考和把握教学内容,包括教学目标确定、学生学习状况分析、策略制定、教学进程安排、方法选择、内容取舍、重点难点把握、资源利用、时间有效分配等,是一个立体的思考过程。

　　本书是结合国内外最新的教育学、心理学研究对初中科学教学设计进行深入实践的成果,对于促进我国初中科学教学的科学化、现代化、人文化,培养优质的初中科学教学师资有着重要的作用。同时,本书立足于教学设计的坚实地基,充分融合初中科学学科的特色,系统梳理了学科中的高效教学设计,案例充分,分析透彻,为基础教育课程改革的新理念在初中科学课堂教学中的实施提供相应的实践指导。在此谨向各章节撰写教师表示衷心的感谢!

　　限于编著者的水平,本书在体系、内容设计等方面的疏漏和不妥之处在所难免,诚请广大师生批评指正,以利于我们及时改进。

乔　儒

2022年3月

目　录

第一篇

物理

汽化和液化(1)

刘京京

(龙泉市第二中学)

【课标解读】

本节课属于《义务教育科学课程标准(2022 年版)》(以下简称《课标》)的核心概念"2.物质的变化与化学反应"之"物质三态的变化"的相关内容。《课标》要求学生了解物质的三态及其变化的特点,知道物态变化伴随吸热和放热。根据此要求,活动和探究是本节课的主要学习手段,探究影响蒸发速度的三个因素、知道蒸发吸热并能以此来解释相关的现象是本节课主要的学习内容。

【教材分析】

本节课是在"物质的构成"和"熔化与凝固"两节课的基础上展开的液变气现象的教学。本节课的核心知识是能够借助实验分析影响液体蒸发速度的三个因素,能举例并解释生活中加快和减缓蒸发的事例;知道蒸发要吸收热量,并解释相关现象。有了前面两节课的铺垫,再加上蒸发是学生十分熟悉的汽化现象,学起来会相对容易一些。但是由于受到不完整生活经验的影响,学生会存在一些错误的前概念。例如,洗澡后没擦干身体,风一吹感到特别冷,有的学生会认为这是吹来的风温度低的缘故,还有的学生会认为将电扇对着温度计扇风,温度计的读数会降低。因此,本节课的关键任务之一是帮助学生消除错误的前概念,建立新的正确的科学认知。

教师应该先以错误的前概念为研究起点,通过问题讨论,营造思维冲突;再通过探究、实验、分析、归纳等手段,纠正学生原有的错误认知,建立科学概念。本节课知识难度不大,所以应将知识内容的学习作为载体,重视知识背后的隐性素材的挖掘,将科学方法的应用、科学思维的锻炼、科学思想的渗透、科学态度的建立等素养指标的落实作为本节课的另一个关键任务,引导学生引发质疑思维和合作研究,获取事实证据,从而达到培养学生科学态度的目的。

学习重点:影响液体蒸发速度的因素;液体蒸发需要吸热。

学习难点:从微观角度理解蒸发实质;设计实验验证影响蒸发速度的因素;能用蒸发吸热解释相关现象。

【学情分析】

蒸发现象是生活中常见的物态变化现象之一,也是两种汽化现象中的一种。本节课主要学习"影响蒸发速度的因素"和"蒸发吸热"的知识。学生已经学习了熔化和凝固,也见过很多蒸发实例,因此有了一定的基础,但并没有与物理中的"汽化和液化"建立起联系,比如没有理解人洗澡后没擦干身体,风一吹感到特别冷,是因为水蒸发吸热降温。基于七年级的学生仍然以具体形象思维为主,好奇心强,乐于探索,在教学过程中教师应从生活中的事例入手展开教学,设计实验激发学生学习和探究的兴趣。

【学习目标】

科学观念与应用:①了解汽化的含义,能列举生活中的汽化现象。②知道蒸发的特点,并归纳蒸发的定义。③知道蒸发速度与哪些因素有关。④理解蒸发吸热,会解释相关现象。

科学思维与创新:①通过科学探究,归纳得出蒸发速度与哪些因素有关。②通过参与科学探究,学习使用控制变量,学会设计实验方案。③通过小磁铁模拟分子,学习用模型法建立蒸发概念。

科学探究与交流:①学会小组的实验合作,学会观察实验现象,并能对实验证据进行分析。②通过实验过程的探究和实验证据的分析,学会归纳实验的结论。

科学态度与责任:①通过实验操作,培养严谨的科学态度和实事求是的科学精神。②通过小组探究活动,培养合作、交流、思考、归纳的探究精神。③通过课堂教学,感受科学就在身边,发明创造源于身边的科学。

【教学环节】

一、聚焦挑战问题

教师展示电扇图片,并提问:当人体出汗后,扇电扇会使人感到凉快,这是为什么呢?请进行猜想,并提供猜想的依据。解决这个问题就是我们本节课的中心任务。

猜想1:因为风是凉爽的,使人体表面的温度下降。

猜想2:因为汗液蒸发,带走了人体表面的热量。

设计意图:从学生熟悉的事物出发,引出本节课需要解决的中心问题,在有效问题的刺激下,让学生提出自己的观点和猜想,尝试感受、解释困难,激发学习新知的渴望。

二、激活旧知

问题1:当人体出汗后,过一段时间汗液就"消失"了,它去哪里了?

问题2:在生活中你还遇到过类似的物质由液态转变为气态的例子吗?

问题3:除了水以外,你还见过其他液体发生过类似的现象吗?

学生根据自己的生活经验回答。

魔术:不吹也能变大的气球

准备2只装有约80℃热水的烧杯、2只相同型号的锥形瓶(A瓶装少量酒精,B瓶装等量清水),每只锥形瓶上各放1个未充满气的气球,将锥形瓶放入烧杯中,过一会儿,A瓶上的气球鼓起来了。

问题4:你看到了什么现象?请你来揭秘。

教师总结归纳:物质由液态变成气态的过程叫汽化;反之,物质由气态变为液态的过程叫液化。把学生举的关于汽化的例子再次进行分类,一类为蒸发,一类为沸腾,本节课重点学习蒸发的相关知识。

设计意图:充分调动学生已有的生活经验和认知,利用魔术激发学生的学习兴趣,最后学生和教师共同归纳汽化的概念。

三、加工展示新知

探究:蒸发的本质

教师提供素材:夏、冬季节由于长时间放置,苹果表面变得干巴巴,然而其内部并没有发生明显的变化(见图1)。

图1 苹果表面变化对比

问题1:长期放置的苹果表面为什么会变得干巴巴?

问题2:为什么无论是什么季节,苹果表面都会变得干巴巴?说明蒸发有什么特点?

问题3:苹果表面液体蒸发得快,其内部并没有发生明显的变化,说明蒸发发生在哪个部位?

请根据以上素材得到的信息(蒸发的特点),利用教师提供的小磁铁模拟水分子,通过小组合作的方式尝试做出蒸发的模型并进行展示(见图2),其余小组对该模型进行评价,教师视具体情况进行最后的补充,最终师生共同建构科学的蒸发概念。

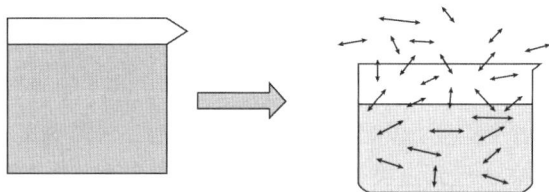

图2 蒸发模型

设计意图:由无论是什么季节苹果表面都会变干的现象,引导学生从宏观角度思考蒸发的特点及发生的部位。再从微观角度出发,利用小磁铁探寻蒸发的本质,让学生充分理解蒸发发生的部位在表面,而不是表面与内部同时进行,为之后学习沸腾做好铺垫。

探究:液体蒸发速度的影响因素

问题:如果要把苹果变成苹果干(见图3),有什么办法可以让它干得快一点?

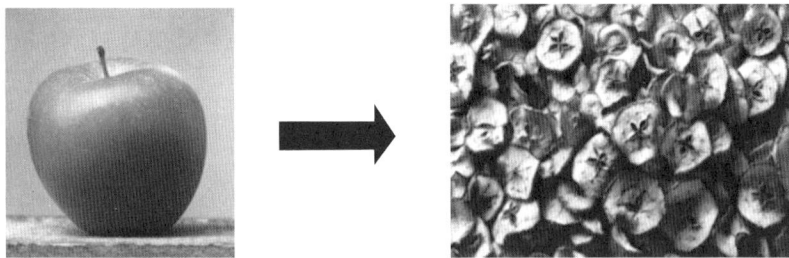

图 3　苹果变苹果干

猜想 1:放在太阳下晒(温度)。

猜想 2:放在有风处(液体表面空气流动速度)。

猜想 3:切片(液体表面积)。

实验器材:玻璃片(2 块)、滴管、酒精、酒精灯、木夹、硬纸片。

任务:请学生利用教师提供的实验器材进行实验方案的设计。第一大组针对猜想1进行设计,第二大组针对猜想 2 进行设计,第三、四大组针对猜想 3 进行设计。

在设计的过程中思考以下几个问题。

问题 1:实验中的变量是什么?

问题 2:要控制哪些量不变?

问题 3:本实验采用的思想方法是什么?

各小组成员先独立思考,后讨论完善,以图文结合的形式进行展示。

以小组为单位进行学生实验。

教师引问:液体蒸发速度除了受以上三个因素的影响外,还与什么因素有关?刚刚课中的小魔术对你有启发吗?(引导学生得出蒸发速度与液体的种类有关的结论)

教师总结:液体蒸发速度与液体表面积、温度,以及液体表面空气流动速度等因素有关。液体表面积越大,温度越高,液体表面空气流动越快,液体蒸发就越快。

设计意图:从生活出发,让学生猜想影响蒸发速度的因素。通过实验方案的设计,培养学生设计实验的能力,让学生体验控制变量法在实验探究中的应用。

教师提出问题:固体熔化和液体凝固时会伴随热量的吸收与放出,那么液体蒸发时是向外界放热还是从外界吸热呢?

活动:

(1)把温度计放入酒精中一会儿后取出,观察温度计的读数变化,并思考读数变化的原因;

(2)把温度计放入酒精中一会儿后取出,用电扇吹温度计,观察温度计的读数变化,与前一次进行比对,并对比对的结果进行解释;

(3)用电扇对着干燥的温度计吹,观察温度计的读数变化。

设计意图:在循序渐进的实验中,让学生自己发现蒸发会吸热,导致温度下降。

四、尝试应用新知

解决中心问题:请对人体出汗后,扇电扇会使人感到凉快的原因进行解释。

设计意图:运用所学内容来解决本节课提出的中心问题,体现科学来源于生活又服务于生活的 STSE(科学、技术、社会、环境)教学理念,而科学课堂的使命就是架起科学与生活的桥梁。

五、迁移解决新疑

▶▶ 资料卡 ▶▶

住在热带贫困地区的居民,由于没有电,夏天无法用电冰箱。为此,英国学生埃米莉发明了无电"冰箱"(见图 4)。它的内桶用金属制成,外桶用木头、塑料等常见材料制成,两层之间的空隙可以填充沙子。外桶上有数个圆孔。用水浸湿沙子后,把桶放在干燥、通风的地方,并保持沙子潮湿,这样能使金属桶内部空间温度维持在 6℃左右,从而使食物保鲜。

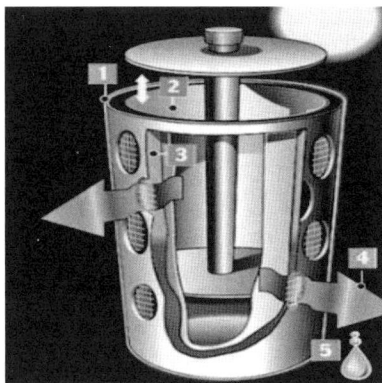

图 4　无电"冰箱"

根据上文,请回答:

(1)该无电"冰箱"的工作原理是什么?

(2)把桶放在干燥、通风的地方,并保持沙子潮湿的目的是什么?

设计意图:解决新疑的目的是培养学生的知识迁移能力,即利用所学知识在陌生情境中解决陌生问题,同时使基础知识和基本技能得到进一步的巩固和加强,将新知识结构化,实现深度学习。

【板书设计】

汽化与液化(1)

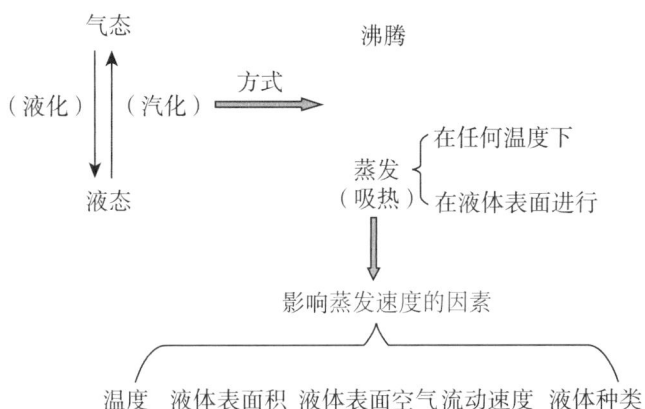

【特色与亮点】

1.基于真实的生活情境

科学学习应从生活中来,最后回归到生活中去。通过观察"当人体运动出汗后,扇电扇会使人感到凉快"这一生活情境,引导学生思考并提出问题,最后通过探究性实验去获取新知识,提升解决问题的能力。

2.通过模型建构科学概念

由无论是什么季节苹果表面都会变干的现象,引导学生从宏观角度思考蒸发的特点及发生的部位;再从微观角度出发,利用小磁铁模拟水分子的实验,引导学生探寻蒸发的本质,从而自主建构蒸发的概念。

3.运用实验求证问题的答案

在教学"液体蒸发时是向外界放热还是从外界吸热呢"这一环节时,教师运用了对比实验,并且应用电子温度计使实验更加可视化,让学生直观地感受到蒸发是从外界吸热的。在这个过程中,学生可以深刻地感受到猜想可以通过实验去求证,培养实事求是的科学态度。

物质的构成（2）

余不易

（衢州市实验学校）

【课标解读】

"物质的构成"属于《课标》的核心概念"1.物质的结构与性质"下"物质由微观粒子构成"的学习内容。《课标》要求学生知道已知的绝大多数物质是由看不见的分子、原子、离子等微观粒子构成的，了解这些微观粒子的基本特征；知道微观粒子之间有空隙，了解微观粒子运动特点，列举支持微观粒子运动的证据；知道微观粒子间有引力和斥力的存在。《课标》要求学生通过观察物质的变化认识构成物质的微观粒子；观察酒精和水混合后体积的变化，体会由宏观现象猜想物质结构的基本方法；通过观察生活中的扩散现象寻找分子运动的规律；能初步从微观粒子的角度认识物质，并简单地解释生产生活及实验中的一些现象。这些观察和体会也正是本节课主要的学习过程。

【教材分析】

"物质的构成"是《科学 七年级上册》（浙江教育出版社）第4章第1节的内容。学生在第2章学习了有关细胞学说的知识以后，能更深刻地从微观层次上去认识物质的本质，初步建立分子的概念，并解释物态变化、物质的特性等一些科学现象。分子是化学基本概念的组成部分，也是后续学习的基础，因此这节课的内容至关重要。本节课的核心内容包括认识分子是构成物质的微粒、分子之间有空隙、分子处于不停地运动之中、分子间的引力和斥力等。本节课是"物质的构成"的第2课时，是在分子大小和分子间隙的认识基础上，继续认识分子的运动和分子的相互作用力。教材中从物质的扩散现象得出分子不停地运动，并通过实例理解温度越高，分子无规则运动越剧烈；了解当分子间相距几个分子大小时，分子间主要表现为引力，当分子间距接近到大约一个分子大小时，分子间主要表现为斥力，当分子间相距很远（超过10个分子大小的距离）时，分子间就基本没有相互作用了。

因此，教师要通过现象的分析，引发学生深入思考；通过实验现象的分析和模拟实验，使学生理解并建立新的科学概念。本节课较为抽象，更需要通过大量的宏观现象来认识分子的微观本质。将科学方法的应用、科学思维的锻炼、科学思想的渗透、科学态度的建立等素养指标渗透到课堂教学中，引导学生引发质疑思维和合作研究获取事实证据，从而达到培养学生科学态度的目的。

学习重点：认识分子运动和分子间的作用力。

学习难点：通过扩散现象认识分子的无规则运动。

【学情分析】

学生根据原有认知及之前的学习,已初步了解探究事物的基本方法,知道要借助仪器、探究实验等。然而七年级的学生对理解分子的抽象定义还是有一定困难的。要让学生经过分组实验,自主探究;教师通过创设情境,并借用多媒体的演示,引导学生进行实验探究,以及全面观察和总结,建构起对分子的正确认识。

【学习目标】

科学观念：通过了解分子的无规则运动,建立分子运动观。

科学思维：通过对演示实验的观察,进行分析、推理,认识分子间空隙、分子热运动,以及分子间的作用力。

科学探究：通过本节的学习,进一步培养实验、观察、描述和解释现象的综合能力,初步掌握科学探究的一般方法。

科学态度：通过积极参与,培养探索微观世界的兴趣,激发学习动力,进一步培养在科学探究中的合作和交流精神,以及严谨求实的科学态度、良好的意志品质。

【教学环节】

一、聚焦挑战问题

构成物质的分子是固定在确定的位置上,还是处于不停地运动之中?

提问:分子是不停地运动的,还是固定在确定的位置上? 你有何证据?

学生交流:

(1)教师在讲台上喷香水,学生陆续能闻到香水味。

(2)闻到花香,也是因为分子的运动。

演示实验:**液体扩散实验**

(1)两只烧杯中分别装入热水和冷水。

(2)用注射器将红墨水注入两杯水的底部(见图1)。

播放教学视频:

(1)播放固体的扩散现象视频。

(2)播放空气和二氧化氮相互混合的视频。

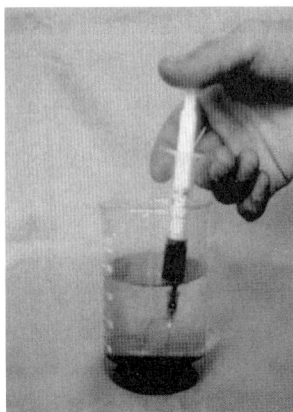

图1　液体扩散实验

设计意图：通过让学生观察生活中各种物体的运动和静止的现象,提出关于微观分子运动状态的问题,引发学生思考并尝试寻找相关证据。在师生交流中,立足学生的疑问进行积极的引导,使学生认识扩散现象,并将扩散现象与分子运动建立联系。

二、激活旧知

提问:空气和二氧化氮相互混合后,将装有二氧化氮的棕色瓶子放在装有空气瓶子的上面(见图2),将观察到什么现象? 这能说明分子在运动吗?

学生交流:气体的运动可能是因为受重力的影响,在红墨水的实验中,注射器要加在烧杯底部,也是这个道理。

设计意图:通过观察生活中各种扩散现象,分析得出分子处于不停地运动之中。并且通过瓶子不同的摆放深入理解物质的扩散是因为分子的自由运动,不是靠外力作用,对分子热运动进一步加深理解。

图2 空气、二氧化氮混合实验

三、加工展示新知

任务1 认识分子是永不停息地做无规则运动的

提问1:通过之前的实验,气体的扩散、液体的扩散、固体的扩散现象能说明什么?

学生反馈:说明分子在永不停息地做无规则运动。

提问2:"不停息"容易理解,"无规则"怎么理解? 怎么知道分子的运动是无规则的?

学生思考。

播放教学视频:播放分子的运动轨迹视频。

学生仔细观察分子的运动路径,得出不停息的分子运动是无规则的。

提问3:分子运动的快慢与什么因素有关? 请举例说明。

学生举例说明。

归纳小结:扩散现象表明构成物质的分子都在不停地做无规则运动。温度越高,分子无规则运动越剧烈。由于分子的无规则运动跟温度有关,因此,我们把分子永不停息的无规则运动叫作热运动。

设计意图:扩散现象能够表明分子都在不停地运动,且分子运动的快慢与温度的高低有关。但是物质的扩散现象无法表明分子运动是无规则的。这需要学习布朗运动后才能了解,而在初中阶段不要求学习布朗运动,学生可以通过观看分子的运动轨迹视频来做了解。

任务2 认识分子之间的引力和斥力

提问1:已知分子之间有空隙,而且永不停息地做无规则运动,那么构成物质的分子怎么会聚集在一起构成物质呢? 它们会互相分开远离吗?

学生交流:分子之间存在一定的引力,才让物质不会散开。

教师引导:构成物质的分子之间虽然彼此间存在距离,却存在着相互作用的引力。分子之间的引力像一只只无形的手,将分子与分子聚集在一起,构成各种固体和液体。不但物体内部的分子之间存在着引力,两个物体接触面上的分子之间同样存在着相互作用的引力。

演示实验:铅块黏合实验

取两块铅柱,将它们的端面锉平后,用力压在一起。把它们悬挂起来,并在下方铅柱上挂钩码,增加钩码数量,观察能挂几个钩码(见图3)。

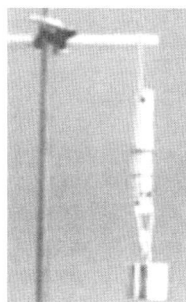

图3　铅块黏合实验

教师引导:两块铅柱黏合在一起,能承受这么大的拉力,是什么原因？这是两块铅柱接触面上分子之间的引力所致。

提问2:既然分子间存在引力,那么分子间存在斥力吗？请大家做出判断并寻找证据。

学生交流:气体压缩到一定程度后很难再压缩,而且气体不再被压缩时就会膨胀,固体、液体也是如此,这应该是分子间存在斥力的原因。

归纳小结:分子间不仅有引力,而且有斥力。当然,这些力都需要在一定的距离上才能表现出来。

设计意图:引发学生从分子永不停息地做无规则运动这一特点出发,思考"构成物质的分子是否会互相分开远离"这一问题,进而认识引力和斥力。这充分体现了科学的辩证法,有助于学生提升思考和分析能力。

四、尝试应用新知(解决中心问题)

提问1:"柳絮飞扬""荷花飘香""黄沙扑面""雪花飘飘"这四种场景中,哪些场景能说明分子在不停地做无规则运动？请说明理由。

学生交流:分子的无规则运动是微观现象,需要通过物质扩散的宏观现象来说明。以上四个场景中,只有荷花飘香才是物质的扩散现象,而其他场景不是扩散现象,故不能说明分子的运动。

提问2:将一根细线松松地系在一个铁丝框架的相对两边上。把框架浸到肥皂液里再取出来,框架上便会出现一层肥皂膜,如图4a所示。用烧热的针刺破线的一侧的肥皂膜,另一侧的肥皂膜会把细线拉过去,如图4b所示。这个实验现象说明了什么？

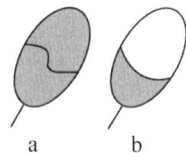

图4　肥皂膜实验

学生交流:能将肥皂膜拉过来,说明分子间有引力的作用。

设计意图:要了解学生是否认识与理解科学概念,主要是看其能否解决与分析实际问题,能否辨析科学现象或原因。通过所学内容来解决本节课提出的中心问题,体现科学来源于生活又服务于生活的教学理念,而科学课堂的使命就是架起科学与生活的桥梁。

五、迁移解决新疑

思考讨论:人们发现,在长期堆放煤炭的墙角,地表和墙不但表面会变黑,而且里层都会变黑。如何解释这一现象？

学生交流:构成煤炭的粒子在不停地运动,渗入墙壁。

设计意图:解决新疑的目的是培养学生的知识"迁移"能力,即利用所学知识在陌生情境中解决陌生问题,同时使学生的基础知识和基本技能得到进一步的巩固、提升,将新知识结构化,实现深度学习。

【板书设计】

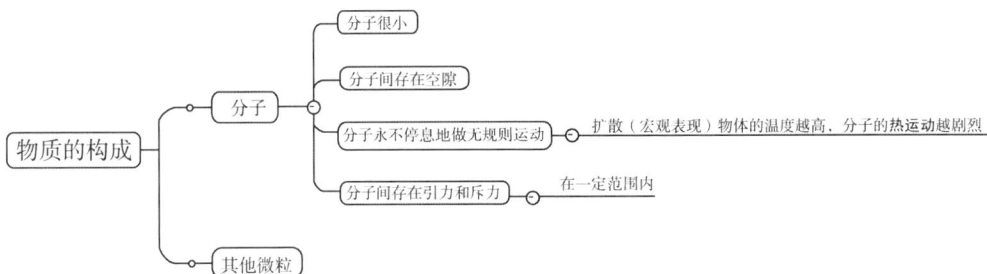

【特色与亮点】

1.在生活现象中探求科学

贴近生活,联系社会实际,是激发学生学习兴趣的重要方法,同样也是学生适应现代生活和未来发展、提高科学素养和人文素养的需要。因此,作为学生学习的引导者,在教学中,应设立与生活相关的情境,让学生及时融入其中,思考身边的生活现象,寻找新的视角和切入点,引导学生感受身边的物质和变化,提高学习的兴趣,发现问题、展开探究以获得新的知识和经验,加深对知识在实际生活中应用的认识,提升分析能力。

2.在思考讨论中建构概念

利用经验和已有认知是激发学生潜能、提高分析能力的重要前提。教学过程中充分尊重学生的已有认知,根据其以形象思维、感性思维和经验型的逻辑思维为主的特点,设计必要的教学环节,让学生自我发现原有认识中的不科学和片面的成分,主动建构抽象的概念和结论,理解理论、技术和社会的相互作用,提高实践分析能力。

3.在互动评价中拓展思维

加强师生评价、生生互评等多种评价方式,是关注学生个性发展、激励学生走向成功、改进教师教学方式的有利途径。教学过程中,通过师生评价、生生互评的方式,可展示学生的思维过程和成果,从而进行更具有针对性的教学。此外,评价的实施优化学生的参与意识、合作能力、质疑精神,有助于学生厘清分析问题的思路,提升知识的理解和认知水平、表达交流技能,并达到自我激励的目的。

4.在和谐氛围中实现进阶

教师的正确引导、适时鼓励是学生在科学学习活动中取得成果的有效手段。学生在探究学习中离不开教师的有效指导,一些言语的鼓励与启发、课堂组织策略的应用等,可以为学生提供一个和谐、有效的学习环境。在这样的课堂中,教师是一名组织者、引导者、可以交流的伙伴,能够达到师生情感交融、言语共鸣、思维共振的效果。

声音的产生和传播(1)

郑 昕

（衢州市兴华中学）

【课标解读】

本节课属于《课标》的核心概念"3.物质的运动与相互作用"的相关内容。《课标》要求学生知道声音的产生和传播的条件,关注声、光、电、磁等技术改变生产生活的典型案例。根据此要求,活动和探究是本节课的主要学习手段,归纳总结声音产生的条件以及通过实验推理声音传播的条件是本节课主要的学习内容。

【教材分析】

从知识结构看,"声音的产生和传播"是继冷热觉、触觉、味觉、嗅觉对环境感知的学习之后,学生学习听觉、察觉世界的知识基础;从认知结构看,"声音的产生和传播"是后续学习光、区别声波与光波传播条件的不同、了解波在信息传播中作用的前提;从思维结构看,"声音的产生和传播"是经历有意义的思维,促进分析、归纳、推理、总结等思维成长的的重要载体。

本节课在知识层面的要求不高,要求学生以实验探究的方式进行学习,通过观察、操作、体验的方式得出结论,培养学生的观察能力和分析总结能力,保持学生探索科学知识的热情,提高学生学习的兴趣。

学习重点:声音产生的原因和传播的条件。

学习难点:对声音的产生及声音的传播需要介质的探究;转换法、科学推理等研究方法在探究中的应用。

【学情分析】

学生在生活中已经积累了大量与声音有关的感性认识,但是对于"声音为什么会产生? 人们为什么会听到声音?"大多数学生并不清楚。大多数学生有着较强的好奇心和求知欲望,对于实验呈现出较强烈的兴趣。在教师的帮助下,学生能够利用简单的仪器,进行独立思考,经历科学探究过程。

然而,学生以形象思维为基本思维方式,逻辑思维及科学探究的能力还有所欠缺,时常会感到所学知识与生活现象存在较大差距。物体的微小振动不容易观察,学生仅仅依靠日常生活感受很难理解。对"声音的传播需要介质"认识不足,使得声音产生的条件、声音传播需要介质的探究成为学生学习时的难点,需要教师给予方法上的引导、思维上的锻炼。

【学习目标】

科学观念:①知道声音是由于物体振动产生,具有将科学与实际相联系的意识。②了解声音的传播需要介质,真空不能传声,固体、液体、气体都可以作为传声的介质,能从科学的视角描述和解释比较简单的自然现象。

科学思维:在观察的基础上质疑提问,在实验的基础上进行科学论证,通过比较、归纳、推理等思维过程,提高思维的辩证性及逻辑性。

探究实践:①运用转换法、对比实验、控制变量实验等科学方法,探究声音产生和传播的条件。②学会依据客观事实进行科学论证的方法。

态度责任:培养用事实说话,尊重客观事实,并经历实事求是获取和评价科学结论的过程。

【教学环节】

一、聚焦挑战问题

播放《天宫课堂》视频。

提问:声音是从哪里来?

针对提问,学生表达自己的看法:声音是宇航员发出的;声音是音箱发出的。

问题1:声音是如何产生的?

问题2:声音又是如何传播到我们耳中的?

设计意图:从天宫课堂引出本节课需要解决的中心问题,贴近生活,使学生感到亲切。宇航员发出的声音能否在太空中传播自然而然地激起学生的探究欲。

二、激活旧知

任务1 提供钢尺、橡皮筋、笔帽、装有水的水槽、纸杯等器材。学生尝试用各种方式使其发声。

学生用敲打、弹拨、碰撞、摩擦、吹奏、倾倒等方式制造声音。

提问:发声的物体可以有哪些状态? 物体发出声音时有何共同的特点?

设计意图:以自主探究的形式,使学生充分结合生活经验,体验固、液、气等状态的物体均可以发出声音,以及使物体发声的各种方式。以此为起点,引发学生进一步思考:物体发出声音时有何共同的特点?

三、加工展示新知

1.实践体验,寻求共性

活动1:学生说话,同时触摸声带。

学生交流:声带振动,发出声音。

学生代表上台演示并说明:正在发声的物体都在振动,固体、液体、气体振动都可以发声,声音的产生是由于物体在振动。

教师总结:正在发声的物体叫作声源。

设计意图:教师引导学生在玩中探索知识,并利用同类事物的比较,发现同类事物共同的特点,抽象概括出事物的本质特征,总结归纳出振动是物体发声的本质特征:一切发声的物体都在振动。

2.对比实验,强化本质

教师演示1:敲打音叉发出声音,停止敲打后仍余音袅袅。

提问:余音袅袅的音叉在振动吗? 如何让其立即停止发声?

针对提问,学生演示:用手握住音叉,音叉停止发声。

教师引导学生说出手的感受:触摸到发声的音叉在振动,握住音叉后音叉停止振动,同时停止发声。

任务2 请设计实验,让全班学生都能感知到发声的音叉在振动。

教师引导学生设计实验:借鉴乒乓球在振动的音箱上跳动,可采用转换法设计实验;可采用对比实验比较发声的音叉与不发声的音叉是否振动。

教师演示2:将发声的音叉放入水中,观察到水花四处飞溅;对不发声的音叉进行同样的实验,则无水花。

教师演示3:将发声的音叉靠近静止的乒乓球,观察到乒乓球被弹开;对不发声的音叉进行同样实验,则乒乓球未被弹开。

教师小结:生活中很多物体,发声时振动非常不明显,以至于我们很难观察到,但是这些物体同样是通过振动而发出声音的。

设计意图:采用任务驱动、问题导向的策略,引导学生交流讨论,把不易观察的发声体的振动转换为易观察的现象,使学生体会转换法和对比实验方法的应用,促进学生科学思维的发展,同时纠正了学生"敲打是物体发声的原因"的错误前概念,强化了"振动是物体发声的本质"的科学认识。

3.实验推理,认同介质

提问:宇航员在空间站或者月球上可以正常发声吗? 可以正常交谈吗?

学生针对提问表达自己的观点:无论在空间站还是在月球上,宇航员的声带都可以正常振动,所以能正常发声。但因为没去过太空,不能确定是否可以正常交谈。

▶▶▶ **资料卡** ▶▶▶

(1)空间站里有空气。在太空空间站,宇航员呼吸的氧气主要通过两种方式产生:一种是直接携带地面氧气罐;另一种是通过空间站内的化学反应生成。

(2)月球上没有空气。月球上有氦气或氢气,但是极为稀薄,约为地球上空气密度的一万亿分之一,因此月球表面约等于没有空气。

任务3 设计实验探究没有空气,声音是否可以传播。

(1)如何制造真空环境?

(2)如何判断声音是否可以传播?

(3)能否制造绝对真空环境?

(4)如何得知真空中是否可以传播声音?

活动2:将一只电铃放在密封的玻璃罩内(见图1),接通电源,使电铃发声,逐渐抽出玻璃罩内的空气,听听声音有什么变化(见表1)。

表 1　玻璃罩内铃声的变化

	听到的声音的强弱	玻璃罩内的空气量
抽气前		
抽一会儿		
再抽一会儿		
一直抽		
推测		

图1　声音在空气中传播

发现:罩内空气量越少,听到的声音越弱。

推论:真空不能传播声音。

预测:如果打开玻璃罩阀门,向罩内缓缓放入空气,听到的铃声会如何变化?

结论:空气可以传播声音。

学生交流:在空间站,由于是有空气的,因此宇航员讲话交流和在地球上没有太大的差别。在月球上,由于近似真空状态,没有介质,即使两个人在对面大喊,也不会听到彼此的声音,需要借助无线电交谈。

设计意图:以具体问题为牵引,培养学生设计实验方案的能力,并通过观察、思考、交流和总结,培养观察能力、逻辑思维能力、交流表达能力和归纳总结能力。

4.科学论证,认识介质

教师追问:液体、固体能否传播声音呢?请举实例证明。

学生举例:在水槽里敲打石头,仍能听到声音;岸上的声音会惊动水中的鱼;贝多芬"听"音……

教师演示:将播放音乐的手机放入水中,在悬浮状态中,人能听到声音。

结论:液体可以传播声音。

活动3:

(1)把两张课桌紧紧挨在一起。一位学生用指腹轻敲桌面,另一位学生把一只耳朵紧贴在另一张桌面上倾听,用手堵上另一只耳朵,能听到敲击声吗(见图2)?

(2)将两张桌子分开一条小缝,重复以上实验,能听到敲击声吗(见图2)?

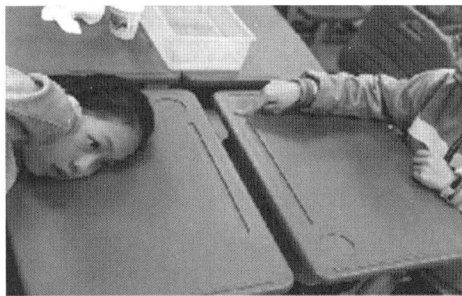

图 2　声音在固体中传播

结论:固体可以传播声音。

学生归纳小结:声音的传播需要介质。声音既可以在气体中传播,也可以在固体和液体中传播,但不能在真空中传播。

设计意图:引导学生由现象到本质研究问题,直观地感知声音传播的介质具有普遍性,气体、液体、固体都可以传播声音,但不同的介质对声音的传播又有着特殊性,为下一课时学习声音传播的速度做铺垫。同时培养学生严谨求实的科学态度。

四、尝试应用新知

活动4:

(1)利用"土电话"通话。

(2)在用"土电话"时,让一位学生用手捏住线上的某一部分。

教师引导学生观察现象并分组讨论现象产生的原因。

教师追问:在空间站或月球上能否利用"土电话"通话?

教师引导学生讨论,运用声音传播的条件分析说明。

释疑:回到最初提出的问题,我们听到的天宫课堂的讲课声音是由宇航员的声带振动产生的,再通过空间站的空气传播到无线通信装置,该装置会将声音信号转换为电磁波信号,而电磁波信号是可以在真空中传播的,地面接收电磁波信号后使音箱振动产生声音,并由教室里的空气传播到耳朵里。

设计意图:以"土电话"游戏为情境,有助于学生在真实情境中辨析声音传播的条件。学生应用新知解释之前的疑问,学习的兴趣更加持久。

五、迁移解决新疑

思考与讨论:

(1)蝉是如何发声的?

(2)影视剧中星球大战的场景是否合理?

设计意图:两个思考题分别指向本节课中关于声音的产生和传播两个中心问题,意在培养学生在面对新疑问时,运用所学知识在陌生情境中解决陌生问题的迁移能力,从而实现深度学习。

【板书设计】

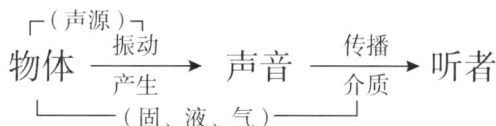

物体 $\xrightarrow[\substack{\text{振动}\\\text{产生}}]{\overline{\text{(声源)}}}$ 声音 $\xrightarrow[\text{介质}]{\text{传播}}$ 听者

$\underline{\qquad\text{(固、液、气)}\qquad}$

【特色与亮点】

1.真实的情境脉络

真实、具体、富有价值的问题解决情境是学生核心素养形成和发展的载体,空间站、月球、地球的环境或相似或相异,以此为情境脉络设计教学既贴近学生的关注点,又契合教学内容,既是天宫课堂的常态延伸,又是青少年探索宇宙的催化剂。

2.可视化教学策略

声音的产生与传播是本节课的主要内容,相关现象很普通,但无论是物体的振动还是真空中不能传播的知识点都难以观察。本节课引导学生用转换法将物质的振动可视化,用实验推理法将真空不能传播声音的理论可视化,提升学生的逻辑性思维。

3.对比实验强辩证

敲打音叉发声与抓住音叉不发声的对比、空气传声与真空不传声对比、"土电话"棉线传声时"能听到"与"不能听到"的对比等一系列的对比实验贯穿整个课堂,让实验更严谨,让教学更加丰满,加强了学生辩证思维的培养。

光和颜色(1)

宋红敏

（衢州市菁才中学）

【课标解读】

本节课属于《课标》的核心概念"3.物质的运动与相互作用"中"声音与光的传播"的内容。《课标》要求学生知道光的直线传播，了解相关现象（如针孔成像等）。依据核心素养的内涵及学段特征，结合本节课的内容特点，探究是本节课的主要学习手段。本节课探究光在不同介质中、不同介质之间，以及不均匀介质中是如何传播的，并建构光线模型，然后应用光沿直线传播的原理解释小孔成像等相关现象。探究光传播的规律并建构光线模型是本节课主要的学习内容。

【教材分析】

本节课的内容包括光源、光的传播和光速三部分，这三部分知识学生在小学已经初步学习过。本节课中，光源的内容和小学教材中的内容基本相同。光速部分，学生需要了解光在不同介质中传播的速度不同，知道光年是天文学上计量天体之间距离的单位。

光的传播是本节课的主要部分。教材从光在空气、水和玻璃三种不同状态的透明介质中都沿直线传播的事实中归纳出光在同一种均匀介质中是沿直线传播的。与小学教材相比，增加了水和玻璃的实验，使结论更具普遍性，但没有对光沿直线传播的条件（同一种均匀介质中）设计活动进行验证。教学中需要补充探究光在不同介质和不均匀介质中不沿直线传播的实验，作为光只有在同一均匀介质中才沿直线传播的佐证。

光线模型是光学分析和作图的基础，其建立方法是科学中常用的模型法。本节课是学生第一次学习光线模型的内容，所以教师需要点明它的研究方法和作用，为后续学习奠定基础。光线模型对学生而言较为简单，可以尝试让学生在了解光的传播规律之后自主建构，培养建模思想和能力。

教材中"思考与讨论"活动，试图让学生了解光沿直线传播原理在步枪瞄准中的应用。真实的步枪瞄准是一个比较复杂的过程，此处不宜拓展。应用光沿直线传播的原理解释小孔成像的原因，在《课标》中仅要求"了解"，所以学生能利用光线模型简单解释小孔成像的原因即可。教材中设计了探究树荫下的圆形光斑的活动，在有条件的情况下可以适当拓展到小孔成像性质规律的探究。

学习重点：通过实验、探究、比较、分析等手段得出光在同一均匀介质中沿直线传播；建构光线模型；了解光沿直线传播产生的现象和应用。

学习难点：探究光沿直线传播的条件；探究小孔成像的原因。

【学情分析】

学生在生活中能看到的光路的光多数是沿直线传播的,例如激光电筒的光、路灯的光等。小学的实验和影子等现象也证明光是沿直线传播的,因此光沿直线传播已深入学生的脑海。此外,在不均匀介质中发生"拐弯"的光路在生活中很少见,因此,引导学生探究光沿直线传播的条件是本节课的主要任务之一。

树荫下的圆形光斑是学生常见的现象,其本质同小孔成像,和影子一样都是由光沿直线传播造成的。但小孔成像的原理比影子形成的原理要复杂,学生难以解释,极具挑战性,故可作为本节课的中心问题。

【学习目标】

科学观念:通过探究光沿直线传播的条件,理解科学原理、模型有一定的适用范围。

科学思维:通过探究光传播的规律和建构光线模型,培养模型建构、推理论证和创新思维能力。

探究实践:通过自主设计方案,探究光传播规律和小孔成像原理,培养科学探究能力和自主学习能力。

态度责任:通过小组合作和探究式学习,培养善于合作、敢于质疑、乐于探究、严谨求实的科学态度。

【教学环节】

一、聚焦挑战问题

通过展示树荫下的光斑图片,引导学生提出有挑战性的问题。

问题1:树叶之间孔隙的形状是不规则的,为什么光斑却是圆形的?

设计意图:展示真实问题情境,提出极具挑战性的统摄性问题,使学生产生认知冲突,迅速激起学生的学习兴趣和探索欲望。

二、激活旧知

问题2.1:什么是光源? 你能举例说明吗?

问题2.2:光能在哪些物质中传播? 它们有什么共同点?

问题2.3:光在空气中是怎样传播的? 其路线、方向和速度如何?

问题2.4:光沿直线传播会产生哪些现象?

设计意图:激活学生大脑中的相关旧知识,并进行结构化和系统化提问,为探究光传播的规律、建构光线模型做铺垫。

三、加工展示新知

问题3.1:光在任何情况下都沿直线传播吗?

任务1:小组合作,探究光在各种不同物质中的传播情况,并记录。

问题3.2:光在任何物质中传播速度都相同吗?

问题3.3:你能设计一个模型来表示一束光吗?

任务2:请画一个简单的图形表示一束光,要求体现光的传播路线和方向(见图1)。

图1 光线模型

设计意图:在学生已有认知的基础上扩大探究的范围,通过实验探究学习新知识,在加工中批判性地学习新知识,将它们融入原有的认知结构中,建构更为完善的认知模型。

四、尝试应用新知(解决中心问题)

问题4.1:树荫下光斑的形状可能与什么因素有关?

问题4.2:你能否设计实验验证你的猜想?

提示学生:采用模拟实验法来探究。

任务3:小组合作,探究树荫下光斑的形状与什么因素有关?

问题4.3:你能否运用光线模型解释倒立光斑形成的原理?

任务4:运用光线模型,作图解释倒立光斑形成的原理。

学生展示,并建构小孔成像模型(见图2)。

设计意图:学生通过小组合作,运用模拟实验的方法,自行设计实验方案,实施探究,应用自己建构的光线模型,解决自己提出的中心问题,并建构小孔成像模型。

五、迁移解决新疑

问题5:应用光沿直线传播的原理,你还能解决哪些问题?

问题5.1:你能运用光线模型画出坐井观天的青蛙所观察到的天空的范围吗?

问题5.2:用步枪瞄准射击时,当眼睛看到瞄准点、准星尖和缺口三者重合时,就认为三者处于同一直线上,这是什么道理?

问题5.3:最早的照相机是利用小孔成像的原理制成的,称作针孔相机。暗箱中蜡烛的像是怎样的?

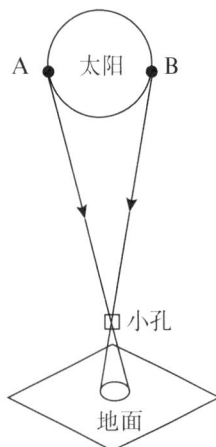

图2 小孔成像模型

设计意图:将本节课所学的知识结构化,并形成认知模型,迁移到新的情境中,解决新问题,最终达成深度学习。

【板书设计】

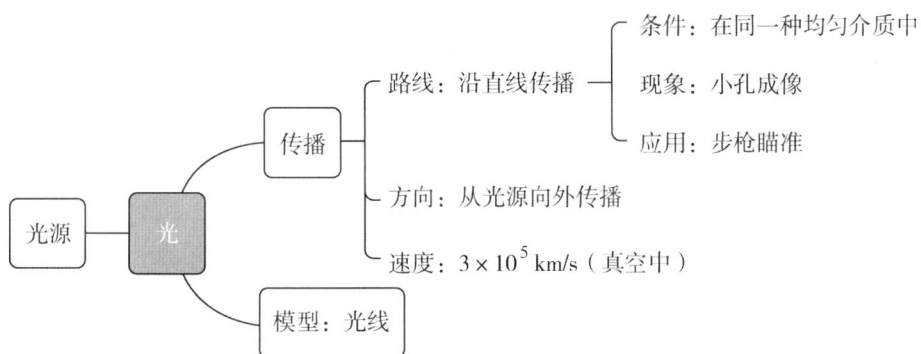

【特色与亮点】

1.挑战性问题来源于学生熟悉的真实情境,并由学生提出。树荫下的光斑是学生熟悉的真实情境。学生根据影子形成的原理推断,不规则的孔隙应该产生不规则的光斑,但光斑的形状却是圆形的,因而产生认知冲突。引导学生提出本节课的中心问题,激发学生的学习兴趣和探索欲望。

2.学生通过两个主题探究和多个亲身实验来解决问题,获得新知。光传播的规律和树荫下圆形光斑的成因两个主题探究中包含了多个实验,学生通过实验充分体验实证问题的论证解决过程,通过获取实验事实,并对实验事实进行分析、归纳和逻辑推理,从而找出问题的答案,培养实证意识和探究能力。

3.通过小组合作学习解决探究过程中的疑难问题。两个主题探究都具有较大难度,教师应通过减少讲述、增加小组合作,把解决问题的责任还给学生,使学生最大程度地参与,培养解决问题的技能和自主学习的能力。

光的反射

孟湘莲

（衢州市菁才中学）

【课标解读】

本节课属于《课标》的核心概念"3.物质的运动与相互作用"的相关内容。《课标》要求学生通过实验探究光的反射定律,学会用简单的模型解释物质的运动和特性。光的反射定律是光传播的基本规律之一,是学习平面镜和其他光学知识的基础,教学中应组织学生做好光的反射实验,以光的反射知识为载体,培养学生科学推理、科学论证、模型建构等能力素养。

【教材分析】

教材中先让学生观察反射现象,然后直接给出光的反射模型,再通过实验总结光的反射定律。为了探究光的反射定律,学生需要先理解入射光线、入射点、反射光线、法线、入射角、反射角等概念,进而建构反射的模型,运用模型来解释光的反射现象。形成模型的概念,为后续的平面镜成像、光的折射、凸透镜成像规律、磁场、杠杆等模型的建构学习做好铺垫。

学习重点:通过实验探究光的反射规律,建构光的反射模型。

学习难点:法线概念的建立及三线共面的论证。

【学情分析】

由于光在空气中的传播路径难以呈现,学生需要通过想象来建构光的反射模型,存在较大难度。学生心中会有这样的疑惑:"为什么要规定一条看不见摸不着的法线?为什么规定光线与法线的夹角为入射角和反射角?光线与镜面的夹角不是更加具体吗?"要解答学生心中这些疑问,就必须重视概念形成的过程,让学生认识到提出新概念的思维过程[1]。

教学中以平面作图的形式体现法线、反射角和入射角的概念,再让学生以验证实验代替探究光的反射规律,这会造成学生对法线的认识不够深刻,思维能力得不到发展。应采用递进实验,促进学生进阶学习。具体过程如图1所示。

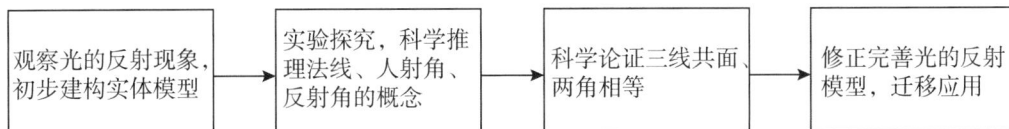

观察光的反射现象,初步建构实体模型 → 实验探究,科学推理法线、入射角、反射角的概念 → 科学论证三线共面、两角相等 → 修正完善光的反射模型,迁移应用

图1　学生认知过程

【学习目标】

科学观念:通过光的反射立体实验探究反射规律,发展时空观念和运动观念。

科学思维:通过建构反射模型,培养模型建构、科学推理、科学论证等能力。

探究实践:运用实验法、模型法研究光的反射规律,培养实验创新能力、观察能力、提出问题的能力、获取证据的能力。

科学态度:运用模型解释"追光发电",增强民族自豪感,发展用科技造福人类的责任感。

【教学环节】

一、聚焦挑战问题

教师播放新疆哈密"追光发电"新闻视频,展示图 2,引导学生提出问题:为什么不让太阳光直接照射到塔顶? 为什么定日镜要追着太阳转? 不同位置的定日镜方向一样吗? 提取情境中的信息,将学生的关注点快速导向需要解决的问题:如何让集热塔获得更多的太阳能?

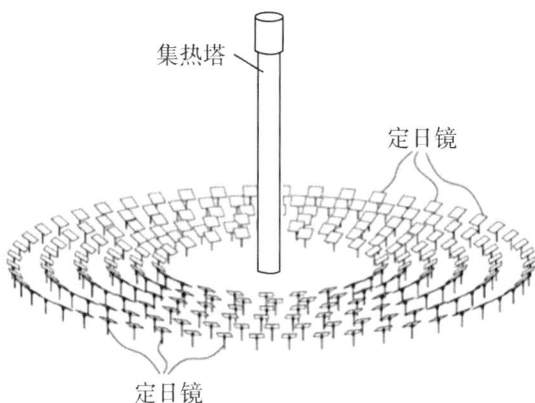

图 2 "追光发电"示意图

设计意图:聚焦问题,酝酿建模需求。通过"追光发电"视频中的真实的情境展示光的反射现象,让学生明白定日镜能将其他地方的阳光反射到集热塔顶,使集热塔获得更多的能量,引发学生思考定日镜是如何"追光"的,将情境问题转化为用实体模型来探究光的反射规律。

二、激活旧知识

问题 1:定日镜对太阳光起什么作用?

学生容易想到光的反射现象。让学生列举生活中的反射现象,根据照镜子、台灯下看书、湖面的倒影、汽车后视镜等,归纳出"光射到物体表面上时,有一部分光会被物体表面反射回来的现象,称为光的反射"。当学生明确定日镜能够反射太阳光后,通过问题和任务驱动学生梳理已有知识和经验。

问题2:你能用激光笔、平面镜、光电靶模拟定日镜反射太阳光的过程吗?

任务1:用激光笔直接打靶,回顾光的直线传播模型,如图3所示。

任务2:尝试用镜子反射激光束打靶,用烟雾显示光路,体验光的反射过程,如图4所示。

图3 激光打靶模拟太阳光照射集热塔

图4 "追光发电"的实体模型

任务3:请绘制出激光通过平面镜后打靶的光路模型,如图5所示。

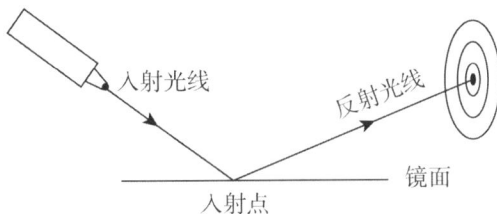

图5 初步建构光的反射模型

学生通过作图,加深对光的反射概念的理解,并依据自己绘制的模型,建立平面镜、入射光线、入射点、反射光线概念,为后续探究奠定基础。

设计意图:模拟实验,抽象建构模型。用激光打靶模拟"追光发电",激发学生的学习兴趣,通过实体模型让学生直观感知入射光线和反射光线的位置关系,并调动光的直线传播、光线模型等知识初步建立反射模型,体验用模型来研究光学知识的方法。

三、加工展示新知识

回归到打靶游戏,学生发现对着镜子打靶变得困难了,因为当入射光线变化时,反射光线的位置也会变化。学生质疑所绘制的光的反射模型是否符合事实。

问题3:反射光线和入射光线的位置有什么关系呢?

实验1:感知反射光线随入射光线的变化。如图6所示,在透明球罩中充入少许烟雾,用激光笔对着镜子的中心进行垂直入射,沿球罩经线改变入射光线的方向斜射,观察反射光线随入射光线位置变化的变化。学生猜测:反射光线和入射光线在一个平面上,两条线呈轴对称,"对称轴"是过入射点的垂线。教师用红色激光显示学生心目中的"对称轴"。

实验2:观察光的反射立体实验,收集两条光线位置关系

图6 光的反射立体实验

的证据。如图7a所示,将半圆形的纸板逐渐竖立,观察到入射光线和反射光线逐渐呈现在纸板上;如图7b所示,倾斜纸板,从侧面观察,发现两条光线位置不变,纸板上没有

光线,由此感知入射光线和反射光线共面,两线所在的面与镜面垂直;如图 7c 所示,将纸板竖立,用红色激光呈现"对称轴",纸板上呈现三条线;如图 7d 所示,向后转动 90°,观察到反射光线的位置不变,向后折的纸板上没有光线,验证入射光线、反射光线与"对称轴"在一个平面。教师沿球罩的纬线改变入射光线的照射方向,引导学生再次质疑:三线共面是不是偶然现象? 改变入射光线的方向后,结论还成立吗?

图 7　探究三线共面

实验 3:如图 8 所示,保持入射点不变,沿球罩纬线改变入射光线的方向,用铁丝记录入射光线和反射光线所在的平面,再用半圆形纸板将三次实验的平面呈现出来。学生发现三个面相交于一条线,这条线恰好就是"对称轴",过入射点且与镜面垂直。得出结论:不论入射光线从什么方向射向入射点,反射光线和入射光线所在的平面都相交于一条公共的线。

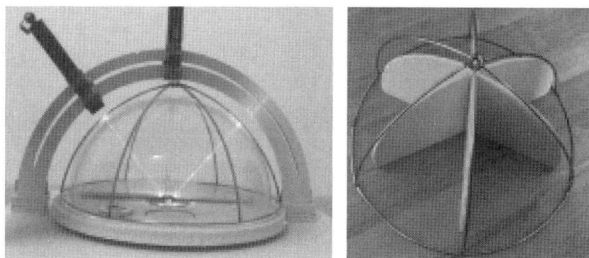

图 8　建构法线

由于公共的线过入射点,垂直于镜面,不偏向任何一方,像法律一样公平公正,因此我们称它为法线。让学生在任务 2 的模型上建构法线。学生第 3 次质疑:反射光线关于法线是对称的,应该修正模型。

问题 4:反射光线和入射光线真的对称吗? 如何论证你的观点?

为了验证两条光线关于法线对称,学生通常有两种思路:①光线与镜面的夹角相等;②光线与法线的夹角相等。根据已有几何知识:角是具有公共端点的两条射线组成的图形,学生提出镜面上的入射点 O 可引出许多射线,能与光线组成许多角。究竟用哪一个角表示线与镜面的夹角? 此时教师通过课件展示图 9a,并告知学生 OA 与它在平面上的射影 OB 的夹角 $\angle \theta_1$ 是线与面的夹角,再展示图 9b,让学生找出 OA 与法线 ON 的夹角 $\angle \theta_4$,由于 $ON \perp OB$,$\angle \theta_1$ 和 $\angle \theta_4$ 互为余数,学生明白了采用两种方法都可以。教师改变 OA 的位置到 OA',再让学生来找 OA' 与镜面的夹角,学生发现线与面之间的夹角不好确定,而法线始终与镜面垂直,线与线的夹角方便测量,最终确定用光线与法线的夹角来表示入射角和反射角。

图 9 数学表征入射角和反射角

再次用如图 7 所示的实验装置探究两角的大小关系,记录在表 1 中。分析获得的数据,得出结论:反射角等于入射角,入射光线和反射光线关于法线对称,即两线异侧、两角相等。

表 1 实验记录表

实验次数	1	2	3
入射角/度			
反射角/度			
实验结论			

任务 4:根据探究的结果,修正光的反射模型。学生用量角器、三角板等作图工具,根据三线共面、两角相等的规律,将反射光线的位置修正,得到正确的反射模型,如图 10 所示。

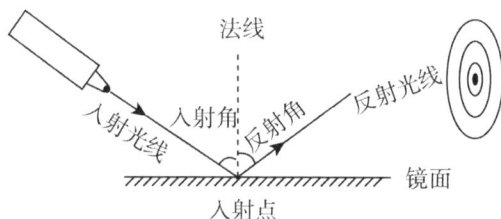

图 10 光的反射模型

设计意图:深入探究,修正完善模型。通过立体的光学实验,学生了解了光的反射现象,多次质疑,提出论点,设计实验收集证据,探究出光的反射规律,将粗浅的反射模型修正完善,建构解决问题所需的新知识。整个过程遵循学生的认知规律,让学生经历:两线共面→面面垂直→三线共面→建构法线(理解法线的意义)→论证两角相等。

四、尝试应用新知识

定日镜如何"追光"?引导学生利用光的反射模型来解决这一问题[2]。先让学生在图 11a 中画出反射光线,发现太阳光经平面镜反射后不能射到集热塔顶 A 点。

问题 5:该如何调节镜面,使反射光线射到塔顶 A 点?

学生作图,发现可以抬高平面镜或转动平面镜,并用激光枪、平面镜和光标靶进行验证。考虑到操作的简便性和可行性,学生明白了定日镜是通过调节镜面的角度来实现"追光"。

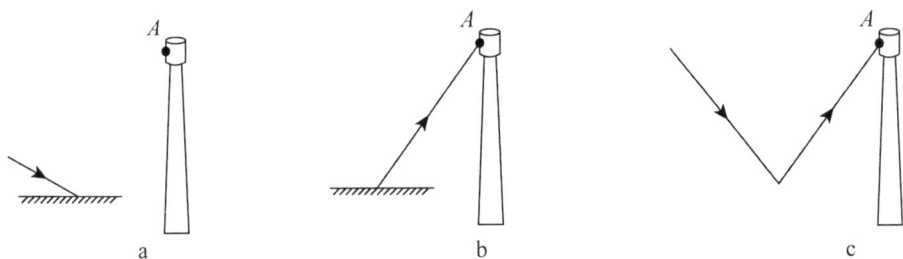

图 11 "追光发电"的光路模型

问题 6：当太阳高度增大或减小时，镜面角度应如何调整？

首先让学生在图 11b 中找出太阳光的位置；然后改变太阳光的高度，画出平面镜的位置，分析平面镜转动的情况；最后在图 11c 中确定平面镜的位置，巩固平面镜作图方法。

设计意图：解决问题，验证应用模型。运用光的反射模型来解决"追光发电"问题，激发学生的民族自豪感，引导学生形成"学科知识造福人类"的责任意识。涵盖了光的反射作图的全部类型：根据入射光线确定反射光线，根据反射光线确定入射光线，根据两条光线确定平面镜的位置，有利于学生整体认识光的反射，强化学生的模型思维。

五、迁移解决新疑

问题 7：太阳光照射在集热塔周围的沙地上时也有反射，为什么还要用平面镜进行反射？

问题 8：自行车的尾灯自身不发光，在夜幕中骑行时却可以"亮"起来，它与光的反射知识有关吗？请查阅资料，利用实验和建模的方式开展探究。

设计意图：拓展迁移，形成模型观念。将平行光束分别照射在平面镜和碎玻璃上，利用烟室呈现出反射的光路，进行对比观察，发现经过平面镜反射后仍为平行光束，碎玻璃反射光线方向各异。模拟镜面反射和漫反射的过程，绘制出它们的光路模型，让学生明白沙地对太阳光是漫反射。

自行车尾灯是典型的光的反射应用，与学生的生活紧密结合。课后让学生查阅资料，通过探究其原理，让学生将所学知识迁移应用。让学生形成对光的反射的整体认识，培养用模型来解决实际问题的意识和能力。

【板书设计】

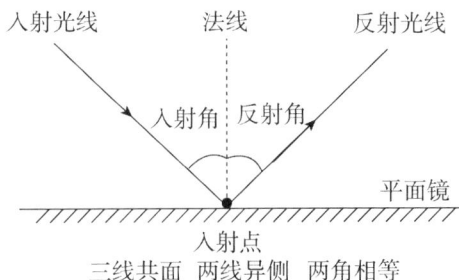

三线共面 两线异侧 两角相等

【特色与亮点】

1. 模型建构能力培养

为了让学生自主探究光的反射规律,发展模型思维,教学分为五个阶段:问题的感知、模型的酝酿、模型的建立与数学表征、模型的应用、模型的扩展。本节课围绕"定日镜如何'追光发电'"这一复杂而真实的问题情境,引导学生用激光打靶游戏模拟"追光发电",通过探究实验建立光的反射模型,应用模型解决问题,验证模型。学生在经历过一次真实的场景之后,能够对抽象的情境模型理解得更加深刻,并学会借助模拟实验去建构新的抽象模型的方法。

2. 改进创新实验,避免概念"空降"

通过显示清晰的立体光路,让学生直观感知光线空间位置的演变,丰富体验,从而巧妙地化解法线引入的难题,增强了探究的层次性,较好地帮助学生建构反射模型,培养科学思维。

3. 进阶式实验促进理解学习

探究"二线"共面→引入法线概念→再探究"三线"共面→两角相等→完善模型,遵循学生的认知顺序,有利于学生理解光的反射定律,培养学生的实践探究能力。

参考文献

[1] 郭培东.优化教学设计 培养科学思维——以"探究光的反射规律"教学为例[J].中学物理教学参考,2019,48(5):26-28.

[2] 朱新荣.丰富学生体验 创新实验教学——以"光的反射"的教学为例[J].物理教学,2020,42(11):38-40.

光的折射

朱建木

（衢州市实验学校）

【课标解读】

本节课属于《课标》的核心概念"3. 物质运动与相互作用"的"声音与光的传播"中的相关内容。《课标》要求学生通过实验探究了解光的折射现象及其特点。根据此要求，实验和探究是本节课的主要学习手段，归纳总结光从空气斜射入水中或其他介质中的偏折规律及折射中光路的可逆性是本节课主要的学习内容。

【教材分析】

本节课是《科学 七年级下册》(浙江教育出版社)第 2 章第 5 节《光的反射和折射》中的内容。在学习本节课内容之前，学生已经知道光的直线传播和光的反射现象相关知识。光的折射是初中光学核心知识之一。它不仅是完善光的传播问题的重要部分，而且是后面学习透镜、色散、近视与远视等知识的基础，起到承上启下的作用。

教材中首先通过描述生活中的折射现象营造思维冲突，从而引入光的折射概念，进而引导学生探究光的折射规律，最后对生活中的折射现象进行了分析与解释。本节课以知识内容的学习作为载体，将科学方法的应用、科学思维的锻炼、科学思想的渗透、科学态度的建立等素养指标渗透在课堂教学中，体现了科学从生活中来、到生活中去的特点，培养了学生学习科学的兴趣。

学习重点：探究光的折射现象及折射规律。

学习难点：通过实验探究活动得出光的折射规律，并用光的折射知识解释一些日常的光学现象。

【学情分析】

在本节课之前，学生已经学习了光的直线传播和光的反射等知识，对光路已有一些简单的认识，具备了光的折射的基础知识，但学生对光的折射的生活积累和感性认识比对直线传播和反射要少得多。因此，折射现象的呈现必须充分、直观。由于七年级学生的科学探究能力有限，为了让学生不断保持学习科学的兴趣，教师要控制实验探究的复杂程度，在探究的教学设计上要尽可能简化，发挥学生的积极主动性。

【学习目标】

科学观念：①认识光的折射现象。②知道光从空气射入水中或其他介质中时的折射规律。③了解光在折射时光路的可逆性。④初步利用光的折射规律解释生活中的有关现象。

科学思维:通过教师创设的问题情境,发现问题,并尝试解释,提出自己的猜想和观点,利用所学新知寻找解决问题的方法。

科学探究:基于观察,通过实验操作、归纳、总结得到光的折射规律。

科学态度:①初步领略折射现象的美妙,引发对自然的热爱,并对接受安全教育。②尊重科学,培养实事求是的科学态度。

【教学环节】

一、创设情境、聚焦问题

活动 1:教师在展示台上的纸杯中放置一枚硬币,调节投影仪角度,确保学生能看到纸杯底部的硬币。移动纸杯位置,直到恰好看不到硬币,此时保持纸杯位置不变,请一位学生往杯子里缓缓倒水,学生再次观察硬币。

问题 1:刚开始为什么能看到硬币,移动纸杯后为什么看不到硬币了?

问题 2:纸杯里加水后为什么能再次看到硬币?

针对问题 1,学生根据实验现象可知硬币反射的光被纸杯壁挡住了。

针对问题 2,学生提出自己的猜测:可能是因为硬币在水中浮起来了;可能是因为光的传播方向不再沿直线进行。教师顺势引导:今天,我们一起来寻找事情的真相。

设计意图:设置的实验从学生的原认知出发,为之后的探究学习做铺垫;尤其是最后一个问题,最容易激发学生的思维冲突,让学生处于一种欲辩不能言的境地,引起学生急于探索的欲望。

二、引起冲突、引入新知

活动 2:教师事先准备一个水槽,将一束激光斜射至水槽侧壁 O 点,往水槽中倒入混入红墨水的热水,热水冒出的"热气"可以把空气中的光路显现出来,而红墨水可以把水中的光路显示出来。观察到现象后,调整激光使之垂直入射到水中,再次观察现象。

师:加入水后仅观察光在空气部分的传播路径和光在水中的传播路径,你有什么发现?

生:光在空气中沿直线传播,光在水中沿直线传播,因为光在同一种均匀物质中沿直线传播。

师:加入水后,根据"光斑移动",能否判断光的传播方向发生偏折?

生:能。

师:在何处偏折?

生:在水与空气的分界面上发生偏折。

师:你能用光线表示出光在空气中传播、光斜射入水中和光垂直射入水中三种情况下光的传播路径吗?

学生在本子上试着画出光线的传播路径。

师:把水换成玻璃砖,再次让激光从空气中斜射入玻璃砖中,观察现象。

学生根据上述实验归纳总结光的折射概念。在引入光的折射概念后,教师做出光的折射的光路图,讲解"两角、三线",即入射光线、折射光线、法线、入射角、折射角的概念。

设计意图:引导学生回顾旧知,并对观察到的实验现象进行"表达",一方面可以提升学生观察的能力和意识,另一方面也为学生得出光的折射的概念做好准备。光的折射的光路图和"一点、两角、三线"是对光的折射概念的进一步补充和讨论,同时也为探究光的折射特点奠定基础。如果没有这些概念的补充,将导致探究过程和结论难以描述。

三、加工展示、认识新知

活动3:探究光的折射规律。

学生理解光的折射的概念后,教师提出问题"光折射时有什么特点",引导学生进行实验探究。教师让学生思考在研究光反射特点时应关注的问题,引导学生把目光集中在"入射光线、折射光线、法线三线是否共面""折射角和入射角的大小关系"两个问题上。

设计意图:开门见山,直达探究问题的关键。"光折射时有什么特点"这个问题虽然可以使教学过程更加简练,但过于空泛,不利于学生开展实际探究。引导学生回顾光的反射的探究过程,使探究更有针对性,目标更清晰。

教师应用"光的折射演示仪"进行光从空气射入水中的演示实验,证明入射光线、折射光线、法线三线共面。让学生分组实验,探究折射角和入射角的大小关系,完成实验数据单。

实验结束,经小组讨论分析得出光从空气斜射入水中时"折射光线向法线偏折""折射角小于入射角""入射角增大,折射角也增大""入射角减小,射角也减小""垂直入射时传播方向不变"的结论。

师:光反射时光路是可逆的,那么,光折射时光路是否也可逆呢?

教师利用两支同型号的激光笔发出两束完全相同的激光进行验证。接着,教师演示光从水射入空气的情况。最后,教师把光的折射的所有特点进行汇总。

设计意图:因学生已经学习过"三线共面"实验,故光的折射中"三线共面"探究实验由教师演示完成,可以节约时间。实验后,教师引导学生对数据进行分析讨论,尝试得出结论。这一方面充分调动学生学习积极性;另一方面培养学生分析数据、得出科学结论的能力。在该教学过程中,充分体现学生的主体地位,教师根据学生得出的结论进行适当引导和补充。在认识"光折射时光路是否也可逆"教学中,利用两只同型号的激光笔发出两束完全相同的激光进行光路可逆的验证,完善了学生的知识结构。

四、应用新知、解决问题

师:现在是否可以理解引课时"加水后硬币看得见了"的实验原理?

生:"看不见"是由于光在同一均匀介质中沿直线传播,"看得见"是光从水中斜射入空气后发生了折射。

师:请你和我一起尝试画出人眼再次看到硬币的光路图。

设计意图:利用光的折射原理解释科学现象是学生学习的难点。教师先进行示范,提供了范例,为学生后续学习生活中光的折射现象做铺垫。

五、知识迁移、解决新疑

教师先作图解释"岸上看水中的鱼位置变浅"的现象,接着引导学生自己作图分析"筷子弯折"的现象,小组交流并登台展示。

设计意图:用所学知识解决实际问题,可以培养学生关注生活、学以致用的意识,同时使学生进一步巩固基础知识和基本技能,将新知识结构化,实现深度学习。在此过程中,通过安排学生小组交流讨论的环节,发挥互助的作用,培养学生小组交流的意识,减小遇到困难时的心理压力。

【板书设计】

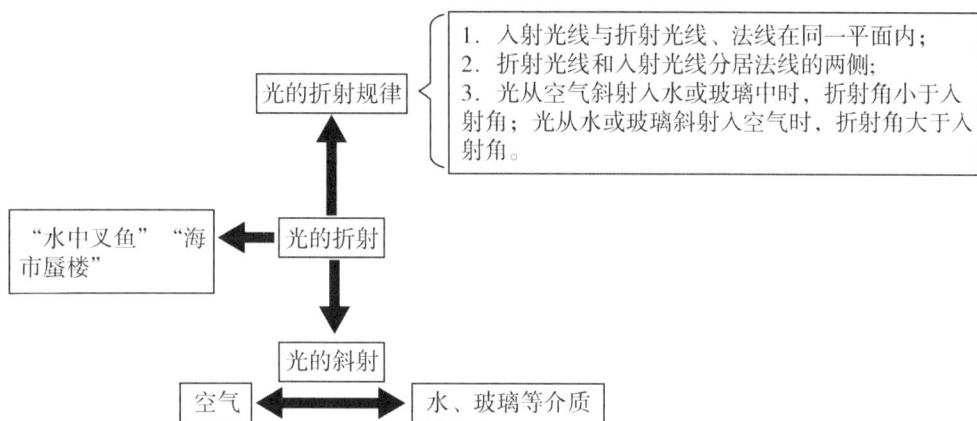

【特色与亮点】

1.创设情境,联系实际

引入新课中,让学生观察杯中的"硬币再现"的实验,同时摄录实验情境并同步展示,增强了演示效果,大大激发了学生的好奇心和求知欲,也体现了"从生活走向科学"的理念。

2.基于学情、以生为本

学生是学习的主体,教师要基于学情开展教学,要充分了解学生在日常生活中积累的一些错误的前概念对学习造成的干扰。备课中只有做了充分的预设,才有课堂上巧妙引导学生产生认知冲突、建构新的科学概念的过程。

3.重视实验,突破难点

实验的成功是完成该教学目标的保证。在探究光从空气进入水的规律时,教师经过多次实验,不断改进,才确定采用滴有红墨水的热水进行实验的方法,为学生实验成功提供了保证。

力的存在

伍海龙

（温州市第十九中学）

【课标解读】

本节课属于《课标》的核心概念"3.物质的运动与相互作用"的"力是改变物体运动状态的原因"的相关内容。《课标》的内容要求是,列举生活中常见的力(如重力、摩擦力和弹力),并能说明其意义,会测量力的大小,学会使用弹簧测力计。根据此要求,活动和探究是本节课的主要学习手段,归纳总结弹簧测力计的原理和使用注意事项是本节课主要的学习内容。

【教材分析】

力是初中科学的一个核心概念,本节课要学会使用弹簧测力计测量力的大小,理解测力计的原理和使用方法。教材从弹力讲起,通过让学生体验弹簧的拉伸引出弹力和弹簧测力计的原理,认识弹簧测力计的结构、刻度,通过活动总结弹簧测力计的使用规则和注意事项。教材的设计循序渐进,从"理解原理—认识结构—学会使用"的知识线来引导学习,教师可以很好地整合相关活动内容开展教学。但是,教材中关于弹簧测力计结构的内容与小学所学有重复,而关于弹簧测力计的原理的活动过于简单刻板,不够生动,难以突破难点,也不利于学生高阶思维的培养。

因此,教师还要创设新的教学情境,加深学生对弹簧测力计原理的理解和对复杂测量的思考。本节课知识内容难度不大,所以应将知识内容的学习作为载体,重视知识背后的隐性素材的挖掘,将科学方法的应用、科学思维的训练、科学思想的渗透、科学态度的建立等素养指标的落实作为本节课的主要内容。

学习重点:通过测量力的大小,了解弹簧测力计的使用规则和注意事项。

学习难点:通过制作弹簧测力计,理解弹簧测力计的原理。

【学情分析】

弹簧测力计是测量力的一种工具。学生在小学已经认识弹簧测力计的结构,也体验过利用弹簧测力计测量身边一些物品的重力,初步了解了弹簧测力计的使用方法,但对弹簧测力计的工作本质理解不完整,对于弹簧测力计测量不同方向的拉力的方法和使用规则还一知半解。教师可以利用学生已知的基础知识,运用建构主义教学理论和信息加工理论的方法深入开展教学。七年级的学生科学学习兴趣浓厚,具备一定的科学探究的能力,乐于参与活动和展示自己的观点,因此,教师要充分把握学情,合理设置有一定难度的探究任务,引导学生自主、合作、探究学习,并让学生充分交流讨论,展示自己的观点。同时,七年级学生的抽象思维还不是特别发达,教师要善于创设情境,引导学生体验和讨论,理解弹簧测力计原理和其使用的重难点。

【学习目标】

科学观念:通过对弹力的体验和制作弹簧测力计,进一步认识力的作用是相互的,领悟结构与功能相适应的科学观念。

科学思维:逐步建构弹簧测力计的模型,体会科学建模的过程和原理,并通过辩论和实践,培养推理和质疑的科学思维。

探究实践:制作弹簧测力计,并使用弹簧测力计测量两个鸡蛋的重力,交流制作方法和测量的使用规范。

科学态度:培养用事实说话、尊重客观事实、实事求是获取和评价科学结论的态度。

【教学环节】

一、聚焦核心问题

体验活动:比力气大小。

教师展示拉力器(见图 1),选取一位力气最大的学生与教师比一比谁的力气大。

问题 1:你通过什么来比较教师与学生力气的大小?

问题 2:怎样可以精确测量拉力的大小呢?

针对问题 1,学生提出自己的猜想,如可以通过手是否伸直来比较力气大小的错误前概念,以及通过比较弹簧伸长的长度来比较力气的大小等科学概念。

针对问题 2,学生回顾小学知识:使用弹簧测力计可以测量力的大小,力的单位是牛顿(N)。

图 1　拉力器

教师引导:学生猜想手臂都伸直了,力就一样大;或弹簧伸长的长度一样,力就一样大,但学生很难进行科学的描述。对于弹簧测力计的使用学生也只能说出其中的几点使用方法。教师顺势说明:弄清楚弹簧测力计的原理和使用规范就是我们本节课的中心任务。

设计意图:从学生感兴趣的"师生比比谁的力气大"的现场趣味活动入手,引出本节课需要解决的核心问题,在有趣问题的刺激下,让学生提出自己的观点和猜想,尝试回顾小学知识,感受困难,激发学习新知的渴望。

二、初步体验新知

活动 1:体验弹力的特点,列举常见的弹力。

问题 1:展示一根自然悬挂的弹簧,请一位学生向下拉住弹簧不动,手指有什么感觉?

问题 2:将弹簧继续往下拉,手指感觉有什么变化?

问题 3:用非常大的力气将弹簧拉直,有什么发现?

学生利用学过的力的作用效果的知识解释:拉力越大,弹簧的形变就越大,即弹簧伸长的长度也越长,但是超出一定力后,弹簧会被拉断。

小结:物体由于形变而产生一个恢复原来形状的力,这个力就是弹力。

问题4:生活中你接触过哪些常见的弹力?

问题5:可不可以用弹簧伸长的长度来反映力的大小?

针对问题4,预设学生能够说出弹簧笔、弓箭、蹦床等常见的弹力现象。

针对问题5,预设学生可以得出初步结论。

设计意图:通过体验和举例,深刻体会弹力产生的原因,为理解弹簧测力计的原理做好铺垫;根据生活经验和已有认知,初步认识弹力的大小与弹簧测力计伸长的长度之间存在正相关。

三、加工展示新知

活动2:小组合作,制作弹簧测力计,讨论制作原理。

备选器材:弹簧1个、0.5N的钩码3个、木板1块、钢尺1把、铅笔1支、白纸1张(见图2)。

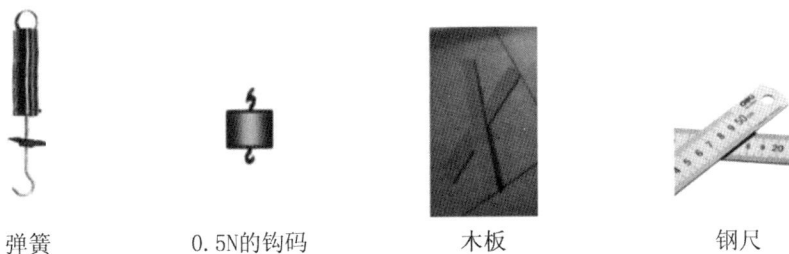

| 弹簧 | 0.5N的钩码 | 木板 | 钢尺 |

图2 制作弹簧测力计的备选器材

活动要求:三人一组,制作简易弹簧测力计,时间5分钟,并展示是如何制作和标注刻度的。

成果展示:请1～2组学生展示自己的制作成果,并介绍原理和标注刻度的方法,其他小组点评。预设学生有不同的标注刻度的方法,或最小刻度不同。讨论中得出:弹簧测力计的原理是弹簧受到的拉力越大,弹簧伸长的长度也越大。

点评质疑:其他小组补充不同的标注刻度的方法。通过比较,预设可能会出现三个提升点:①弹簧测力计的原理是受到的拉力越大,弹簧伸长的长度越长;②弹簧伸长的长度与拉力成正比;③测量工具的最小刻度越小,结果就越精确。预设学生常见错误:①弹簧挂倒了;②弹簧没有拉成竖直状态。

方法提升:对比温度计、弹簧测力计等工具小结利用转换法制定科学测量标准的一般方法。

教师引问:自己制作的弹簧测力计和实验室的弹簧测力计的结构有哪些异同?这些结构的功能是什么?

设计意图:科学原理的学习不是靠"教师教会",而需要学生在"合作中学会",且学习过程中会激发出很多新的观点,令体验更加深刻。小组合作制作并展示弹簧测力计,是从感性体验到理性分析,将理论学习和动手实践相结合。通过小组成果展示,小组之间的补充、质疑,促进生生互动、激发学生深度学习兴趣,对小学进行深化,最后还引导学生评价成果和制作过程,总结测量工具的制作原理,使学生的学科思维能力得到大大提升。

活动3:使用弹簧测力计测量力的大小。

教师提供知识链接:2个鸡蛋大约重1N,那我们能使用弹簧测力计来测量吗?

问题1:三人一组,利用实验室的弹簧测力计快速测量2个鸡蛋的重力。

问题2:如果将弹簧测力计倾斜,测量结果会如何变化?弹簧测力计是否可以斜测?

问题3:小组讨论:使用弹簧测力计还有哪些注意事项?

针对问题1,预设学生测量出不同答案,如1.1N、0.9N等,教师引导学生科学地看待真实的数据:一方面,两个鸡蛋大约是1N;另一方面,测量测在误差,测量不规范会导致误差更大。

针对问题2,预设有的说不能斜测,有的说可以斜测。

演示实验:教师演示测水平拉力、斜测,最终得出结论:弹簧测力计可以斜测,但用力方向一定要经过弹簧的中轴线。

针对问题3,先小组讨论,然后交流汇总,总结弹簧测力计的使用注意事项。

巩固检测:展示4种弹簧测力计的错误使用方法(见图3),请学生指认错误的地方。

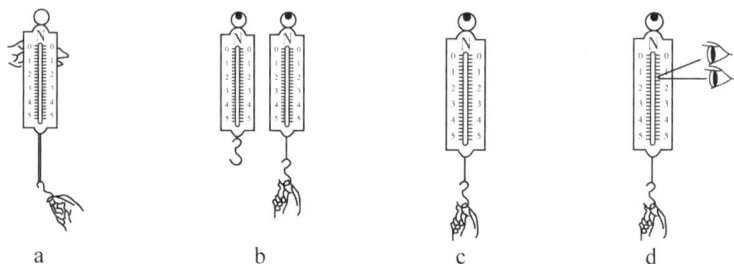

图3 弹簧测力计的错误使用方法

设计意图:渗透实证思想。在小学有类似的测量2个鸡蛋重力的实验,但有些学生已经遗忘,有些学生对弹簧测力计的使用规则认识不全。作为本节课的核心知识,一定要再深化,通过合作讨论将弹簧测力计的注意事项从3点拓展到了9点。同时,重点设计了"弹簧测力计斜测,数据怎么变化、能不能斜测"的问题引发学生质疑和讨论,最终得出结论。这就充分考虑了初小衔接,一方面深化了知识,另一方面充分激发了学生自主思考等。

活动4:体验常见力的大小。

比一比:请之前与教师比拉力大小的学生上台,教师和学生同时使用电子握力计,测出教师和学生学的握力大小,得出成年男子的握力大约为560N。

教师展示:马拉车的力大约为3000N,大型拖拉机的牵引力约为200000N。

设计意图:通过实验和图片展示,让学生体验更多的常见力,深入到认识运动与相互作用的科学观。

四、尝试应用新知

教师引问:如图 4 所示,固定弹簧测力计的左端,用 2N 的拉力向右拉弹簧,此时读数为多少?

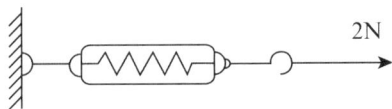

图 4 固定一端、另一端用 2N 拉力拉弹簧测力计

预设:一致认为是 2N。

教师引问:如图 5 所示,在弹簧测力计的两侧沿水平方向各施加 2N 拉力,并使其保持静止,此时弹簧测力计的示数为多少?

图 5 两端各用 2N 拉力拉弹簧测力计

学生交流 1:相互抵消,二力平衡,示数为 0;

学生交流 2:相互叠加,示数为 4N;

学生交流 3:并不相互影响,示数为 2N。

教师引导:启发式激励学生讲出理由,引导学生将两幅图片中施加力的情况做对比。

演示实验:3 人合作,运用 3 个弹簧测力计,固定中间的弹簧测力计,2 位学生分别用另外 2 个弹簧测力计向 2 个方向各施加 2N 的拉力,观察中间弹簧测力计的示数。最终确定答案为 2N。

教师点拨:第一幅图中的弹簧测力计左边虽然固定在墙上了,但是也受到了 2N 的拉力,两幅图并没有本质的区别。因此,将复杂的科学现象简单化是我们解决科学问题、看清科学本质的一种良好的方法。

设计意图:答案其实不重要,重要的是给出科学合理的解释。以第一幅图做铺垫,引导学生将复杂的科学现象向简单的情境中转化,教师给予学生充分的交流和展示的机会,终于使学生的猜想逐渐接近真相,经小组实验证明结论正确。该设计不但可以使学生激发学科思维、提炼学科方法,而且可以培养学生严谨的科学态度和批判性思考的思维品质。

五、迁移解决新疑

思考与讨论:著名的马德堡半球实验使用 16 匹马,每匹马的拉力大约为 3000N,半球承受了约 24000N 的拉力后才被打开。如果只有 8 匹马,也能达到同样的效果吗?

预设:学生能够根据前面的学习得出:将半球的一端固定在大树上,另一侧用 8 匹马拉,也可以让半球承受 24000N 左右的拉力。

设计意图:解决新疑的目的是培养学生知识迁移能力,即利用所学知识在陌生情境中解决陌生问题,将新知结构化,实现深度学习。

【板书设计】

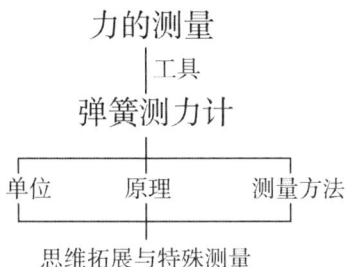

力的测量

工具

弹簧测力计

单位　　　原理　　　测量方法

思维拓展与特殊测量

【特色与亮点】

1.基于核心素养培养的情境化教学策略

核心素养是学生在面对复杂情境时应用学科知识和学科能力解决实际问题的过程中不断培养的。培养核心素养的策略之一就是情境化教学。本节课从学生们较熟悉的生活场景"比比谁的力气大"入手,激发学生的学习兴趣和探究热情;制作弹簧测力计、测量两个鸡蛋的重力等都是真实的科学任务,需要学生调用所学知识解决问题。

2 基于"深度加工新知识"策略的学习设计

教学不是简单地传授知识,而是帮助学生深度加工新知识。本节课的重点是学习弹簧测力计的原理和使用规范,因此采用了"制作简易弹簧测力计"和"测量 2 个鸡蛋的重力"等合作学习任务,让学生在探究实践中形成科学观念,锻炼科学思维。

3.培养学生实事求是的科学态度

"弹簧测力计使用能不能斜测""两边同时用 2N 的力,弹簧测力计示数为多少"这些问题的答案不是教师直接给予学生,而是通过猜想、论证,最后用实验证明,培养学生用事实说话、尊重客观事实、实事求是获取和评价科学结论的态度,以及基于实证的分析论证能力。

物体为什么会下落

何锦霞

（温州市龙湾区实验中学）

【课标解读】

本节课属于《课标》的核心概念"3.物质的运动与相互作用"的相关内容。《课标》要求学生能说出重力的意义。根据此要求,活动和探究是本节课的主要学习手段,探究重力大小与质量的关系是本节课主要的学习内容。

【教材分析】

重力是学生生活中最熟悉的一种力,教材安排先学习重力,再学习摩擦力,循序渐进,符合学生的认知规律,便于教学任务落实。重力学习是学生在学习了力的存在和力的图示基础上,通过探究物体为什么会下落而引出的学习任务。它是之后学习力的平衡、压力和浮力等知识的基础。学好这部分知识,对培养分析及解决实际问题的能力有很大帮助。

学习重点: 重力的意义、重力的方向、重力与质量的关系。

学习难点: 重力的方向、重力与质量的关系。

【学情分析】

从认知状况来说,学生之前已经学习了力的基本知识,对力的概念已经有了初步认识,这为顺利完成本节课的教学任务打下了基础。对于重力三要素的正确理解,学生存在一定的困难,其中,重力的方向是一个难点,教师在教学中应予以简单明了、深入浅出的引导。

学生初步接触坐标轴,这节课将指导学生学习坐标轴图形的做法。

【学习目标】

科学观念: 知道重力的意义;学会观察分析重力的方向。

科学思维: 初步学会定量分析的方法;进一步体会比值法。

探究实践: 探究重力的大小与什么因素有关;学会根据提供的器材制作简单的水平仪。

态度责任: 乐于思考失重现象的发生规律,在探索中乐于与他人合作交流,实验中尊重证据,以事实为依据做出判断。

【教学环节】

一、聚焦复杂的任务

播放视频：王亚平在太空授课。空间站中的一切飘在空中，花生米也是飘在空中的，人在这里可以像鱼儿在水中觅食一样吃花生米；至于喝的水，科学家们成功地将空间站上的尿变成了地地道道的饮用水。睡觉的时候，站着、倒着、横竖都可以，不过，大部分宇航员还是用一根细绳子把自己固定在墙上，以找到地球上床的感觉。

讨论：一切物体受到的重力都消失，会出现哪些事情？

总结：若一切物体受到的重力都消失，世界将一片混乱，人类的生存也会成问题，可见重力对人类有多么重要。

设计意图：学生可以畅所欲言，把情感推向高潮。开辟"想象空间"，使学生丰富想象力，延伸科学知识，激活创新思维，培养探索新知的兴趣。

创设情境：把"王亚平在太空授课"的照片贴在黑板上。

讨论：照片有没有贴歪？

聚焦问题：借助仪器，判断更精准。这节课我们 DIY 水平仪。

出示器材：等体积泡沫、木块、铁块制成的三种重锤，细线，T 字架，三角尺，量角器等。

设计意图：从学生熟悉的事物出发，引出本节课需要解决的中心任务，激发学生学习新知的渴望。

二、激发学生好奇心

讨论：制作水平仪提供的器材有等体积泡沫、木块、铁块制成的三种重锤，请你选择其一，并说说你的理由。

回顾学过的知识：什么是重力？物体有一个向下的力。如何测量重力？弹簧测力计。

演示实验 1：请学生上台，利用弹簧测力计，分别测出三种重锤的重力。

演示实验 2：用扇子对着三种重锤扇动。

观察现象，体会质量大的重锤的优点。

得出结论：重力与体积无关，与质量有关。

设计意图：给学生提供充分的科学探究机会，推测影响重力大小的因素。通过让学生演示测量重力，让学生了解控制变量的重要科学方法。

三、分解成递进任务

教师追问：重力与质量有什么关系？

小组讨论：设计方案。

（1）实验器材：4 个各 100g 的钩码，10g、20g、50g、200g 钩码组合套装，弹簧测力计，铁架台，细线。

（2）画出装置的图示，写出过程。

（3）设计数据表格。

（4）数据处理：描点法作坐标图（见图1）的几个步骤如下。①确定自变量和因变量；②在 X 轴上取均匀的点，标上数字和单位；③在 Y 轴上取均匀的点，标上数字和单位；④根据数据进行描点；⑤确定点(0,0)的有效性。

（5）得出结论。

（6）合作交流：总结归纳物体的重力与质量的关系如下。①物体受到的重力 G 跟它的质量 m 成正比。②$G/m=9.8$N/kg，$G/m=g$，$G=mg$。

（7）应用拓展：测出重锤的重力，算算重锤的质量有多大。

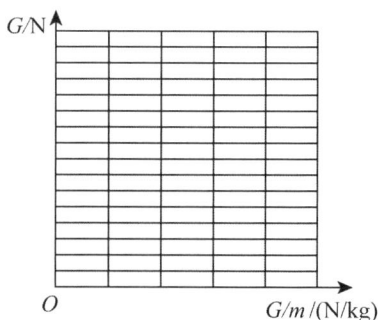

图 1　重力-质量坐标图

设计意图：有两组钩码让学生自由选择。学生讨论分析数据，认为50g、100g、150g、200g这组的测量误差会明显；交流的时候，如果学生仅能得出定性结论，教师可以引导学生进一步找到它们之间的定量关系，同时强调关注自变量和因变量的影响。

提出问题：重力除了与物体质量有关系外，还与什么有关？

◀◀ **资料卡** ▶▶

（1）不同地点的 g 值见表1。

表 1　不同地点的 g 值

地点	广州	福州	杭州	上海	北京	莫斯科	北极
纬度	23°N	28°N	30°N	31°N	39°N	55°N	90°N
$g/$(N/kg)	9.7883	9.7916	9.7930	9.7940	9.8012	9.8156	9.832

（2）1kg 物体在不同星球表面的重力见表2。

表 2　1kg 物体在不同星球表面的重力

星球	月球	水星	金星	地球	火星	木星	土星	天王星	海王星	冥王星
$G/$N	1.62	3.60	8.50	9.80	3.76	22.9	9.05	8.30	11.0	4.30

思考：

（1）广州的 g 值是多少？杭州的 g 值比北京大还是小？

（2）从表中你获得了什么信息？

（3）若用实验证明重力与不同位置有关，请你说说你的设计。

设计意图：在讨论中观察学生是运用访问和检索认知方式，还是运用整合和解释方法；让学生设计方案探究重力与不同位置的关系，培养学生的反思和评价能力。

四、搭建学习"脚手架"

学生活动：手持细线，细线下挂着重锤。摆动重锤，观察挂重锤的线的走向。不断改变手握线的方式，尝试去改变线的走向，描述活动的体会。

演示实验：两个重锤分别用细线挂在两个铁架台上，铁架台上放水槽，水槽里装水，倾斜其中一个铁架台（见图2）。

观察:两线始终是平行的,始终与水平面垂直,处于竖直状态。

归纳:我们称与水平垂直的方向为竖直方向。

重力的方向:总是竖直向下。

讨论:墙体的竖直性是房屋质量的重要指标。在建造房屋时,建筑工人常常利用如图3所示的重垂线法检测墙体是否竖直。图3中所示的墙体向哪边倾斜了?请说出你的理由。

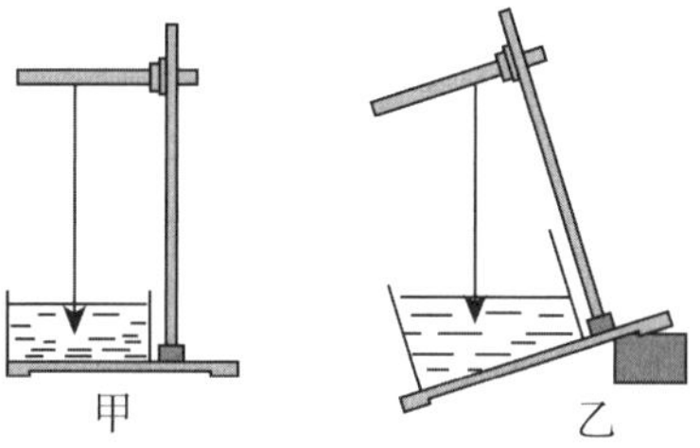

图2　重力的方向 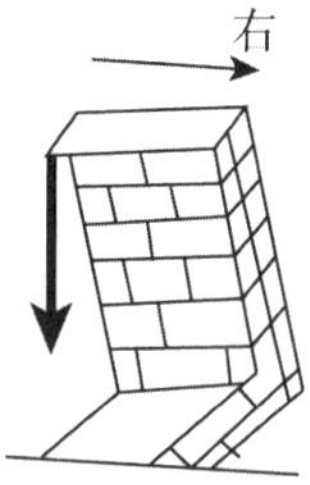　　　　　图3　检测墙体

设计意图:指导学生多角度观察实验现象,通过层层递进,区分"竖直向下"与"垂直向下",从而明确重力的方向总是竖直向下。

五、完成创造性任务

小组活动:以两人为一小组 DIY 水平仪。器材:重锤、细线、T 字架、三角尺、量角器等。

小组评价:由质检员根据评价量表(见表3)的各项指标,分别用各小组 DIY 水平仪检测"王亚平在太空授课"的照片是否贴水平,选出优秀 DIY 水平仪。

表3　DIY 水平仪评价量表

评价指标	3分	1～2分	0分	得分
精准度	误差小于1°	误差1°～3°	误差大于3°	
制作时间	小于10min	10～13min	大于13min	
产品外观	美观	较为美观	粗糙	
创新程度	很有创意	比较有创意	没有创意	
总分				

设计意图:量角器可以精准测出所制得的水平仪误差程度。器材中给予量角器,旨在创设条件激发学生的创新意识。

【板书设计】

$$重力\begin{cases} 重力的大小\begin{cases} 物体受到的重力跟质量成正比 \\ G=mg \\ g:9.8N/kg \end{cases} \\ 重力的方向总是竖直向下的 \\ 主要应用:重垂线、水平仪 \end{cases}$$

【特色与亮点】

本节课创设了一种愉快和谐的学习氛围,以学生为本,充分发挥学生的主体作用。

1. 对教材进行了合理的开发

在尊重教材的基础上,超越教材,科学地加工教材内容,挖掘教材之外的教学资源,在激活学生思维方面巧做文章。合理地进行实验素材的开发,激发学生的学习兴趣和探究欲望。

2. 优化实验操作方式

结合教学内容和学生的认知特点,本节课在实验教学中采用两种操作方式:在学习重力与质量间的关系时,采用猜想→设计→实验→数据处理→得出结论→应用;在学习重力的方向时,采用感性体验→理性分析→探索运用。这不仅让学生学到了知识,更是在操作中知道所学知识的形成过程,从而体验到探究的乐趣与重要性,以及学会一些学习科学的方法。

3. 探究实践贯穿始终

采用任务驱动式教学,巧妙地设置任务挑战自制水平仪,让学生在合作互动中自主探索,积极主动地学习,既体验到成功的喜悦,又提高了综合能力。

摩擦力

李聪聪

（温州市绣山中学）

【课标解读】

本节课属于《课标》的核心概念"3.物质的运动与相互作用"的相关内容。《课标》要求学生能列举生活中常见的力（如重力、摩擦力、弹力），并能说明其意义。在学习活动建议中提出探究影响滑动摩擦力的因素。根据此要求，活动和探究是本节课的主要学习手段，归纳总结摩擦力的概念及滑动摩擦力大小的影响因素是本节课主要的学习内容。

【教材分析】

摩擦力与之前学过的机械运动及二力平衡的条件等知识有较多联系，也是学生建构运动和力的关系这一核心内容的基本要素。本节课的核心知识是掌握摩擦力产生的条件；能在实际例子中学会判断摩擦力的方向；能归纳摩擦力方向判断的方法；能够设计实验探究滑动摩擦力大小的影响因素。由生活经验带来的前概念导致学生对摩擦力这一概念产生偏差，所以本节课的关键任务是帮助学生理解正确的摩擦力概念及影响摩擦力的因素。

教师应该以错误前概念为起点，通过实验、探究、问题讨论等手段，营造思维冲突，使学生在认知碰撞中纠正原有的错误认知，建立科学概念。本节课知识内容对学生而言并不陌生，但由于学生认知中存在的错误前概念，要纠正学生的观念存在一定的难度，所以应将知识内容的学习作为载体，重视学生认知逻辑的培养，将科学方法的应用、科学思维的锻炼、科学思想的渗透、科学态度的建立等素养指标的落实作为本节课的另一个关键任务，引导学生通过质疑和合作研究获取事实证据，从而达到培养学生科学态度的目的。

学习重点:通过实验、探究等手段学习摩擦力的概念及滑动摩擦力影响因素。

学习难点:通过设计实验验证滑动摩擦力影响因素。

【学情分析】

学生根据生活经验和原有认知，已对摩擦力有了初步的认识，但由于对概念片面的理解，学生头脑中往往存在一些与科学概念相矛盾的观念，这些观念深深地影响着学生对科学概念的学习和理解。摩擦力便是存在于学生头脑中的、容易出现理解偏差的概念。

摩擦力是我们日常生活中比较熟悉的，因此在教学中，可针对学生实际，从学生对摩擦力的初步认识(甚至是错误的前概念)出发,安排合适的实验,使学生对熟悉的现象进行分析比较,进一步理解"摩擦力"的概念,以及通过实验、探究等建构摩擦力的正确观念。然后,结合具体实例进行分析,把抽象的问题用可见的演示实验展示出来,并与生活中的实例相联系,让学生感受科学的魅力,从而激发学生学习科学的兴趣和探究欲望。

【学习目标】

科学观念:①能说出摩擦力是两个物体在接触面上产生的阻碍物体相对运动或相对运动趋势的力,并能分析摩擦力的方向。②能说出影响滑动摩擦力大小的因素。

科学思维:通过教师创设的问题情境,发现问题,尝试解释,提出自己的猜想和观点,利用所学新知寻找问题解决方法。

探究实践:①能运用观察、对比、归纳等科学方法,总结出摩擦力的概念。②能通过设计实验验证滑动摩擦力大小的影响因素。③能通过实验,学会依据客观事实进行科学论证的方法。

态度责任:培养学生用事实说话、尊重客观事实、实事求是获取和评价科学结论的态度。

【教学环节】

一、聚焦挑战问题

教师播放视频:开车时出现打滑、无法上坡的现象。
引导学生聚焦以下两个核心问题。
问题1:为什么汽车轮胎会打滑?
问题2:有什么办法可以让视频中的汽车开上斜坡?
针对问题1,学生提出猜想:路面太滑,导致摩擦力太小;汽车轮胎太滑,导致摩擦力太小。
针对问题2,学生提出解决办法:去除地面上光滑的冰或积雪;用尖锐物把地面打出凹凸不平的洞;把汽车轮胎换成更粗糙的。
针对学生提出的猜想中出现了"摩擦力"一词,教师追问何为"摩擦力"? 提出该解决方案的依据是什么?
学生解释不清楚,教师顺势说明:这两个问题的解决就是我们本节课的中心任务。
设计意图:从真实的视频出发,引出本节课需要解决的核心问题,在有效问题的刺激下,让学生提出自己的观点和猜想,尝试感受、解释困难,激发学习新知的渴望。

二、激活旧知

活动1:说说摩擦力
问题1:生活中哪些现象与摩擦力有关?
问题2:你觉得摩擦力有什么特点?
学生利用小学学过的有关摩擦力的知识,列举生活中很多与摩擦力有关的例子,如自行车刹车、拔河比赛等。可以看出,他们对摩擦力的理解主要局限在运动的物体、阻碍运动这两个关键点上。

设计意图:铺垫相关旧知识,学生根据生活经验和已有认知,已经知道运动的物体会受到阻碍其运动的摩擦力,以此为起点,引发进一步的思考。

三、加工展示新知

活动 2:寻找摩擦力产生的条件

(1)将手掌放在桌面上,尝试用各种方式让自己的手感受摩擦力,说说手感受到的摩擦力方向,并将自己的方法和感受到的摩擦力方向记录于表中。

(2)组织讨论,各组将组员的方法进行汇总与分类,并说出分类依据。小组讨论,把讨论结果记录于表 1 中,尝试得出摩擦力的定义。

表 1　感受到的摩擦力方向

编号	1	2	3	4
手的操作	向前推手,使手向前滑动	向后拖手,使手向后滑动	向前推手,但手没有被推动	向后拖手,但手没有被拖动
感受到的摩擦力方向	向后	向前	向后	向前

学生对上述四种情况进行分类,编号 1 和 2 为一类,属于运动的物体之间存在的摩擦力;编号 3 和 4 为一类,属于静止的物体之间存在的摩擦力。结合学生建立的分类,将摩擦力分为动摩擦和静摩擦。如何给摩擦力下定义呢? 物体间产生摩擦力的条件和方向是什么呢?

学生交流摩擦力产生的条件和方向,对摩擦力进行描述:相互接触的物体之间会产生阻碍物体运动的力,力的方向与运动方向相反;相互接触的物体之间会产生阻碍物体运动趋势的力,力的方向与运动趋势方向相反。

进行初步小结,板书见图 1。

摩擦力 —— 物体是否运动 { 动摩擦力, 静摩擦力

图 1　摩擦力的分类 1

(3)学生讨论列举生活中常见的摩擦力,并判断它们属于动摩擦力还是静摩擦力,归纳总结动摩擦力中还包括滑动摩擦力和滚动摩擦力两种。补充板书(见图 2)。

摩擦力 —— 物体是否运动 { 动摩擦力 { 滑动摩擦力, 滚动摩擦力 }, 静摩擦力

图 2　摩擦力的分类 2

设计意图:通过实验,让学生感受摩擦力的存在,并在体验的过程中感知摩擦力的方向。这样的活动设计能让学生在真实的体验活动中去思考、归纳,从而学习摩擦力形

成的条件和方向。小组讨论,对组员的方法进行分类并说出分类依据,这个讨论的过程其实就是学生学习摩擦力存在的条件及判断摩擦力方向的过程,也为后续判断静止的物体是否有滑动摩擦力及设计实验探究滑动摩擦力大小的影响因素打下基础。

活动3:判断静止的物体是否能产生滑动摩擦力

教师提供知识框架,学生可以从下列知识角度思考问题。①为了方便研究,可选地面为参照物判断物体是否静止。②力的作用是相互的。

同时为学生提供一条长木板,让学生小组合作设计实验寻找相对于地面静止的物体是否能产生滑动摩擦力,并说出判断依据。

学生经过讨论能设计出两种较好的方案。

实验设计1:学生A将手压在长木板上,保持手静止不动,学生B拉动长木板,学生A能感受到滑动摩擦力并能说出方向。

实验设计2:学生A将手压在长木板上并向一侧拖动手,手能感受到滑动摩擦力。根据力的作用是相互的,推出静止的长木板也受到了滑动摩擦力。

教师追问:静止的物体是否能产生滑动摩擦力? 说说你们的观点并简单阐述自己的理由。

学生经过交流,基本会呈现以下两种观点。

学生观点1:静止的物体能产生滑动摩擦力,只要它们相对于地面静止,而相对于接触的物体运动,就能产生滑动摩擦力。

学生观点2:静止的物体不能产生滑动摩擦力,判断能否产生滑动摩擦力、物体静止和运动应相对于接触面而言才有意义。若相对于接触面物体是静止的,就不能产生滑动摩擦力。

结合学生的观点,教师引导学生修改板书,再次归纳摩擦力产生的条件。补充板书(见图3)。

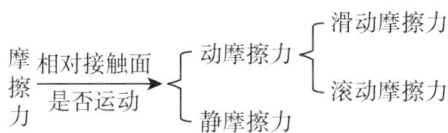

$$摩擦力 \xrightarrow[\text{是否运动}]{\text{相对接触面}} \begin{cases} 动摩擦力 \begin{cases} 滑动摩擦力 \\ 滚动摩擦力 \end{cases} \\ 静摩擦力 \end{cases}$$

图3 摩擦力产生的条件

设计意图:通过让学生回答"静止的物体是否能产生滑动摩擦力"这样一个开放性的问题,使学生在讨论、体验的过程中产生观点的冲突和碰撞,明晰运动和静止的相对性,从而了解摩擦力产生的条件是有相对运动或者有相对运动的趋势。这里选择的参照物是接触的物体而不是地面,为后续探究滑动摩擦力大小的影响因素的实验设计方案的多样性埋下伏笔。

活动4:判断摩擦力的方向

利用毛刷模拟手掌,把毛刷受到摩擦力的方向显示出来,并将分析情况记录于表2。

表 2　摩擦力的方向

编号	1	2	3	4	5	6
实验操作	向前推动毛刷,使它向前滑动	向后拖动毛刷,使它向后滑动	向前推动毛刷,但毛刷没有被推动	向后拖动毛刷,但毛刷没有被拖动	毛刷静止在长木板上,向左拉动长木板	毛刷静止在长木板上,向右拉动长木板
未操作时,先分析摩擦力方向						
操作后,判断摩擦力方向						

学生归纳判断摩擦力方向的方法。

学生交流1:分析物体相对于接触面的运动方向,摩擦力方向与相对运动方向相反。

学生交流2:静止的物体可以用平衡力去分析,物体受到拉力和摩擦力,摩擦力方向与拉力方向相反,才能达到二力平衡。

设计意图:渗透实证思想,让学生先理论分析摩擦力的方向,再通过毛刷实验直接观察摩擦力的方向,进一步理解"相对运动"的意义,并从多角度分析摩擦力,培养发散性思维。这为后续从二力平衡角度探究摩擦力大小的影响因素打下基础。

活动5:探究滑动摩擦力大小的影响因素

问题:物体在地面上滑动的时候,所受滑动摩擦力的大小可能与哪些因素有关?

请学生说出他们的猜想,以及猜想的依据。

学生猜想1:与压力大小有关。依据:手压在桌上越用力,拖动手时受到的摩擦力越大。

学生猜想2:与桌面粗糙程度有关。依据:桌面越粗糙,滑动的木块停止得越快。

学生猜想3:与运动的速度有关。依据:推桌子时,桌子推得越快,感觉越轻松。

学生猜想4:与接触面积大小有关。依据:与地面接触越少,桌子拉起来越轻松。

提供器材:木板、棉布、带钩的长方体木块、钩码、弹簧测力计。

思考:如何测量摩擦力大小?

学生观点:用弹簧测力计测量。

教师应有意识地引导学生关注弹簧测力计测量的是拉力的大小,若要用该拉力大小反映滑动摩擦力大小,需要让物体处于二力平衡状态。同时引导学生意识到匀速直线运动时二力平衡,静止时也是二力平衡。再由学生去选择,并说出自己的理由。

小组合作,探究某一因素对滑动摩擦力大小的影响(见图4)。

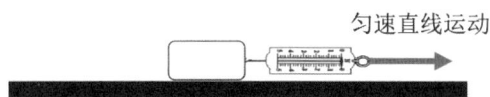

图 4　测量摩擦力的大小

要求:①实验前先小组讨论,确定大致的实验步骤,将研究因素和表3中的第2、3列的内容填写好。②实验过程中要记录滑动摩擦力的大小。③实验结束后要写出实验结论。

表3 本小组研究_____因素对滑动摩擦力大小的影响

实验次数	要研究的因素如何设置	控制相同的因素	摩擦力/N
1			
2			
3			

得出结论：_____

小组分工：2位学生操作,1位学生记录,1位学生准备汇报。汇报内容包括：①实验过程与结论；②在实验中遇到什么困难？③怎样改进这个实验？

学生在实验过程中遇到的最大的困难是匀速直线运动难以控制。再次让学生关注前面的选择是否是最佳方案,引导学生改进实验装置(见图5)。

木板向左运动

图5 改进后测量摩擦力的大小

设计意图：摩擦力学习的难点主要在于学生原先存在一些与科学概念相矛盾的前概念。为帮助学生有效地重构认知,必须要让学生在真探究、真学习的过程中暴露认知冲突,并通过学生自己设计的实验检验自己的猜想,从而得出滑动摩擦力大小的影响因素。除此之外,在实验过程中,学生体会到了实验操作中的困难,激发了对课后拓展实验改进方案的兴趣,并结合教师提示,将二力平衡所学的知识灵活运用到实验方案改进中。

四、尝试应用新知(解决中心问题)

教师引问：我们现在是否可以解决上课开始时提出的问题：为什么汽车轮胎会打滑？有什么办法可以让视频中的汽车开上斜坡？

学生交流1：打滑是因为轮胎与地面之间的摩擦力太小,导致轮胎无法前进。

学生交流2：可在汽车轮胎上绑上防滑链,提高接触面粗糙度,从而增大摩擦。

学生交流3：可增加汽车的质量,从而增大摩擦力。

学生交流4：汽车质量增加,惯性也会增大,汽车最后难以停下,会存在风险。

教师播放视频,让学生了解北方应对公路积雪、结冰的措施。

设计意图：具体的概念教学任务被置于循序渐进的实际问题情境中来完成,最后首尾呼应,通过所学内容来解决本节课提出的中心问题,体现科学来源于生活又服务于生活的 STSE 教学理念,而科学课堂的使命就是架起科学与生活的桥梁。

五、迁移解决新疑

思考与讨论：

(1)人行走时,两脚受到的摩擦力方向。

(2)消防队员抓着竖直的杆从楼顶向地面匀速滑下,分析该过程中消防队员所受的摩擦力大小和方向。

设计意图:解决新疑的目的是培养学生知识迁移能力,即利用所学知识在陌生情境中解决陌生问题,同时使学生的基础知识和基本技能得到进一步的巩固和加强,将新知识结构化,实现深度学习。

【板书设计】

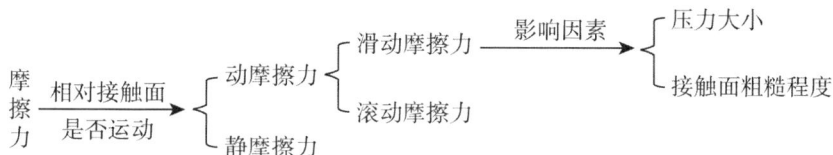

【特色与亮点】

1.关注学生科学观念的自主建构

教学设计层层递进,通过多次活动、分组讨论、实验探究等,促使学生在原有的认知基础上,在真情境、真学习、真探究的过程中逐步形成物理观念,掌握科学探究方法。让学生在开放而富有创新活力的氛围中学习,落实以学生为主体、以教师为主导的课堂地位,促进学生主动自主学习,培养科学态度与责任观。

2.培养学生辩证看待科学概念的科学态度

关于静止的物体是否能产生滑动摩擦力这一活动,学生对于静止有不同的理解,于是产生不同的观念。这两种观念本身没有对错之分,因为思考问题的角度不同。教师充分尊重学生的观点,都予以肯定,从而培养学生辩证看待科学概念的科学态度。

3.关注科学概念的灵活应用

在探究滑动摩擦力大小的影响因素的实验中,通过实验改进,教师充分引导学生对滑动摩擦力大小的测量进行思考,从而引导学生关注二力平衡可以是匀速直线运动,也可以是静止;以此纠正学生对摩擦力的初步认识,即"只有运动的物体才有可能受到滑动摩擦力"这一错误观念,培养学生的质疑和创新能力。

大气压

林雪敏

（温州市实验中学）

【课标解读】

本节课属于《课标》的核心概念"3.物质的运动与相互作用"的相关内容。《课标》要求学生通过探究实验认识大气压。据此要求,本节课通过大量实验现象的展示,让学生感受大气压的存在,并归纳出验证大气压存在的思维模型。

【教材分析】

本节课是对七年级下学期关于压强和液体压强知识的进一步补充。大气压主要从三个方面来学习,首先是感受大气压的存在,而后是了解大气压的大小,最后是应用大气压。本节课又为后续压强与流速关系的学习奠定了基础。

建模是科学研究中非常重要的一种方法。教材中存在大量需要用模型的思想和方法去解决的实际问题。如七年级的地球仪、眼球模型,能揭示客观对象的形态特征;蒸发和沸腾的微观模型,表示光的传播路径和方向的光线模型,能揭示客观对象的本质;而本节课基于众多实验归纳出验证大气压存在的思维模型,对学生建模能力提出更高的要求。建模过程中需摒弃各种次要因素的影响,对过程进行简化处理,突出本质联系特点。

学习重点:通过各种实验和生活现象等感受大气压存在。

学习难点:归纳各大气压验证实验的共同特征,建构思维模型。

【学情分析】

学生对吸管吸液、真空保鲜袋、吸盘挂钩等应用大气压的生活用品非常熟悉,在小学科学课和一些科普读物中对大气压有了一些了解。但由于大气压的概念过于抽象,学生对于大气压存在的认知不够充分。为让学生对知识理解得更深刻、更系统,在设计大气压存在的实验时,可把列举大气压存在的现象的任务留给学生,再通过实验演示及解释,使学生对大气压的存在有丰富的感性认识,并在此基础上建构思维模型,将感性认识上升为理性认识。

【学习目标】

科学观念:①能列举证明大气压存在的实验现象和生活现象。②能用大气压解释有关生活现象。

科学思维：①在固体、液体压强的基础上，通过演绎法，建立气体压强的概念。②综合运用各种分析和论证的方法。

探究实践：①通过大气压验证实验的思维模型建构，掌握建模的一般方法。②通过大气压存在的实验设计，加强举证意识。

态度责任：①体会科学来源于生活又应用于生活，体会学科价值。②通过对实验现象的反思讨论，大胆质疑，乐于分享。

【教学环节】

一、聚焦挑战性问题

展示口服液及口服液吸管（见图1）。生活中感冒时常喝口服液，请比较口服液吸管与普通吸管相比有何不同之处，并说出设计的理由。

学生1：口服液吸管一头尖一头平；尖的一侧是通过减小受力面积增大压强，便于戳破橡皮膜。

学生2：口服液吸管外面有棱；能增大吸管的面积，能吸更多。

学生3：口服液吸管外面的棱能防止口服液瓶口的橡皮膜挤压吸管，使其变瘪。

图1　口服液吸管

学生对于口服液吸管外面的棱的作用存在疑惑。

活动1：2位学生分别用带棱吸管和普通吸管吸口服液。

通过活动，发现使用带棱吸管时很容易吸起口服液，而使用普通吸管时很难。

挑战问题：带棱吸管相对于普通吸管，为何更容易吸起口服液？

设计意图：从日常生活出发，基于观察和体验提出关键问题，在激发学生学习兴趣的同时，让学生体会学科价值，也为本节课的教学寻找合理的逻辑起点。

二、激活旧知识

活动2：观察带棱吸管和普通吸管在吸口服液时，瓶中现象有何不同，并解释原因。

学生观察到在使用带棱吸管吸液体的过程中，瓶内出现很多气泡，液面下降；而在使用普通吸管时没有。基于此现象推测：使用带棱吸管时，外界气体不断进入瓶中，瓶内气体产生压强，将液体压入带口中。

过渡：生活在江河湖泊里的鱼类会受到水的压力，那么大气是否也会对生活在大气层中的我们产生压力呢？

设计意图：通过现象差异的观察引发学生思考，并基于现象进行合理的推理，初步消除学生对抽象概念的理解障碍。

三、加工展示新知识

任务1 初步验证大气压存在

活动3：演示覆杯实验（见图2）。学生观察到水和纸片都不会落下，解释该现象。

本节课之前，学生都认为是大气压托着水，所以水不会流出。

教师追问：如何排除由水粘住纸使得水不下落的可能性？学生讨论得出下列两种方案。

图2 覆杯实验

方案1：将杯子放置在密封钟罩内，抽出钟罩内气体。若是因为水粘住纸片使得其掉不下来，抽气后水依然不会下落；若是因为大气压把纸片托住，则水会和纸片一块下落。

方案2：将杯子中装入一半水进行覆杯实验，若是因为水粘住纸片使得其掉不下来，水依然不会下落；若是因为大气压把纸片托住，则水会和纸片一块下落。

设计意图：科学探究包括"证实"和"证伪"两种，我们平时课上较多为证实实验设计。学生经过小学的学习已经能解释覆杯实验现象，在此基础上通过排除由于水粘住纸的可能性的方案设计及现象结论关联，发展"证伪"能力、质疑精神与批判技能。

任务2 多角度验证大气压存在

活动4：小组合作，利用身边的物品（胶头滴管、针筒、吸盘、矿泉水瓶等）设计实验，体验大气压的存在。展示时需说明具体操作步骤，并列举大气压存在的实验现象（见表1）。

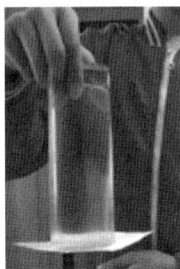

表1 验证大气压存在的实验

实验						
操作	将针筒活塞推到底部，堵住针筒口	将矿泉水瓶挤压后紧靠在手心	将吸盘按在桌上，并挤压吸盘	挤压胶头，放入水中	将塑料袋紧贴烧杯内壁后，用橡皮筋固定	将热水倒入矿泉水瓶后振荡，将热水倒出
现象	无法拉动活塞	矿泉水瓶无法落下	吸盘难拉起	滴管中水被吸上	无法将塑料袋拉出	瓶子变瘪

设计意图：开放实验器材、开放实验设计、开放实验操作，实现以学为中心的探究性实验教学。同时通过要求学生不仅要展示现象，而且要能分析大气压存在的证据，既锻炼学生的表达能力，又将思维可视化，为后续思维模型的建构奠定基础。

过渡:历史上第一个验证大气压存在的实验是 1654 年德国马德堡市广场上进行的马德堡半球实验。播放马德堡半球实验视频。

活动 5:用两个橡胶半球挤压(如图 3)模拟马德堡半球实验。

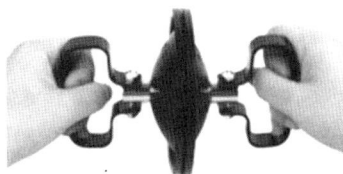

图 3　模拟马德堡半球实验

教师提问:马德堡半球实验中,两侧各八匹马才能拉开金属半球,为何我们刚才模拟的实验中两侧各一个男同学拉就能拉开?

学生利用 $F=\Delta P \cdot S$,从两个角度进行解释:一是模拟实验中的橡胶半球的面积远小于马德堡半球实验中的金属半球,使得 F 偏小;二是模拟实验中的橡胶半球内的气体通过挤压排出,内部气体残留量多于马德堡半球实验中的抽气的金属半球,使得内外气压差偏小,F 偏小。

设计意图:利用科学史料让学生感受大气压的大小,同时利用模拟实验让学生区分大气压与大气压力两个概念。

任务 3　归纳验证思维模型

活动 6:科学结论的得出需要多重证据,验证大气压的实验虽然器材、操作、现象各不同,思维却有共同点,归纳验证大气压存在实验的思维模型。

在学生讨论及补充过程中,完成下面这个思维模型(见图 4)。

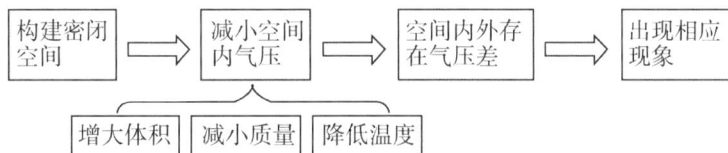

图 4　验证大气压存在的思维模型

设计意图:初中学生的思维很大程度上属于经验型思维。通过思维模型的建构使学生从感性思维向理性思维发展,同时让学生感知模型不仅仅是一种具体、有形的实体,也可以表示变化的本质特征。

四、尝试应用新知识

教师提问:使用吸管为什么能将液体从杯中吸上?

学生交流 1:因为通过吸管用力吸。

学生交流 2:吸气时,将吸管内气体吸走,管内气压减小,外界气压将液体压入吸管,最终将液体压入口中(见图 5)。

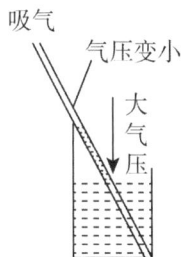

图 5　吸管吸液原理

教师追问:如何验证液体到底是吸上来还是压上来的?

学生交流 1:将吸管上方剪一个小口,会发现液体无法吸上来。

学生交流 2：吸管无法从密闭的瓶子里吸液体（见图 6）。

教师进一步追问：带棱吸管相对于普通吸管，为何容易吸起口服液？

学生：因为口服液瓶口有橡皮膜，如果吸管没有棱，空气不能及时补入瓶内，无法将液体压入口中。而带棱吸管有助于外界气体进入瓶内。

设计意图：通过这个环节纠正学生的迷思概念：使用吸管时，液体并非吸上来的，而是靠大气压压上来的；同时也解决课前提出的关键问题。

图 6　密闭的吸液瓶

五、迁移解决新问题

教师提问：生活中有很多生活用品是利用大气压工作的，请举例说明（见表 2）。

表 2　利用大气压工作的生活用品

用品	原理
真空压缩袋	将袋子密封，利用抽气机抽出袋内气体，外界气压将袋子压紧
吸盘挂钩	将吸盘内气体挤出后，利用大气压产生较大的压力，从而产生较大的摩擦力
吸尘器	吸尘器内风扇转动，将吸尘器内气体排出，外界大气压将灰尘压入集尘袋内

设计意图：这个环节既是对所学知识的应用，也是对课堂的小结，有助于提高学生运用知识分析问题和解决问题的能力。在学生举例的过程中，教师还可适时追问，如真空压缩袋除节省空间外，还有何用处？吸在竖直墙壁上的吸盘挂钩所挂物体的最大重力取决于什么因素？吸尘器要达到吸尘的目的，内部应有哪些器件，各有什么作用？通过不断设问，培养学生的表达能力和严谨的逻辑思维能力。

【板书设计】

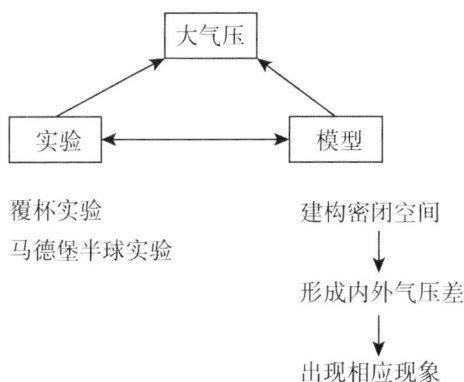

【特色与亮点】

1.注重实验，注重体验，并从中建构概念

八年级学生具有一定的观察能力和思维能力。本节课充分发挥学生学习的主体地位，学生是探究活动设计者，也是展示者，学生在亲身参与中逐步把感性认识转化为理性认识，训练了抽象与概括能力。

2.注重证实,注重证伪,并从中学会质疑

覆杯实验及吸管吸液原理的解释中,在进一步追问中,引发学生思考,并设计不同的证伪实验,在质疑和求真中帮助学生建构认知,发展批判性思维。

3.注重发散,注重归纳,并从中发展思维

通过实验探究,学生在自然放松的状态下发散思维,设计多种实验验证方法,有利于更多教学资源的生成,并基于此抽提各实验本质特征,建构思维模型。遵循从实际现象到抽象思维的教学过程,既符合学生认知,又重视对科学思维的引导。

影响导体电阻大小的因素

姚旭丽

（青田县华侨中学）

【课标解读】

本节课属于《课标》的核心概念"3.物质的运动与相互作用"的"电磁相互作用"的相关内容。《课标》要求学生通过实验了解决定电阻大小的因素。据此要求，活动与探究是本节课的主要学习方式。

【教材分析】

本节课是"物质的导电性与电阻"的第2课时。在第1课时的学习中，学生能通过实验判断不同物质的导电能力。第2课时引入电阻的概念来描述物体导电能力的强弱，并通过实验来决定导体电阻大小的因素。探究导体电阻大小的影响因素，首先要理解电阻（导体对电流的阻碍作用）的概念，重点理解"阻碍作用"的意义。对导体电阻大小影响因素的探究强化了电阻的概念，也充分体现了科学猜想不是无根据的瞎猜，而是根据已经掌握的事实依据和对问题本身的已有认知提出的一种对于新的问题解释或解决的设想，更是着力学生的实验设计中控制变量的应用和自主研究能力的培养。

【学情分析】

八年级的学生已经具备了一定的科学探究能力，而且这个年龄的学生的思维方式逐渐地从形象思维慢慢地向抽象思维、理性思维过渡。学生已经学习了以灯泡亮暗和电流表示数大小来判断不同物质导电能力的实验设计和实施方法，这为本节课学习奠定了良好的知识基础。

【学习目标】

科学观念：①理解电阻的概念，能分析并猜测影响电阻的因素。②能设计实验来探究导体电阻大小与其长度、粗细、材料的关系。③知道金属导体的电阻与温度之间的关系和超导现象。④了解电阻大小的改变在生活中的应用。⑤知道不同物质导电能力不同。导电能力也是物质的一种特性。

科学思维：①经初步分析能猜测影响电阻大小的因素。②知道一个物理量的相关因素较多时，能用控制变量法进行实验方案设计。

探究实践：①能根据问题建立科学猜想，并设计需要的实验方案。②能从实验结果定性得出导体电阻大小与其长度、粗细、材料之间的关系。

科学态度：感受科学知识、科学方法可应用于科学技术领域，从而推动科学技术的进步。

【教学环节】

一、激发兴趣,聚焦核心问题

问题1:我们能吹灭点燃的蜡烛,能不能吹灭发光的灯泡呢?

演示1:神奇的小灯(见图1)。将3节9V的方块碱性电池串联构成电源,与黑箱(内藏220V、100W钨丝的灯头),3V、0.25A的小灯泡,开关等用导线串联起来。闭合开关,观察现象(灯泡发光);向吹气孔(钨丝灯头)吹气,观察现象(灯泡变亮);继续观察(灯泡慢慢变暗)。引导学生提出问题:吹气为什么可以使灯的亮度发生变化? 还有其他方法使灯泡的亮度发生变化吗?

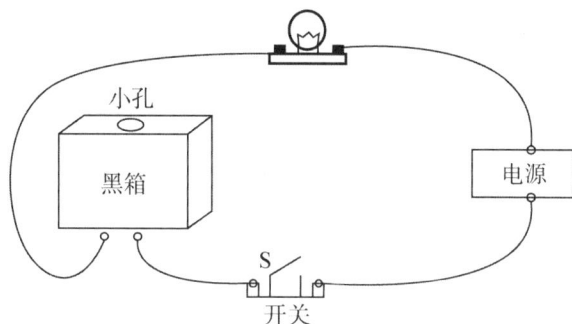

图1　神奇的小灯

设计意图:利用"黑箱"设计的演示实验,迅速激发学生的学习兴趣。根据实验现象引导学生提出问题,给整节课的探究奠定了基调。

二、激活旧知,建构电阻概念

演示2:电阻模拟实验(见图2)。材料:去除瓶底的矿泉水瓶、与瓶口配套的单孔橡皮塞(带有玻璃导气管)、弹簧夹、U形三通管、大烧杯、红墨水、海绵、棉纱。在矿泉水瓶中将水装到标记处,b管内分别塞入一样高度的干燥的海绵和棉纱,打开止水夹,分别记录30秒内海绵和棉纱滴下的滴数。

问题2:相同水压下,为什么a、b两支管中的水流速度不一样? b管中分别加入海绵和棉纱,相同时间内滴下的滴数为什么不同?

分析现象可以得到海绵和棉纱能让水通过,同时对水产生阻碍作用。海绵和棉纱结构不同,对水的阻碍作用也不同。

设计意图:演示实验让学生形象直观地观察到水流过海绵和棉纱,但与a管中的水直接流下又不同,让学生理解海绵和棉纱对水有阻碍作用,而且不同材料的阻碍作用不一样。

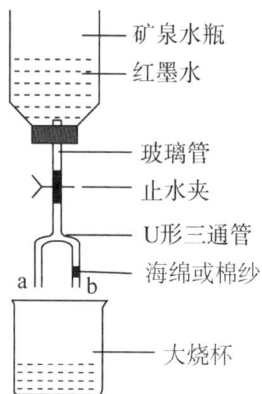

图2　不同材料对水的
阻碍作用

任务 1 探究电阻与材料的关系

连接电源、小灯泡、开关、电流表和导电材料(长度、横截面积相同的铁丝、HB 和 2B 铅笔芯),并完成表 1。

表 1 电阻与材料的关系

实验	材料	灯泡亮度 (填"亮""较亮""暗")	电流表示数/A	实验推论
1				
2				
3				

设计意图:学生经动手实验,观察到不同导体接在同一个电路中,灯泡的亮度、电流表示数是不一样的。学生通过类比得到:电流能通过不同的导体,但不同导体对通过的电流阻碍作用不同。为表示导体对电流的阻碍作用,引入电阻的概念。加强学生对类比方法的理解和应用,培养学生的抽象思维和推理能力。

自主学习 1:学习《科学 八年级上册》(浙江教育出版社)第 135～136 页电阻符号、单位相关知识,建构板书。

任务 2 判断电阻大小

判断任务 1 中三种导体的电阻大小。

设计意图:学生通过自主学习,完善电阻的相关基础知识;教师通过板书,培养学生的知识整理能力。设计根据实验现象判断电阻大小的任务的目的是加深学生对电阻概念的理解,并引导学生得出电阻大小与材料有关的结论。

三、自主探究,尝试解决问题

问题 3:实验中,吹气后,灯泡变亮了,是纸盒中的什么发生了改变?尝试分析实验中灯泡先变亮再慢慢变暗的原因。

设计意图:学生已经知道不同导体电阻不同,利用演示 1 的现象引导学生认识到同一种导体在条件改变时,它的电阻也会发生改变,并分析得出温度影响了纸盒中钨丝电阻的大小,培养学生对实验现象的分析能力。

自主学习 2:超导现象与超导体

问题 4:玻璃在通常情况下是绝缘体,但被烧红时会导电,《科学 八年级上册》(浙江教育出版社)图 4-30 所示的实验说明玻璃的电阻与温度有什么关系?

设计意图:让学生了解科学与技术,利用第 1 课时的实验结果和演示 1 的结果分析引导,了解导体电阻大小与温度的关系,进一步加深理解。

问题 5:通过刚才的实验,我们知道材料和温度的改变可以改变电阻大小,从而改变灯泡亮度,除这两种方法外,你还能想到哪些方法来改变灯泡的亮度?

任务 3 探究影响电阻大小的因素

(1)建立猜想和假设:参考演示 2 的实验,30 秒内水滴滴数越多,表示材料对水的阻碍越小,建立猜想和假设。

学生能在演示 2 的实验基础上,在教师的引导下建立猜想和假设:导体的粗细(横截面积)和长度影响电阻大小。

(2)设计实验方案:根据所给的实验材料(电源、带鳄鱼夹的导线、开关、电流表、3 根 2B 铅笔芯),设计实验来研究导体长度和横截面积对电阻大小的影响。

反馈方案,引导学生应用控制变量科学方法。

(3)小组实验,完成记录(见表 2、表 3)。

表 2   横截面积不变时,电阻大小与导体长度的关系

实验	长度/cm	电流示数/A	灯泡亮度	电阻大小与导体长度的关系
1				
2				
3				

表 3   长度不变时,电阻大小与导体横截面积的关系

实验	横截面积/cm²	电流示数/A	灯泡亮度	电阻大小与导体横截面积的关系
1				
2				
3				

(4)得出结论。

设计意图:对学生方案进行讨论、完善,有针对性地指导控制变量的应用。让学生分析小组实验的结果,得出结论,培养学生的实验探究能力。

四、科学读图,获取新知识

问题 6:结合表 4,说说导线用铜芯而不是铁芯的原因。

表 4   长 1m、横截面积 1mm² 的几种材料的电阻(20℃时)

材料	电阻/Ω	材料	电阻/Ω
银	0.016	铁	0.10
铜	0.0175	镍铬合金	1.0
铝	0.029	电木	$10^{16} \sim 10^{20}$
钨	0.053	橡胶	$10^{19} \sim 10^{22}$

问题 7:你从表 4 中,还能获得哪些信息?

设计意图:让学生通过读图表了解常见材料的电阻大小,培养学生读图表获取信息的能力。培养学生利用科学知识解释生活现象、解决实际问题的能力。

五、知识应用,做出新尝试

问题 8:若把镍铬合金丝拉长,它的电阻会发生怎样的变化?为什么?

任务4 探究导体长度和横截面积与电阻的关系

将彩泥接入电路,揉捏彩泥,观察灯泡的亮度变化和电流表示数变化,体验导体长度和横截面积同时改变时电阻大小的变化。

设计意图:动态呈现导体长度和横截面积对电阻大小变化的影响,加强学生对知识的理解,也培养学生的发散思维。

【板书设计】

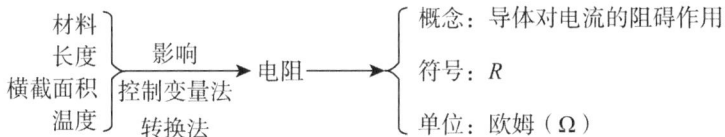

【特色与亮点】

为了让学生更好地理解电阻这个抽象概念,设计了两个演示实验。第一个演示实验利用"黑箱",充满神秘感,让学生在学习知识的同时激发了其对本节课的期待。第二个演示实验让学生直观地观察到实验现象,类比看不见的电流,从而在头脑中很形象地形成了导体也会对电流起到阻碍作用的意识,进而建构电阻的概念。

在平常的教学中,实验器材为固定在一块板上长短不同的4根金属丝,旁边标注材料和粗细,这些信息都在暗示学生关注电阻的影响因素,对学生思维的限制比较大。用学生熟悉的铅笔芯代替不熟悉的合金材料,通过合并2根或3根铅笔芯来改变横截面积,让学生更加直观、深刻地理解横截面积这个因素对电阻的影响。最后一个任务采用了彩泥这种"软性"材料,使实验过程中呈现出动态的电阻变化,实现思维的"可视化"。

变阻器

卓振宇

（温州市瓯海区梧田第一中学）

【课标解读】

本节课属于《课标》的核心概念"3.物质的运动与相互作用"中的"电磁相互作用"的相关内容。《课标》的要求是，会用滑动变阻器改变电阻。根据《课标》要求，活动和探究是本节课的主要学习手段，归纳总结滑动变阻器的特征和学会使用滑动变阻器是本节课主要的学习内容。

【教材分析】

本节课是在"电流、电阻及其影响因素"之后，又在"电流与电压、电阻的关系"之前，具有承上启下的作用。由于通过滑动变阻器比较容易改变电路的总电阻，进而改变电流，乃至改变用电器的电功率，因此滑动变阻器是初中阶段电学部分常见且极其重要的电路元件。本节课的核心是掌握变阻器改变电阻的基本原理，以及掌握滑动变阻器的使用方法。而生活中也有许多变阻器应用的例子，但学生往往由于难以观察到其内部的结构而忽略其与变阻器的关联。因此，本节课的关键任务就是帮助学生直接观察并理解变阻器的工作原理。

教师可以从实际生活中的变阻器具体实例（如调光台灯）出发，在营造生活中的科学情境过程中，拉近学生与课本的联系，通过实验、探究、问题讨论等手段，在认知碰撞中学习变阻器的工作原理。同时，要注意工程技术在科学中的渗透整合，促进学生核心素养的发展与落地。

学习重点：通过实验、探究、分析等手段学习变阻器的工作原理，并会使用滑动变阻器改变电阻。

学习难点：通过比较和分析归纳滑动变阻器与旋钮式变阻器在结构和功能上的异同点。

【学情分析】

学生已对电流和电阻的概念有了初步的认识，也知道导体的电阻大小与多种因素有关，以及电路中的电阻大小可以影响电路电流大小，因此对电流与电阻的关系有了初步的认识。但由于生活中的变阻器难以直接观察内部结构，所以学生对它们的了解往往只停留在表面，很少触及知识的本质，更难以将生活中的声、光等信号的改变与变阻器知识产生关联，对滑动变阻器与旋钮式变阻器在结构和功能上的异同理解比较困难。

本节课的内容虽然较难理解,但与生活实际存在着较为密切的联系,因此尝试让学生在实验操作中解决问题,在探究问题中挖掘思维的深度,在"做中学"中感悟动手动脑学科学,从而体会科学的魅力,激发学习科学的热情。

【学习目标】

科学观念:通过制作简易变阻器,尝试制作把科学原理转化为技术的简单展示模型,认识现代技术与工程的系统性和复杂性。

科学思维:通过制作简易变阻器,在质疑和创新中不断解决问题,完成从"一根导线"到"变阻器"的转变;运用科学推理和科学论证,比较分析滑动变阻器与旋钮式变阻器在结构和功能上的异同点,并在滑动变阻器转化为元件符号的过程中体验模型建构的思维过程。

探究实践:通过制作简易变阻器,理解变阻器的工作原理,并会使用滑动变阻器实现灯泡的亮暗调节,归纳滑动变阻器接入电路的基本方法。

科学态度:通过制作简易变阻器,在经历获取事实和评价科学结论的过程中培养实事求是的基本态度,以及从滑动变阻器到敏感电阻的发展过程中体验人类科技水平的发展。

【教学环节】

一、聚焦挑战性问题

创设情境:出示调光台灯,并演示调光台灯亮度的变化,引导学生观察并提问。

问题1:这种调光台灯与其他的台灯有什么不同?

问题2:调节旋钮,台灯的亮度有什么变化?

问题3:改变亮度的原理是什么?

学生思考讨论,并回答问题。

教师引导:可以通过调节旋钮调节调光台灯的亮度,它的原理是用一个可以改变阻值的电阻来改变电路中的电流,从而达到改变灯泡亮度的目的。

核心问题:如果给你足够的器材,你能自制一个可以调节亮度的小台灯吗?

设计意图:从学生熟悉的事物出发,引出本节课需要解决的中心问题,以始为终,逆向设计。在真实情境中问题的刺激下,学生敢于提出自己的观点和猜想,尝试感受、解释困难,激发学习新知的渴望。

二、激活旧知识

任务 1 连接可调光电路

活动1:小组合作,连接一个可调光电路(见图1),并解释原理。

器材:干电池、灯泡、铅笔芯、开关、导线。

学生展示成果并说明原理。

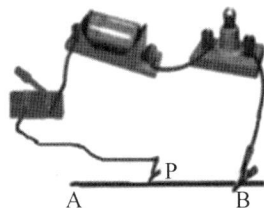

图1 可调光电路1

教师引导:接入电路中的铅笔芯越长,小灯泡越暗,即导体越长,电阻越大,电流越小。

设计意图:通过任务驱动,使学生主动回忆原有知识,即通过改变导体长度来改变电阻大小,进而再改变电路的电流大小,实现了灯泡调光的功能,并以此为起点,使学生逐步深入课堂,建构新知识。

三、加工展示新知识

任务2 分析可调光电路

活动2:思考并小组讨论该可调光电路可改进的方面。

学生:①电阻变化太慢;②移动幅度太大,不方便;③移动过程中电路容易断路;④手直接接触导线,存在安全隐患;等等。

设计意图:通过充分分析原有电路的不足,彻底激发学生的主观能动性和创造性思维,实现学习的进阶。

任务3 制作简易变阻器

评价量表如表1所示。

表1 评价量表

评价维度	标准1(4~5分)	标准2(2~3分)	标准3(0~1分)
调光亮暗程度	明显	较明显	不明显
操作难易度	有接线柱,移动滑片很方便	有接线柱,移动滑片较方便	无接线柱,移动滑片不方便
用电安全	操作基本无直接接触导体,很安全	大部分操作人员不直接接触导体,比较安全	操作人员直接接触导体,不安全
牢固程度	有支撑设计,很牢固	有支撑设计,比较牢固	无支撑设计,不牢固

活动3:设计并制作简易变阻器,在制作中继续改进、评价和设计,最后小组展示。

教师引导:将学生作品与实验室的滑动变阻器对比,并指认滑动变阻器的各个部分。

设计意图:围绕原调光电路的缺点,并利用评价量表引导学生进行全面设计,改进并制作变阻器电路,激发学生学习兴趣,培养学生解决复杂问题的能力。

四、尝试应用新知识

任务4 滑动变阻器的使用方法

活动4:尝试将滑动变阻器接入电路(见图2),并归纳使用滑动变阻器的一般规律(见表2)。

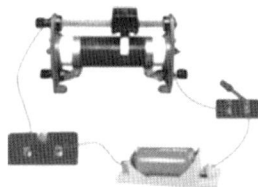

图2 可调光电路2

表 2　滑动变阻器的使用方法

滑动变阻器示意图	接线柱	有效电阻丝	滑片向左移，电阻的变化	由灯的亮度变化来验证

师生总结：滑动变阻器与被调节电路串联；接线柱要一上一下；闭合开关前，滑片应移到阻值最大处。

设计意图：滑动变阻器的使用方法是本节课的重点，因此从自制简易变阻器回归到实验室的滑动变阻器，并给予学生充足的时间进行各种"试错"，归纳出使用方法，从感性上升到理性。

五、迁移解决新问题

任务5　比较滑动变阻器与旋钮式变阻器

活动5：比较滑动变阻器与旋钮式变阻器的异同（见图3），完成任务单（见表3）。

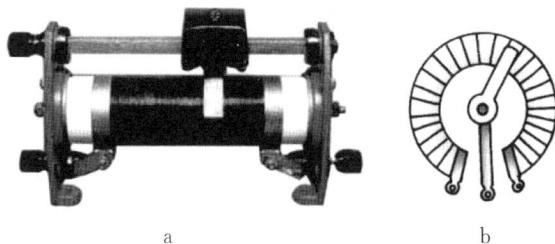

图 3　滑动变阻器（a）与旋钮式变阻器（b）

表 3　滑动变阻器与旋钮式变阻器的比较

变阻器	滑动变阻器	旋钮式变阻器
原理		
结构		
功能		

师生总结：滑动变阻器和旋钮式变阻器均属于变阻器，设计原理都是利用改变导体的长度来改变电阻大小，它们在结构上基本相同，都有三个接线柱，但区别在于电阻变化是否连续。

设计意图：通过比较滑动变阻器和旋钮式变阻器的异同点，既加深了学生对变阻器工作原理的认同，又引导学生观察入微，知道在结构和功能两者又有微小差异，这种微小差异说明了变阻器在结构和功能上相适应的特点。

问题：我们发现市面上有些新款的台灯是根据环境光线的亮暗自动调节亮度的，你知道这是如何实现的吗？

阅读：敏感电阻的相关内容。

【板书设计】

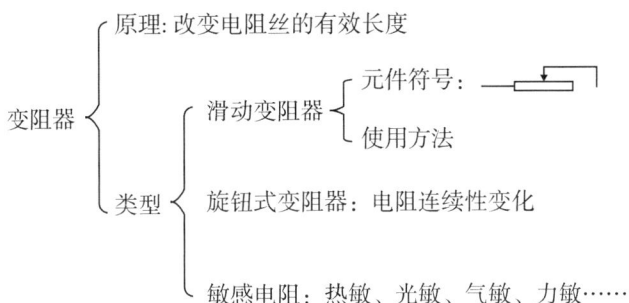

变阻器 ┬ 原理：改变电阻丝的有效长度
      └ 类型 ┬ 滑动变阻器 ┬ 元件符号：
            │   └ 使用方法
            ├ 旋钮式变阻器：电阻连续性变化
            └ 敏感电阻：热敏、光敏、气敏、力敏……

【特色与亮点】

1.真实的情境创设

台灯是学生所熟知的生活用品，设计并制作可调光亮度的台灯是本节课的核心任务，其关键要素是变阻器，围绕这一核心问题进行探究合情合理，并通过学生的自主努力解决问题，真问题、真实践、真解决促进了深度学习的真实发生。

2.适切的问题匹配

真实的情境不能自动转化为学习任务，教学需要以适切的问题推动学生的思维发展。本节课中既有核心问题，又有诸多子问题贯穿始终，从发现问题到分析问题，再从解决问题到反思问题，一方面体现了课堂中教师的作用，另一方面则持续推动学生的思维走向深处。

3.进阶的任务设计

本节课共有五个任务，层层递进，任务难度逐渐提升，其中有以始为终的项目式任务设计，也有丰富的思维进阶训练，更有将科学、工程与技术融合的特点，逐步将课堂延伸并推向高潮。

家庭用电

徐象勇

（瑞安市安阳实验中学）

【课标解读】

《课标》对本节课的要求是,知道电能表及熔断器(保险丝)的作用,了解家用电器的使用及安全用电的常识。

【教材分析】

在《科学 八年级上册》(浙江教育出版社)的第 4 章《电路探秘》、《科学 八年级下册》(浙江教育出版社)的第 1 章《电与磁》、《科学 九年级上册》(浙江教育出版社)的第 3 章《能量的转化与守恒》共 3 章都专门讲述了与"电"有关的知识。教材中浓墨重彩地阐述"电"学知识,是因为电的应用与我们的生活息息相关。但我们发现,在现实的生活中,学生对电学知识的实践应用能力极弱,如当家中遇到简单的电路故障,不会分析、排查原因,更不用说解决故障问题。由此可见,"电"的教学没能体现帮助学生达成解决简单的生活实际问题的学科价值,这是需要思考和改进的。

科学实验教学是科学教学的基石。做好"电学实验"对学生学习电的相关知识有重要作用,但更重要的是,要让"电"学知识应用于生活,解决生活实际问题。因此,在课堂教学过程中,要让"电学实验"教学"生活化",这样的实验教学才能符合《课标》的要求。

【学情分析】

学生在小学阶段已经对电路知识有了初步了解,通过初中七年级下册第 4 章《电路探秘》的学习又加深了对电路相关知识的认识。但这些知识都还停留在简单电路阶段,在连接操作中使用的都是低压电源,与家庭电路的连接要求相差甚远。

本节课是要让学生知道家庭用电对电路连接的要求,特别要从安全的角度出发,引导学生将简单电路的相关知识与真实生活中的家庭电路相联系,了解家庭用电的安全注意事项。

【学习目标】

科学观念:根据学生之前所学相关电路知识,引导学生理解断路器及保险丝在家庭电路中的作用。培养学生相信科学、热爱科学、树立良好的科技意识和"科学技术是第一生产力"的科学观念。

科学思维:通过让学生分析床头灯连接错误引起的电路故障,培养学生的科学分析、科学推理、科学判断能力。

探究实践:通过让学生对比测电笔与普通螺丝刀的区别,分析局部电路短路与三孔式插座、三脚插头的相关性,培养学生的观察能力、知识迁移能力。

科学态度:通过让学生分析断路器代替闸刀开关与熔断器所带来的生活上的便利,引领学生树立运用科学知识提升人类生活水平的责任感。

【教学环节】

一、聚焦挑战性问题

教师设置情境:我买了一只新的床头灯,在安装完成后,闭合开关,听到"咔嚓"一声。请问发生了什么情况?

学生猜测后,教师阐述:我发现装的灯没亮,而房间内的其他灯一起灭了。请问发生这一现象的原因是什么?

结合生活经验与前面学习过的电路相关知识分析:听到"咔嚓"一声,且房间内的灯都熄灭了,应该是总开关断开了。

设计意图:家庭电路跳闸是一种比较常见的生活现象,学生对此会有真实的生活体验。以真实的家庭电路故障情境为切入点,让学生的科学思考真实发生。

二、激活旧知识

思考与讨论:为什么会是总开关断开? 总开关断开的原因是什么?

引导学生回顾串联电路、并联电路的特点,以及在并联电路中干路的开关控制整个电路的特点。结合生活经验让学生知道电流过大是引起家庭电路跳闸的原因之一。

归纳:引起总开关断开的原因可能是电流过大。而导致电流过大的原因可能是电灯连接时发生短路。

设计意图:科学认知的提高是建立在学生原有认知的基础上的,通过情境设置与问题引导,让学生充分回忆原有认知,同时结合生活经验,为学生的后续学习做好铺垫。

三、加工展示新知识

过渡:如何确定在电路连接时发生了短路? 正确的家庭电路应该怎样连接呢?

(学生课前预习,对照教材第27页图1-57《家庭电路图》,观察并拍照记录自己家里的实际电路安装场景。)

任务 1 用"万用表"测教室电路电压——知道家庭电路电压

提问:能否用实验室的电压表测教室的电压? 家庭电路的电压是多少?(学生普遍能答出是220V。)

追问:你如何知道家庭电路的电压?

教师展示万用表,并介绍其使用方法。测试教室电路电压(见图1)。

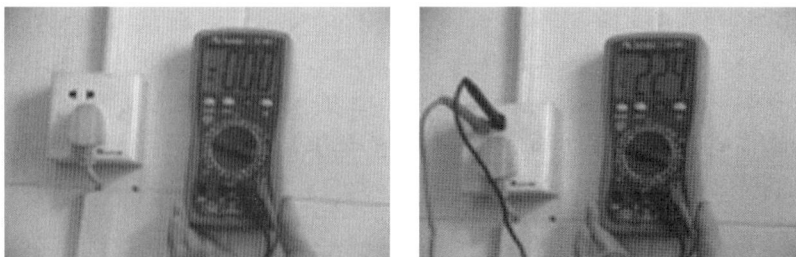

图 1　万用表测教室电路电压

通过测量发现,测得的数据往往不是刚好 220V,而是接近 220V,让学生知道家庭电路电压为 220V 是一个设定值,在实际生活中这个数据是有变化的。

设计意图:学生对于通过自己观察得到的知识,比通过教师讲述与单纯看书,印象要更加深刻。此外,通过实践让学生知道家庭电路的实际电压并不是保持 220V 不变的,为后续的实际电压与实际功率教学打下基础。

任务 2　比较分析两支不同的测电笔——掌握测电笔的安全使用方法

提问:以下两支测电笔(见图 2),你会选哪一支去区分火线与零线? 说出理由。

学生活动:认识测电笔内部结构。练习使用测电笔,分辨教室插座中的零线与火线。

设计意图:通过问题引导学生思考、分析,自己意识到测电笔使用的安全注意事项。在学生明白测电笔的工作原理后,再让学生实践练习,从而掌握正确、安全使用测电笔的方法。

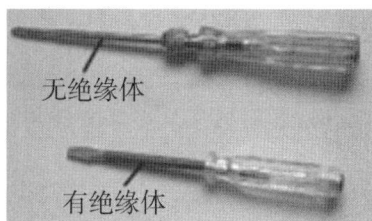

图 2　测电笔

任务 3　演示双金属片受热弯曲实验——了解断路器工作原理

教师阐述:家庭电路目前普遍用断路器代替闸刀开关和熔断器。当电路中电流过大时,电流热效应导致发热量加剧,断路器中双金属片发生弯曲,弯曲到一定程度时推动簧锁装置,开关瞬时跳闸(见图 3)。

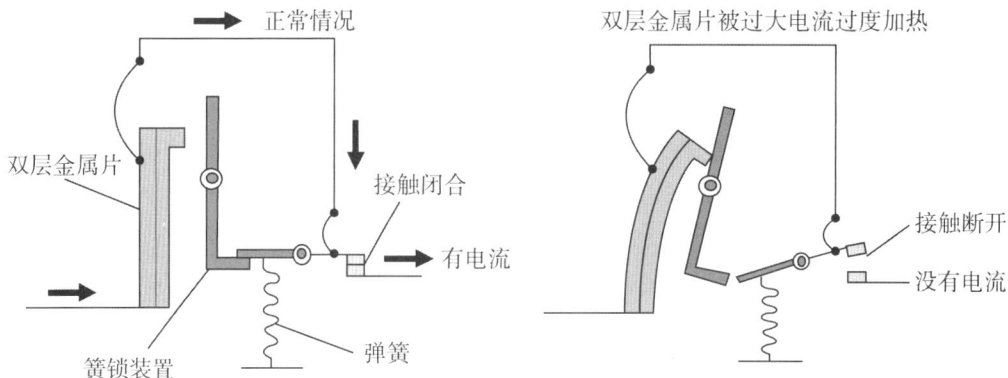

图 3　断路器的工作原理

操作:从废旧的断路器中拆出双金属片,点燃酒精灯对其进行加热(见图 4)。

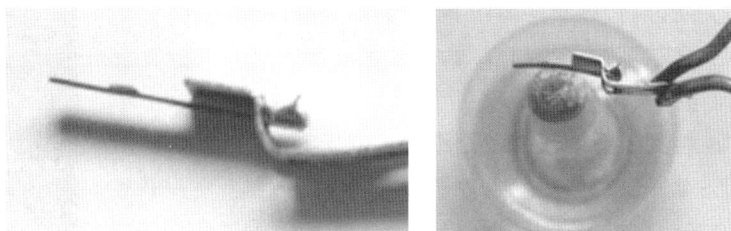

图 4　酒精灯加热双金属片

学生观察实验现象:双金属片加热前是直的,加热后弯曲,冷却后又恢复成直的。

设计意图:通过对比加热前后的双金属片,结合教材图解,学生容易理解断路器的工作原理。现代家庭中普遍使用断路器代替熔断器和闸刀开关,让学生感受科技发展对改善人类生活的作用。

任务 4　小灯泡短路实验——理解三孔式插座和三脚插头的功能

展示一个接有两个灯泡的串联电路(见图 5),用一条导线演示用电器短路,让其中的一盏灯熄灭,请学生分析原因。

思考:结合用电器短路知识,分析用电器的三脚插头与三孔插座配合使用的优点及原理。

设计意图:用电器的金属外壳为什么在接地后能起到安全保护作用,对学生而言是一个难点。但通过实验演示类比后,学生就比较

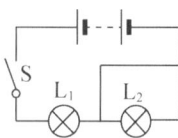

图 5　串联电路

容易理解。这样的教学使学生能真正理解原理,从而摒弃生活中将三脚插头的接地脚"拧弯"使用的不安全操作。

四、尝试应用新知识

活动:观察床头灯的内部线路结构,分析错误原因。

呈现图 6,并说明:图 6a 所示为电源线(连着火线与零线)。图 6b 所示为床头灯内部线路,两条线连着灯泡,另外两条线连着开关。图 6c 所示为教师第 1 次连接的线路。

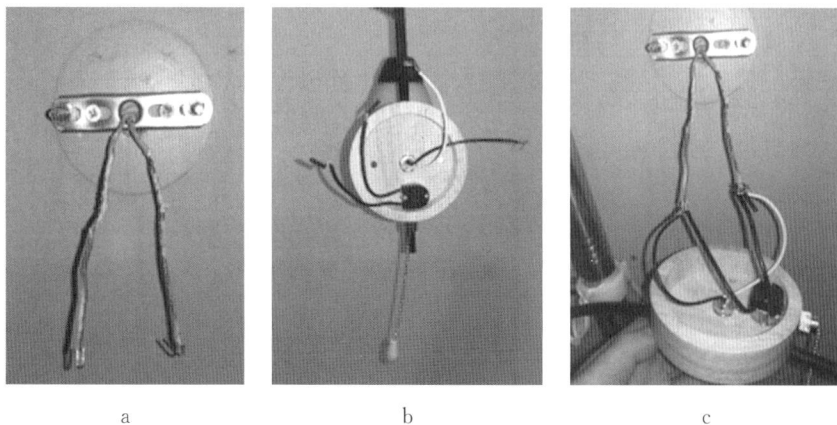

a　　　　　　　　　b　　　　　　　　　c

图 6　床头灯内部线路

归纳:开关闭合后,火线与零线直接相连,造成短路。

纠正:用测电笔区别零线与火线,将开关安装在火线上。

呈现正确连接线路(见图7)。

追问:你能否判断图中哪一条是火线?

设计意图:与课堂教学的导入环节相呼应,引导学生运用课堂所学知识解决实际问题。同时通过追问让学生加深对家庭电路中开关要装在火线上的理解。

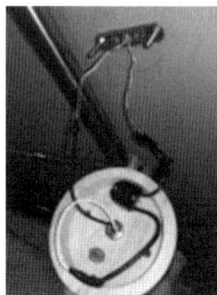

图7 床头灯正确连接

五、迁移解决新问题

过渡:家庭电路故障主要是由断路、短路、总功率过大等引起的。若是短路或用电器总功率过大,保险丝会熔断;若是进户火线断了,测电笔不会发光。当然还有其他原因,做题时需要用心判断。

例 夜里,小明家的三盏电灯突然全部熄灭。经检验,保险丝完好;用测电笔检验插座的两孔,氖管均发光。发生这一现象的原因可能是 （ D ）

A.插座处发生短路了   B.某个电灯的灯丝烧断了

C.进户线的火线断了   D.进户线的零线断了

解析:保险丝完好,说明电路中一定没有发生短路,故 A 选项错误;家庭电路中各个用电器是并联的,某个电灯的灯丝烧断了,其他的电灯仍然发光,故 B 选项错误;如果进户线的火线断了,氖管不会发光,故 C 选项错误;进户线的零线断了,使家中各个用电器都处于带电状态,故用测电笔检查时氖管均发光,正确选项是 D。

设计意图:将知识运用于实践才是学习的真正目的。转换情境,让学生在新情境下运用知识解决问题,可以了解学生对知识的掌握情况,从而检测本节课的教学效果。同时,通过知识的迁移应用培养学生分析问题、做出判断的科学思维能力。

【板书设计】

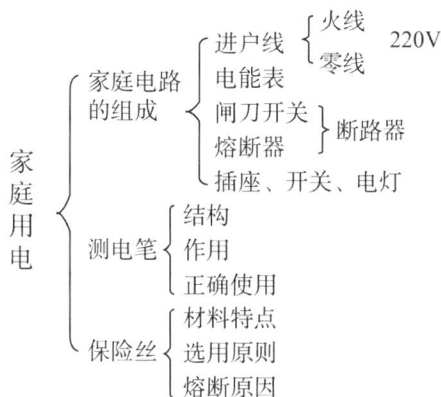

【特色与亮点】

1.通过"实践体验",培养创新精神和实践能力

通过家庭电路中用断路器取代熔断器与闸刀开关的事实(见图 8),引导学生认识科技发展对人类生活进步所带来的影响,激发学生学科学、用科学的激情。

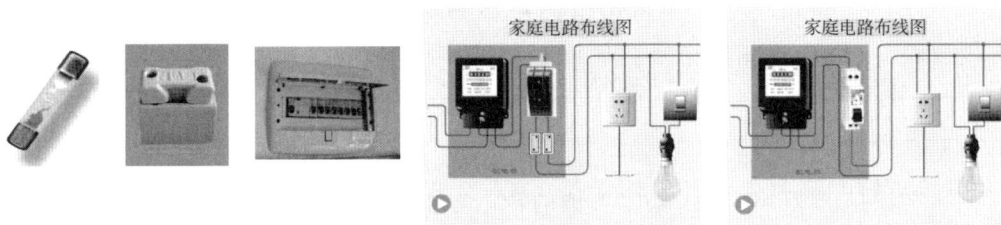

图 8　断路器取代熔断器与闸刀开关

在三孔插座与三脚插头安全作用教学中,类比了用电器短路的知识,能让学生意识到三孔插座与三脚插头是人们对科学知识进行合理应用的产物。这种通过"实践体验"去获得科学知识的学习方式,有利于学生理解科学本质,为学生提升科研创新能力打下基础。

2.通过"实验体验",提升对知识的掌握、迁移与应用能力

在分析家庭电路中电流过大带来的危害时,展示图 9 所示图片。让学生观察图片,找出电路中最先出现火苗的部位,并应用已学电学知识来解释引起火灾的原因。这样的体验式教学方式让学生既巩固已有知识,又能对已学知识进行实践应用,更好地树立安全用电意识。

图 9　过载引发火灾

学生通过教师的课堂讲授或阅读书本可以获取知识,通过亲身"实践体验"也能获取知识。而两种学习的效果,后者肯定优于前者。"纸上得来终觉浅,绝知此事要躬行。"事实证明,改进"电学实验"的教学方式,让学生在实际生活情境中去感受、去体验、去应用实践,从而发现知识、理解知识、掌握知识、解决问题,是一种有效的教学方式。

能量及其形式

谭梦露

（衢州市柯城区巨化中学）

【课标解读】

本节课是《课标》的核心概念"4.能的转化与能量守恒"之"能的形式、转移与转化"的相关内容。《课标》的内容要求是结合实例了解能的多种形式（机械能、内能、电磁能、化学能、核能等）。学业要求是认识常见的能的形式及其转化。

【教材分析】

教材以"认识能量"和"能量的形式"两个主题进行编排。这与《课标》要求适配，即为本节课的重点。本节课从大量实例切入，首先让学生认识到能量在我们日常的生产生活中有着巨大的影响；再分析伽利略的双斜面理想实验，假设斜面没有摩擦，小球初末位置（高度）相同，引导学生领会与起始高度相联系的能量的概念；最后列举多种运动形式下体现出的能量形式。教材所举的例子涉及物质科学、生命科学、地球与宇宙三大领域，体现了科学的综合性，以及"能量"的普遍性和概括性。

学习重点：认识能量及能量的形式。

学习难点：初步形成能量的概念；在真实情境中认识能量的形式并揭示其本质。

【学情分析】

"能量"是本单元的重要概念，"各种形式的能量"则是这个概念的子概念。学生在五至八年级科学的学习中，已接触有关能量的初步概念。但"能量"一词在学生的认知体系中仍是个模糊概念。概念性知识超越事实层面，指向思维，促使各种事实性知识的整合[1]，具有广泛性、抽象性和高度概括性。九年级学生的认知水平在理解抽象概念上具有一定的局限性。能量概念的教学是本节课的难点。

从逻辑上看，斜面实验的现象、理想状态下的实验推论、能量的概念三者之间并非单向线性因果关系。学生在课堂上容易出现思维断层。例如，在双斜面实验中，小球两次到达的高度并不相同，为什么理想状态下小球却能到达同一高度，且与起始高度相同？为什么与起始高度相联系的概念一定是能量？高度与能量之间是什么关系？这些直击问题本质，在教学中不可回避。要设计尊重学生已有认知水平和发展规律，学生持久思考和探究的连续性、综合性任务，驱动学生能力、素养培养及教学目标达成[2]。

【学习目标】

科学观念：通过解锁过山车项目中的任务链，初步建构物质与能量的观念。

科学思维:通过实验探究,收集证据,得出结论。基于归纳的结论推理得出理想状态下小球所能到达的高度。在项目推进的过程中,培养推理论证的思维。通过揭示能量形式与运动形式之间的关系,促进建构能量本质的基本模型。

探究实践:以真实情境中的真实问题为起点,通过历经完整的实验探究和推理论证,解决实际问题,提高科学探究和学习能力。

态度责任:在探究和推理的过程中找到解决实际问题的方法,激发兴趣与热情,培养实事求是的实证意识、客观严谨的科学态度,树立正确的科学观。

【教学环节】

一、聚焦项目问题

实验器材:过山车轨道拼装模型。

播放视频:《过山车》。引导学生关注过山车的上坡问题。

演示模型:教师将过山车(小球)放置到一定的高度,让过山车从静止开始下落,如图 1 所示。

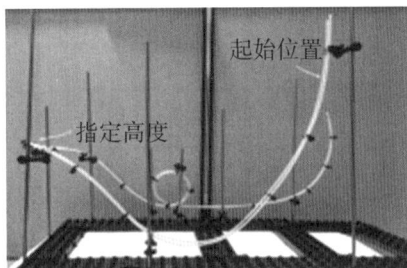

图 1　演示过山车模型

真实情境:过山车无法翻越过下一个高峰,即过山车不能顺利到达指定高度。

引出真实问题:如何让过山车顺利到达指定高度?

转化成可探究的科学问题:小球在斜面上能到达的高度与哪些因素有关?

设计意图:引课将学生带入项目情境,开门见山,引出真实问题。这个问题围绕项目关注的核心知识,具有驱动性和本质性,能贯穿整节课,引发学生连续思考与探索。将"真实"融入"课堂",提出能驱动学生探究的科学问题,实现从"生活"走向"科学"。

二、激活旧知

提出问题:小球在斜面上能到达的高度与哪些因素有关?

猜想 1:小球在斜面上能到达的高度与斜面倾角有关。斜面倾角越小,小球在斜面上能到达的高度越高。

猜想 2:小球在斜面上能到达的高度与小球的起始高度有关。小球的起始位置越高,小球在斜面上能到达的高度越高。

猜想 3:小球在斜面上能到达的高度与斜面的粗糙程度有关。斜面越光滑,小球在斜面上能到达的高度越高。

设计意图:探究活动在不同年段的教学中应有所侧重,九年级以"设计探究活动"为重点。[3]探究从基于问题建立假设开始,为学生创造经历完整探究的机会。学生有坡越陡越难爬、单车从高处滑下更容易冲上坡等体验。学生也已在七年级下学期初步学习了力学的相关内容,知道摩擦力的大小与接触面的粗糙程度有关、力能改变物体的运动状态等知识。引导学生重视建立假设的依据及假设表达的完整性。培养学生实证意识的同时,也使学生充分暴露错误的前认知。也开始悄悄为后期"推理"埋下伏笔。

三、加工展示新知

实验器材:伽利略理想斜面演示器,如图 2 所示。

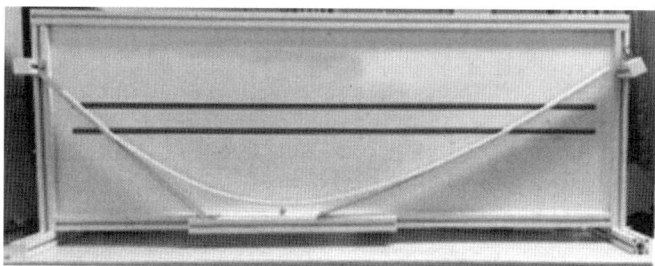

图 2　伽利略理想斜面演示器

探究 1:小球在斜面上能到达的高度是否与斜面倾角有关?

实验步骤:①将小球置于 A 点,静止后放手,用铅笔标出小球能到达的最高点,记为点 B。②减小斜面倾角大小,将小球置于 A 点,静止后放手,标出最高点 C。③再次减小倾角大小,重复上述实验,标出最高点 D。

实验现象:$h_B > h_C > h_D$,如图 3 所示。

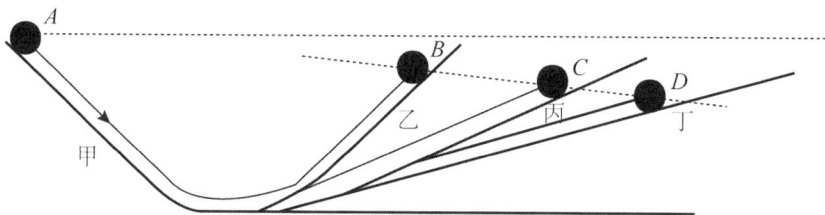

图 3　探究 1 的实验现象

实验结论:当小球的起始高度、斜面的粗糙程度一定时,斜面倾角越大,小球在斜面上能到达的高度越高。

探究 2:小球在斜面上能到达的高度是否与起始高度有关?

实验步骤:①同探究 1 中的步骤①。②将小球置于 A' 点(高于点 A),静止后放手,用铅笔标出小球能到达的最高点,记为点 B'。③再次抬高小球的起始高度,静止后放手,标出小球能到达的最高点,记为点 B''。

实验现象:$h_B < h_{B'} < h_{B''}$,如图 4 所示。

实验结论:当斜面倾角、斜面粗糙程度一定时,小球的起始位置越高,其在斜面上能到达的高度也越高。

发现问题:$h_A > h_B$、$h_{A'} > h_{B'}$、$h_{A''} > h_{B''}$。

分析原因:小球与斜面之间存在摩擦。

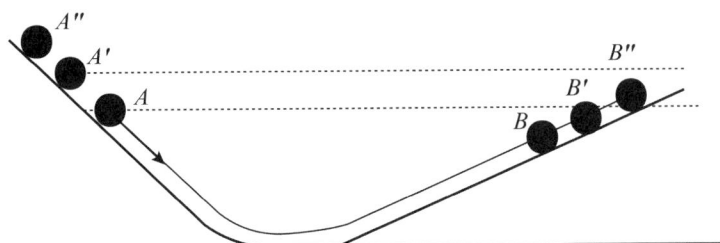

图 4　探究 2 的实验现象

探究 3：小球在斜面上能到达的高度是否与斜面的粗糙程度有关？

实验设计：由学生自主设计实验，分享设计思路、实验步骤。

器材改进：用热熔胶将 3 个斜面平行固定在一起，通过铺设不同型号的沙皮纸改变斜面的粗糙程度，如图 5 所示。

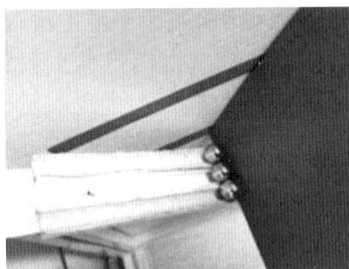

图 5　器材改装图

演示实验：将 3 个相同的小球用挡板拦在同一高度。实验时，沿斜面向下迅速移去挡板，3 个小球同时下落。观察 3 个小球在斜面上能到达的最高位置，并用铅笔标出。再改变斜面倾角，重复上述实验 2 次，得出实验结论。

实验现象：$h_1 < h_2 < h_3$，如图 6 所示。

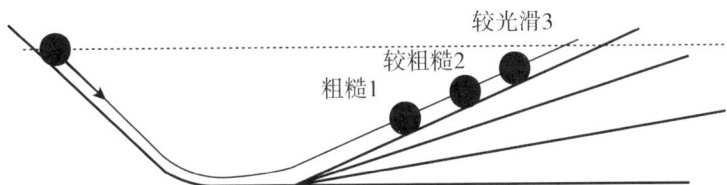

图 6　探究 3 的实验现象

实验结论：斜面越光滑，小球能到达的高度越接近起始高度。

实验分析：首先，探究 1 的实验结论与学生的猜想相反，形成第一次认知冲突。其次，基于探究 3 的实验结论，可以推理出在绝对光滑的斜面上，静止的小球从任何起始高度处下落，都有能力到达与起始高度相等的高度，即小球似乎"记住"了它的起始高度。最后，进一步推理出在绝对光滑的斜面上，小球能到达的高度与斜面的倾斜角度无关。这一推论与探究 1 的实验结论再一次产生碰撞，形成第二次认知冲突，探究更为丰满。

设计意图：3 个探究的科学方法主要是采用控制变量法。探究 1 和探究 2 的自变量的改变都可在伽利略理想斜面演示器上直接操作，而探究 3 中的难点是如何改变斜面的粗糙程度,因此,前2个探究的设计是直接给出实验步骤,探究3是以完全开放的形式让学生设计实验。这样的教学设计为学生设置好能力"阶梯",搭建好学习"脚手架",能照顾到不同能力层次的学生,避免学生产生畏难情绪。课堂详略得当,有条不紊。

关于小球在斜面上能到达的高度与斜面倾角的关系,整个探究活动中出现了2次认知冲突,培养了学生的证据意识,提高了学生的逻辑思维。更为重要的是,这一过程符合学生的认知规律,学生的认知结构在碰撞和重构的交互下得到优化。这才是深度激趣。

四、深化迁移拓展

回到真实问题:哪些具体的操作可让过山车顺利到达指定高度?

提出具体操作:增大上坡轨道倾角;抬高过山车起始高度;过山车与轨道之间加润滑油;给过山车安装太阳能电板;用人力将过山车推上去;把过山车"喊"上去;等等。

为有争议的操作提供依据:播放视频《美国退休工程师为孙子打造专属人力过山车》,为"用人力将过山车推上去"提供事实依据;现场演示声能显示器(见图7),观察到小球随着音乐在管内上下跳动,为"把过山车'喊'上去"提供可行性依据。

图7 声能显示器

总结归纳:过山车所能到达的高度并不完全取决于它的起始高度。

提出问题:那么多方法都不是为过山车提供高度,那为它提供了什么呢?

揭示本质:能量。探究活动中,小球能到达的高度是有限的,实际上是因为受到了能量的限制。小球"记住"了高度,实际上是"记住"了与高度相关的能量。

归纳能量形式:找到具体操作中对应的能量形式,再找出能量形式与运动之间的对应关系。

设计意图:引导学生以探究实验的结论、生活经验等为依据,寻找解决实际问题的具体方法。从"想当然"到"有证据",有效提高学生解决实际问题的能力。尊重学生的思考,例如,"把过山车'喊'上去"是个看似荒诞的操作,然而学生可能是受到了生活中"喊泉"等经验的启发,任何观点都值得被重视和关注。从探究到应用,从提出问题到解决问题,从表象到本质,课堂兼具广度与深度。

五、解决项目问题

方案选择:引导学生对具体操作进行评价,选择最适合的方案。

器材改装:在原模型的轨道起点再向上连接一段轨道,并安装电动起升机(模型可配)。

现场验证:电动起升机将小球抬升至起始位置后下落。小球顺利到达指定高度并成功翻越。

设计意图:回归模型,首尾呼应,解决问题,完成项目,课堂形成闭环。

【板书设计】

真实情境:过山车不能顺利到达指定高度。

科学问题:小球在斜面上能到达的高度与哪些因素有关?

实验探究:　　　　探究1(斜面倾角)　　探究2(起始高度)　　探究3(粗糙程度)

收集证据:$h_B > h_C > h_D$　　　　$h_B < h_{B'} < h_{B''}$　　　$h_1 < h_2 < h_3$

实验结论:当小球的起始高度、斜面的粗糙程度一定时,斜面倾角越大,小球在斜面上能到达的高度越高。

当斜面倾角、斜面粗糙程度一定时,小球的起始位置越高,在斜面上能到达的高度越高。

斜面越光滑,小球能到达的高度越接近起始高度。

推理:小球在光滑的斜面上能到达的高度与起始高度相等。

问题解决:为过山车提供足够的"能量"!

【特色与亮点】

本节课的设计尊重《课标》、尊重教材、尊重学生、尊重规律,巧妙地将教学目标和任务有机融合到过山车设计项目中。课堂整体思路见图8。学生在整堂课的项目化学习过程中充分感受到一个"真"字。真实的情境引发真实的问题,学生进行真实的探究,最终使问题得以真正解决、学习真正发生。

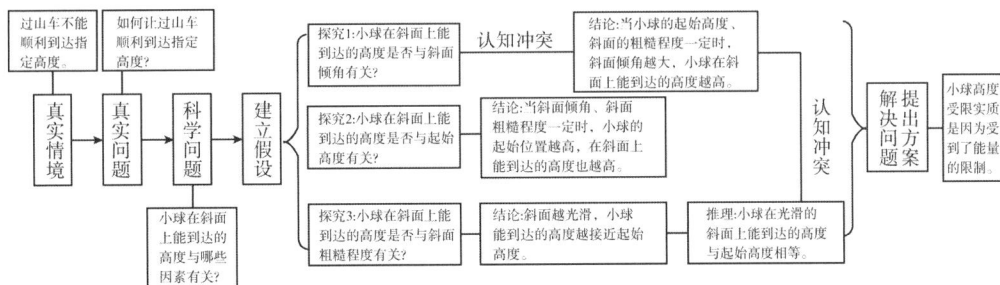

图8　课堂整体思路图

课堂逻辑缜密、环环相扣、伏笔连连,台阶好、步子小、成效大。学生的低阶认知裹挟着高阶认知而提升,概念性知识也在探究、推理、应用等过程中得以落实,实现思维迭代和素养提升。

参考文献

[1] 夏雪梅.项目化学习设计:学习素养视角下的国际与本土实践[M].北京:教育科学出版社, 2019:35.

[2] 王春易等.从教走向学:在课堂上落实核心素养[M].北京:中国人民大学出版社,2020:120.

[3] 王耀村.初中科学课程实施论(上册)[M].杭州:浙江教育出版社,2017:232.

杠　杆

曹晓春

（温州市平阳县实验中学）

【课标解读】

本节课属于《课标》的核心概念"4.能的转化与能量守恒"中的相关内容。《课标》要求学生知道杠杆的特点,并用于解释一些生活的实例;知道人体运动中的杠杆。活动和探究是本节课的主要学习手段,教师要引导学生经历从实物到模型的抽象过程,从生活中表面看似不同的事物中找出共同的特点,把握杠杆的本质特征,建立杠杆的模型,发展科学推理、科学论证、模型建构等素养。

【教材分析】

杠杆知识是对前面所学的力学知识的延续和拓展,也是学习滑轮、斜面等简单机械的基础。杠杆的概念、杠杆五要素的学习过程是一个典型的模型建构过程。小学学习中,学生已经接触了一些与杠杆相关的知识,若能在小学科学学习的基础上,找准生长点,在有效问题的引导下,对典型杠杆的工作过程进行观察和思考,提取杠杆工作过程中的本质特征,从而建构杠杆的模型,可以大大提高初中科学课堂教学效率。

初中、小学科学教材中"杠杆"相关内容比较如表1所示。

表1　初中、小学科学教材中"杠杆"相关内容比较

教材		《科学 六年级上册》(教育科学出版社)	《科学 九年级上册》(浙江教育出版社)
学习目标		知道杠杆是常见的简单机械,使用杠杆解决生活中的实际问题	知道常见简单机械(杠杆)的特点,并用它们解释一些生活实例
教材内容	定义	像撬棍这样的简单机械叫作杠杆	一根硬棒在力的作用下能够绕着固定点转动,这根硬棒就叫作杠杆
	教材中列举的常见杠杆	撬棍、压水井的压杆、跷跷板、羊角锤、老虎钳、剪刀、天平、螺丝刀、擀面杖、开瓶器、夹子、订书机、筷子等	开瓶器、老虎钳、扳手、剪刀、跷跷板、撬棍; 人体上的杠杆,如手臂、头部、脚板等
	杠杆要素	三要素:支点、用力点、阻力点;"阻力点到支点的距离""用力点到支点的距离"会影响杠杆的用力大小	五要素:支点、动力、阻力、动力臂、阻力臂
科学方法		观察、实验、比较	观察、实验、比较、理想化方法(抽象、建模)

从学习目标和教材内容看,小学科学的杠杆教学注重在体验中增加对杠杆的感性

认识;而初中科学教学关注的是"杠杆的内在特点、解释实际问题",注重对杠杆形成抽象的、本质的认识。从内容涉及的科学方法看,除了有共同的观察、实验、比较等,初中的学习还涉及抽象、建模等理想化方法。通过理想化方法,有意识地突出杠杆的主要和本质的特征,排除次要、非本质,以及无关因素的干扰,创建杠杆模型,从而简明扼要地揭示杠杆的本质。

学习重点:认识杠杆五要素。

学习难点:力臂模型的建构与理解。

【学情分析】

学生在小学已学过有关杠杆的知识,根据生活经验和原有认知已具有一些初步的概念,但由于认知结构的不完整性,学生对它们的了解往往只停留在表面,很少触及知识的本质。小学阶段的认知是我们初中教学新知时所需延伸和借力的宝贵资源,但又会造成一定程度的干扰。九年级学生的思维发展迅速,知觉的目的性、精确性、概括性提高,抽象逻辑思维占主导,因此教师在教学实践时,要解惑迷思概念,以帮助学生建立完善的科学概念,提升辩证思维能力。

【学习目标】

科学观念:通过分析生活中的杠杆,认识杠杆是一根能绕固定点转动的硬棒,知道杠杆五要素支点、动力、阻力、动力臂和阻力臂,会分析人体运动时的杠杆,如手臂、头部、脚板等。

科学思维:通过教师创设的问题情境,发现问题,尝试解释,提出自己的猜想和观点,进行实验论证、信息处理,建构力臂模型。

科学方法:观察、比较典型杠杆工作过程,建构杠杆的基本模型,学会依据客观事实进行科学论证的方法。

科学态度:通过小组探究学习,培养团队合作精神和认真细致、实事求是的科学态度,感受到杠杆在生活中的广泛应用,把所学的知识运用到生活中,体会科学与生活的联系,了解科学的价值,增强对科学的理解和应用的信心。

【教学环节】

一、聚焦挑战问题

活动:让一学生做俯卧撑20次并计时。

引导学生聚焦如下核心问题。

问题:你能否在相同时间内完成相同次数的引体向上,为什么?

让学生提出自己的想法:脚着地使撑起身体所需的力变小;这两项运动中俯卧撑会省力,而引体向上会费力;这两项运动都符合杠杆原理,但它们支点和用力点、阻力点在不同位置。

教师引导:学生提出的猜想中出现了"杠杆"一词,但当进一步追问何为"杠杆"、为什么会省力或者费力时,学生又解释不清楚,教师顺势说明:这个问题的解决就是我们本节课的中心任务。

设计意图:从学生熟悉的运动出发,引出本节课需要解决的中心问题,在有效问题的刺激下,让学生提出自己的观点和猜想,尝试感受、解释困难,激发学习新知的渴望。

二、激活旧知:"杠杆""支点"模型的建构

活动1:列举生活中的杠杆(见图1),分析其工作过程的相同点。

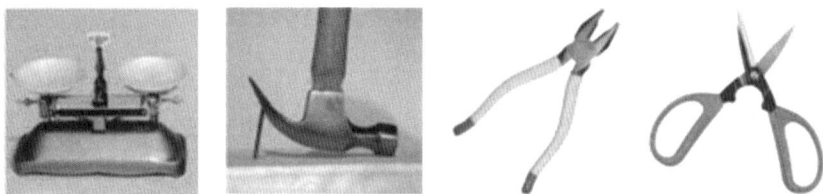

图1　生活中的杠杆

师:这些工具外形差别较大、作用各不相同,为什么都是杠杆?

活动2:指出常见工具(见图2)中各杠杆的支点。

指出:如图3所示,用开瓶器开瓶盖时,开瓶器对瓶盖生成的凹痕处就是开瓶器的支点。

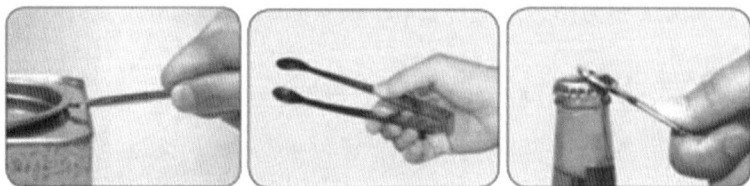

图2　常见工具　　　　　　　　　　图3　瓶盖上的凹痕

设计意图:学生通过列举熟知的杠杆和观看教师展示的小学教材中的相关图片,在问题引导下,对这些典型杠杆工作过程中的共同特点进行归纳,把握其本质特征"在力的作用下,能绕固定点转动的坚实物体",初步建构杠杆的模型。指认杠杆上的支点的活动,是对杠杆模型的迁移、应用,进一步确认杠杆模型的合理性。

三、加工展示新知

1."动力""阻力"概念的建构

活动3:展示小学教材中的杠杆示意图(见图4)。

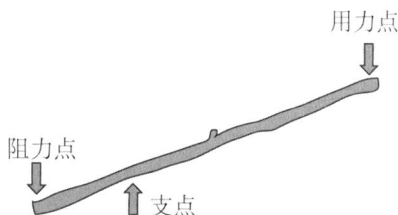

图4　小学教材中的杠杆示意图

师:作用在用力点上,使杠杠转动的力,称为动力;用力点即动力作用点。作用在阻力点上,阻碍杠杠转动的力,称为阻力;阻力点即阻力作用点。

板书:画出撬棒的支点、动力、阻力示意图(如图5所示)。

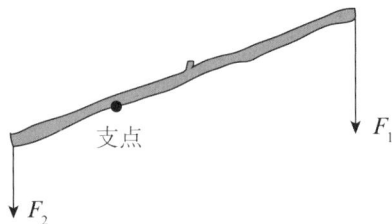

图5　支点、动力、阻力示意图

设计意图: 在小学所学"用力点、阻力点"概念的基础上,结合力的要素自然建构"动力、阻力"两个要素,建立了"用力点、阻力点"和"动力、阻力"两个概念间的关系,在原有基础上,建构新的概念。通过提问和小结,学生了解了动力和阻力对杠杆转动的不同作用,同时这也是指认动力和阻力方向的方法。

2."力臂"概念的建构

活动4:探究影响动力大小的因素。

如图6所示分别确认动力大小与用力点的位置、动力的方向的关系。

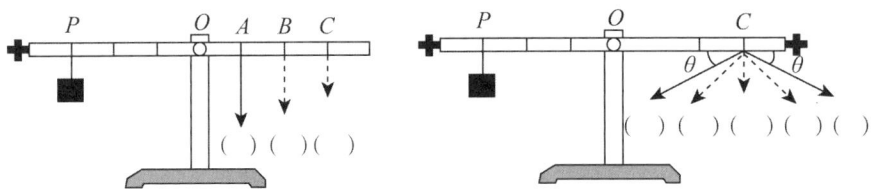

图6　动力大小影响因素

设计意图: "用力点的位置""用力的方向会影响用力的大小"是小学已学的知识,以问题引导、定量实验唤醒原有认知,为下一步实验思路的确定、力臂模型的建构做好充分准备。

活动5:建构力臂的概念。

师:综合以上两个因素考虑,有没有可能提起重物时,作用在 C 点的力和作用在 B 点的力大小相等?

演示:在杠杆后固定贴有白纸的泡沫板。在 C 点用弹簧测力计向不同方向拉,当作用在 C 点斜拉的力和作用在 B 点竖直向下的力大小相等时,在白板纸上画出该力的作用线的位置。实验结果如图7所示。

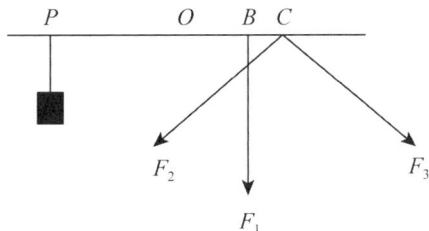

图7　支点到动力的作用线的距离

师:请仔细观察 F_1、F_2 相对于 O 点所处的位置,它们的共同要素可能是什么? 为什么动力的作用点和方向都改变了,而有些动力的大小会不变呢? 是不是还存在着一个隐含的"物理量",使得即使方向和作用点不同,动力大小也能相同呢? 如果真的存在,这个"物理量"是什么? 在哪里?(学生产生困惑,并认真思考讨论。)

教师以"O"为圆心,以"OB"为半径画圆,与 F_2、F_3 相切。

师:这三条线和相应的三个力的作用线在几何位置上有什么关系呢? 说出你判断的依据。

生:垂直。因为力的作用线都是圆的切线,圆的切线和半径是垂直的。

师:也就是说此时动力的大小由支点到动力作用线的距离决定,我们把这个物理量称为"力臂"。

(板书:支点到动力作用线的距离称动力臂,用"L_1"表示;支点到阻力作用线的距离称阻力臂,用"L_2"表示。)

师:我们发现此时这三个力的力臂都是圆的半径,长度相同。这才是使力大小相同的本质原因。

设计意图:在已知实验结论的基础上,通过问题引导学生做出新的猜想,并通过实验验证猜想。实验中,利用贴在泡沫板上的白纸记录用力大小相等的三个力的作用线的位置,学生在仔细观察 F_1、F_2 所处的位置的基础上,通过直觉思维首先猜想 F_1、F_2 与支点的位置关系,并通过画圆验证猜想,从而自主建构力臂的概念。原有认知、猜想、实验验证轮番交替作用于学生的认知过程,使学生不断在原有的知识、方法的基础上建构新的概念,对发展高阶思维有积极作用。

四、尝试应用新知(解决中心问题)

出示俯卧撑和引体向上的图片。

师:我们现在是否可以解决上课开始时提出的问题:为什么做俯卧撑和引体向上都是杠杆,可是引体向上更费力呢?

请画出以下这两种情况下的动力臂和阻力臂,并进行解释。

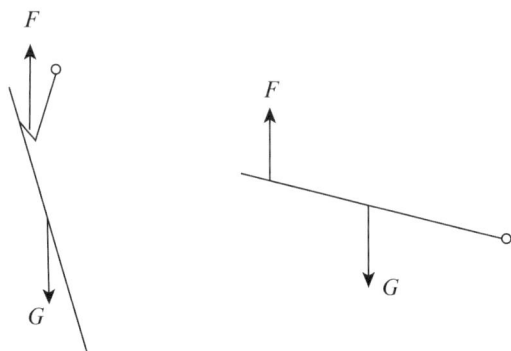

设计意图:具体的概念教学任务被置于循序渐进的实际问题情境中来完成,最后首尾呼应,通过所学内容来解决本节课提出的中心问题,体现科学来源于生活,又服务于生活的教学理念,也为下节课研究杠杆平衡做铺垫。

五、迁移解决新疑

思考与讨论:

(1)你还能找出人体内有哪些杠杆?这些杠杆与俯卧撑还是引体向上类似?

(2)请找出脚踩式垃圾桶内的杠杆及杠杆的五要素。

设计意图:解决新疑的目的是培养学生知识迁移能力,即利用所学知识在陌生情境中解决陌生问题,同时使学生的基础知识和基本技能得到进一步的巩固和加强,将新知识结构化,实现深度学习。

【板书设计】

杠杆:在力的作用下能绕固定点转动的硬棒

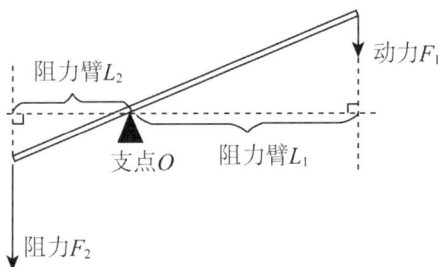

【特色与亮点】

1.模型建构需要充分利用原有认知

奥苏贝尔曾说过:"如果我不得不把全部教育心理学还原为一条原理的话,我将会说,影响学习的唯一的重要的因素是学习者已经知道了什么。"充分了解学生通过小学科学学习已掌握哪些知识、方法,已具备哪些能力,能帮助我们更加准确地确定初中科学的学习目标、重点、难点,能将有限的教学时间集中到重点、难点内容上来,高效建构新的概念模型。

比如,有些教师对小学杠杆的教学内容不熟悉,为了体现对杠杆模型的主动建构过程,花较多的时间通过比较杠杆类工具工作过程中的相同点(如绕固定点转动、硬棒等)使学生建立杠杆的概念,导致本节课的难点——力臂的教学因时间不足而被弱化。而本案例在学生举出常见杠杆实例的基础上,借助小学教材中的图片,仅设计一个问题"这些工具外形差别较大、作用各不相同,为什么都是杠杆?",即唤醒学生原有认知,准确抓住杠杆工作时的本质特点,用很少的时间初步建构了杠杆模型,为后面重、难点内容的学习赢得了时间。

2.模型的建构需要找准学习生长点

加里·D.鲍里奇认为,"清晰授课"是有效教学的一种重要行为,而"为学习者提供先行组织者"是清晰教学的一种重要表现。要达成恰当的衔接,需要充分了解小学相关内容的学习情况,从而找准学习的生长点。

　　首先,我们深度研读小学科学课程标准、教材,找出其中可以为初中教学所用的内容。比如这节课的很多图片来自小学教材,这些曾经相识的图片能快速唤醒学生的原有认知,使他们进入学习状态。其次,在比较的基础上,找到初中相对于小学需要提升的部分,以及应该从小学学习的哪些点"生长"出来。杠杆的"动力、阻力"是初中杠杆五要素中的内容,小学学习中与其对应的有"用力点、阻力点"的概念,这两个概念便是新的概念的生长点。又如"力臂"的概念是初中新的内容,又是学习的难点,在小学,学生已经知道"用力点到支点的距离"会影响用力的大小,这就是生长点。

　　3. 模型的建构需要精准设计学习问题

　　通过精准的课堂问题链、问题组的设计,能引导学生定向思考,串联初中、小学科学知识,实现从原有认知的生长点出发,建构新模型。

　　力臂的教学中,教师在学生已经知道"用力点到支点的距离、力的方向会影响动力的大小"的基础上,顺势提出问题"综合以上两个因素考虑,有没有可能提起重物时,作用在 C 点的力和作用在 B 点的力大小相等?"学生结合已有认知做出猜想,并论证其猜想的合理性。教师通过演示实验、记录现象,验证学生的猜想,又提出一个新的问题"既然这三条作用线上所用的力大小相等,那么这三条作用线所处的位置应该会有一个相同的要素。请仔细观察 F_1、F_2 相对于 O 点所处的位置,它们的共同要素可能是什么?"学生在仔细观察后又提出新的猜想"支点到力的作用线距离相等",教师通过测量验证学生的猜想。通过以上过程,学生自然建构了力臂模型。

常见电热器

尤爱惠

（温州市南浦实验中学）

【课标解读】

本节课属于《课标》中的核心概念"4.能量的转化与能量守恒"的相关内容。《课标》要求学生通过探究知道电流热效应的影响因素。根据此要求,活动和探究是本节课的主要学习手段,归纳总结焦耳定律是本节课主要的学习内容。

【教材分析】

本节课是对欧姆定律和电功、电功率学习的自然延续,是电学知识学习由浅入深的过程,也是高中学习非纯电阻电路热功率的前提。教材从学生熟悉的生活中的电热器引入,进一步提出电流通过导体产生的热的多少与哪些因素有关,最终得出焦耳定律。

这是典型的探究性实验规律的一节课,最核心的教学任务是通过实验探究电流通过导体产热的多少与什么因素有关。该科学实验既是科学家研究过程的浓缩和再现,又是学生重演科学发展的历程,体验科学发现的手段,是学生开拓思维的重要途径。

学习重点: 电流通过导体产热的多少与什么因素有关的实验探究。

学习难点: 通过半定量实验领会电流对电流热效应的影响比电阻大;论证电流通过导体产热与物质吸热的关系。

【学情分析】

生活中,学生可以从常见的电热器入手,理解电流的热效应;学习上,九年级的学生通过前面的知识累积,对控制变量法、转换法和探究实验已经有了一定的认识。因此,教师可以通过设置问题情境,激发学生探究积极性,让学生经历讨论、探究、合作、交流等环节,真正成为课堂的主人。

【学习目标】

科学观念:①通过电热锯电热丝发红知道常见的电热器并了解电流的热效应现象。②通过实验探究知道影响电流热效应的因素。③通过半定量实验领会电流对电流热效应的影响比电阻大。④通过探究知道焦耳定律的内容、公式、单位。⑤通过解释问题理解焦耳定律。

科学思维:①基于证据对影响电流热效应的因素提出猜想。②基于推理论证电流热效应与吸热升温之间的逻辑关系。③基于实验进阶经历对自变量影响作用大小的认识"变迁"。④基于问题解决运用欧姆定律和焦耳定律进行科学的问题解释。

探究实践:通过电路图和因变量观察方案设计,掌握控制变量法、转换法、放大法等科学研究方法在本节课中的运用。

科学态度:通过了解焦耳对热功当量的研究和爱迪生发明灯泡的研究历程,培养科学情感、科学精神等科学价值观。

【教学环节】

一、聚焦挑战问题

教师展示项目化学习成果——孤岛无人控制模型图片(如图1所示),引导学生聚焦问题:在项目化学习中常常需要建构模型进行研究? 制作模型的泡沫是如何切下来的?

学生提出自己的猜测:可能是用刀切的;可能用锯锯下来的;等等。

教师提出挑战问题:谁能快速切割泡沫?

活动1:切割泡沫

(1)邀请三位学生选择不同工具和教师比赛快速切割泡沫(如图2所示)。

(2)断开开关,利用鳄鱼夹缩短金属丝接入电路的有效长度;闭合开关,观察发红现象;断开开关后,再延长金属丝接入电路的有效长度,继续观察金属丝的变化(如图3、图4所示)。

图1 孤岛无人控制模型

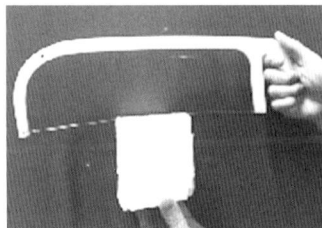

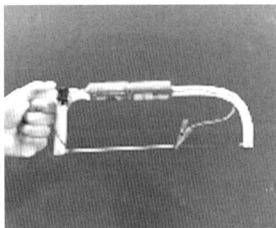

图2 切割泡沫　　　　图3 电热丝发红　　　　图4 电热锯结构

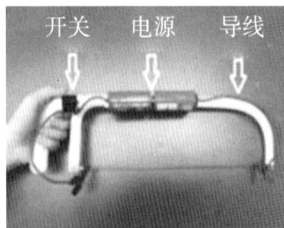

教师引导:活动中,学生发现用小刀、剪刀、锯都很难切割泡沫,而教师能轻松快速切割,形成了明显的反差,从而引导学生思考其中的奥秘。教师利用缩短金属丝接入电路的有效长短、金属丝发红的现象,揭示是通电导体产热熔化泡沫。教师顺势提出"电流的热效应"这一科学概念。

设计意图:从学生的认知出发,创设真实情境,引出本节课需要解决的中心问题"如何快速切割泡沫",在有效问题的刺激下,让学生提出自己的观点和猜想,激发学习新知的渴望。

二、激活旧知(体验电热)

教师引导:通过金属丝缩短后出现发红现象(见图3)、变长后发红消失这一对比,顺势提出本节课的中心问题"缩短金属丝长度后,为什么通电导体产热更多"。

学生回答:通电导体产热多少可能与电阻有关。

教师引导:通过"这一过程中真的只有电阻有变化吗?"的提问,加强学生对已学欧姆定律的认识。学生结合欧姆定律,推测通电导体产热多少也可能与电流有关。

教师提问:通电导体产热多少与什么因素有关?请结合生活和已学知识说明。

学生归纳:假设1:通电时间越长,导体产热越多。依据是生活中烧水时间越长,水温越高,水吸热越多,表示电热丝产热越多。假设2:通电导体电流越大,产热越多。依据是电流越大,做功越多,电能转化为内能越多。假设3:导体的电阻越大,产热越多。依据是电阻越大,阻碍越大,产热越多。

设计意图:猜想与假设是科学探究过程中一个重要的环节,猜想必须融合直觉思维、联想等诸要素,是一个较复杂的思维过程。让学生根据已有知识或直觉进行猜想,既能调动学生的各种思维能力,又能展现他们的创新才能。学生回顾短路和电功率等电学知识,推测电流通过导体会发热。铺垫相关旧知识,学生根据生活经验和已有认知,已经知道电流的热效应会引发金属丝长度改变、电流产热改变,以此为学习起点,进一步思考通电导体产热与哪些因素有关。

三、加工展示新知(探究电热)

活动2:方案设计、优化

1. 设计通电导体产热与电流的关系实验方案

要求:阅读评价量表(见附件)关于方案设计部分,理解评价标准。根据以下4个问题设计实验:①自变量如何改变;②因变量如何观察;③无关变量如何控制;④多次或重复实验如何实现。

任务:设计通电导体产热与电流的关系实验方案(任务单如表1所示)。

表1 任务单

①画出电路图	
②设计观察因变量的方案	
③写出实验步骤	

器材:电源、导线、开关、定值电阻(5Ω、10Ω)、滑动变阻器、温度计、水、煤油、锥形瓶、玻璃管、测温贴等。

设计意图:以探究评价量表作为学习支架,帮助学生明确学习需要达到的程度。评价过程也是自我改进和自我反思的过程,与教师点评相比,学生间的互评不仅更加平等,而且可以加深对评分规则的理解。基于量表的评价增加了生生交流的机会,也保证了学生之间交流的有效性。

通过任务驱动和探究评价量表双管齐下,引领学生积极参与到科学探究实验中,通过独立思考和合作交流的方式,主动建构实验设计方案,习得科学探究中的关键能力,促进深度学习。

2. 展示电路设计和实验步骤

从科学性、可行性、操作简便等角度开展多元评价。电路图如图5所示,实验步骤略。

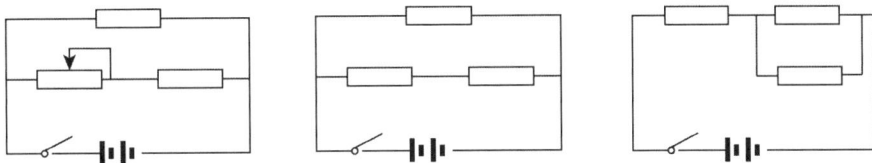

图 5　学生设计电路图

设计意图:通过对实验的评估与交流,让学生发现实验方案或实验结果中存在的问题或没有考虑的问题,从而引发新的问题和获得新的发现,如不同的电路设计能解决相同的问题,在思想碰撞的过程中进一步发现可利用一个电路同时探究电热与电流、电阻、时间三个因素的关系。总之,通过让学生对科学探究过程和结果的评估与交流,经历探究方案的优化过程,达到深度反思的学习进阶,促进高阶思维的发展。

3. 展示因变量观察方案

学生展示因变量观察方案(见图 6)。

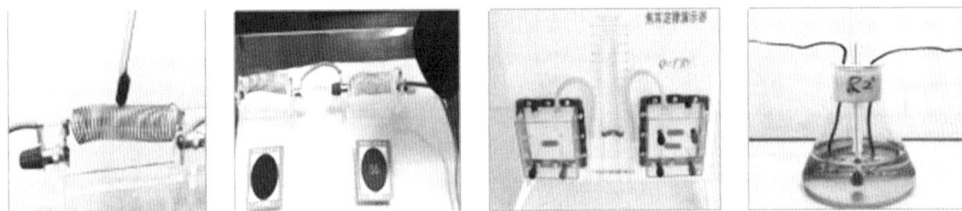

图 6　学生设计因变量观察方案

教师对展示过程进行梳理,并引导学生思考如下问题。

问题 1:这些方案中的吸、放热过程是如何进行的?

问题 2:这些方案能直接观察到放热过程是什么原因导致的?

教师引导:经引导,学生知道电流通过导体放热,变色测温贴吸热会变色,气体吸热会膨胀,液体吸热温度会升高。其中变色测温贴的观察方便快速。

设计意图:设计观察因变量的方案,是因为通电导体产热不易直接观察,需要利用转换法这一难点。通过问题链帮助学生厘清其中的逻辑关系,突破思维障碍,不但要知其然,还要知其所以然。让学生通过比较分析发现定性和定量的区别,为后续实验做好铺垫。

活动 3:实验进阶探究

1. 分组实验:探究电热与电阻、电流的定性关系

学生在事先已连接好的部分电路上连接小组设计的电阻,在观察电阻上贴测温贴后,闭合开关,观察测温贴变色的快慢(见图 7、图 8)。学生自主得出结论:导体通过电流和通电时间相同时,电阻越大,通电导体产热越多;电阻和通电时间相同时,导体通过电流越大,通电导体产热越多。

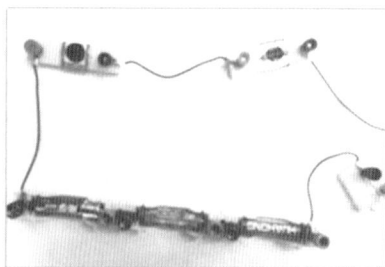

图7　探究电热与电阻　　　　　　　图8　探究电热与电流

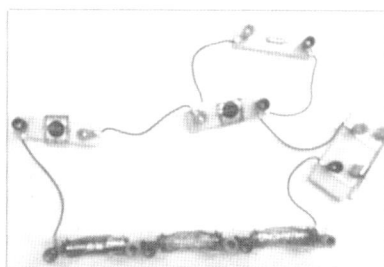

　　设计意图：让学生用自己设计且经过合作小组交流优化后的实验方案开展自主探究，充分尊重学生的主体地位。在最后的汇报中，让学生体会不同小组不同实验方案下的实验结果是相同的，体验科学规律的普遍性，促进科学思维的内化。

　　教师提问：电阻、电流对通电导体产热都有影响，那么它们谁的影响作用更大呢？如何比较？

　　学生回答：我们可以让电流和电阻分别变为原来的两倍，看谁产生的热量更多。

　　教师追问：用我们之前的实验能验证吗？

　　学生回答：有些人认为可以测谁先红的时间，有些人认为不可以，原先实验只能做一次，不能比较，需要多次测量。

　　教师追问：要获得多次测量数据，该如何设计？

　　学生回答：利用滑动变阻器，可多次改变电流大小；还需接入电流表，用以读出电流值。

　　教师追问：这是课本中的焦耳定律实验（见图9），可否进行精确的比较研究？

　　学生回答：不能。玻璃管没有刻度，不够精确，需要换用温度计。

　　教师追问：将不同电阻浸没在液体中，测其温度，为什么可以进行对比研究（见图10）？

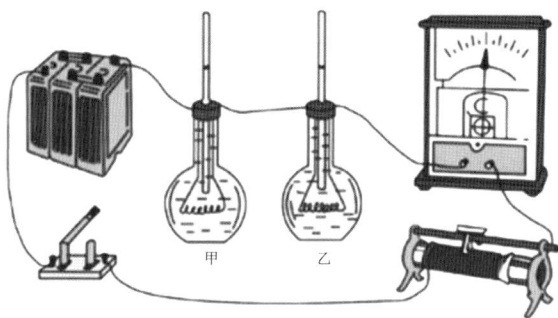

图9　研究电热与哪些因素有关　　　　　　图10　数显温度计

　　学生回答：根据 $Q_{电阻放} = Q_{液体吸} = cm\Delta t$，通过液体温度高低即可判断出产生热量的多少。等质量的液体通电时间相同，温差之比等于通电导体放热量之比。

　　教师追问：课本中为什么用煤油而不用水？

　　学生回答：煤油比热容小，相同时间下升温更快。

　　教师追问：如何进一步减少误差？

学生回答:做好保温措施,减少散热,比如利用泡沫隔热、放在保温杯中、放在双层玻璃杯中。

2. 演示实验:电阻、电流对通电导体产热的影响实验

可利用多套如图 10 所示的实验装置同时进行。

教师提问:请分析表 2 中数据,你能得出什么结论?

表 2　电阻、电流对通电导体产热的影响实验

实验	通电时间/min	电阻/Ω	电流 I/A	煤油升温 Δt/℃
1	2	5	0.1	1.0
2	2	10	0.1	1.9
3	2	15	0.1	2.8
4	2	5	0.2	4.0
5	2	10	0.2	7.5
6	2	15	0.2	11

学生回答:通电时间相同时,电流对通电导体产热的影响比电阻大。

教师追问:通过数据分析,能进行进一步推测它们的定量关系吗?

学生回答:通电导体产热量可能与电阻成正比,与电流的平方成正比。

教师引导:展示利用传感器在实验室完成的实验数据(见图 11、图 12),肯定学生的推测。

教师总结:1840—1841 年,焦耳经过 400 多次艰辛的实验研究才得出这一规律,表达式:$Q = I^2 Rt$。

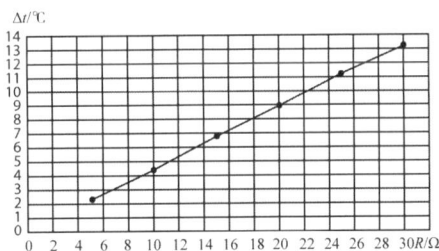

图 11　1min 温度变化与电阻的关系　　图 12　1min 温度变化与电流的关系

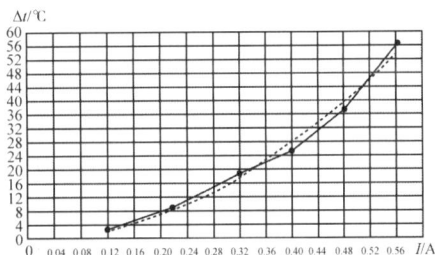

设计意图:学生对焦耳定律认知最困难之处是电流对通电导体产热的影响比电阻大。在教学设计中,不仅通过讲授,而且通过定性实验到定量实验的进阶,使学生深度学习。根据学生现有的认知,引导学生对比发现双变量的影响作用,建立科学规律,既引导学生体验数学与科学之间的相互联系,又培养学生的科学思维和科学意识。

四、尝试应用新知(应用电热解决中心问题)

活动 4:电热锯的挑选

(1)图 13 所示为电热丝材料相同、粗细不同的电热锯,你认为哪种电热锯切割更快,并说明理由;

（2）选择你认为切割快的电热锯进行切割比试，如图14所示。

粗（电阻小）　　　　　　　细（电阻大）

图13　不同粗细的电热锯　　　　　图14　比较切割泡沫快慢

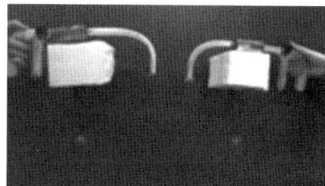

教师引导：有的学生认为细的电热丝电阻大，产热多，切割快；有的学生认为粗的电热丝电阻小，通过的电流大，电流的影响大于电阻对通电导体产热的影响，所以粗的切割更快。选择不同观点的学生进行切割实验，验证观点。

教师引导：再次演示电热锯缩短金属丝有效长度后出现发红现象（见图4）、变长后发红现象消失。假如缩短长度为原来的1/2，引导学生利用焦耳定律进行定量解释。

学生回答：若电阻变为原来的1/2，根据欧姆定律，电压一定时，电流变为原来的2倍，根据焦耳定律可知，通电导体产热变为原来的2倍。

设计意图：这一环节不仅要运用焦耳定律解决实际问题，而且需要运用欧姆定律，这给学习带来更大的困难。教师创设切割比试，更将学生的求知欲推到高潮，在"原有观念"和"实验事实"之间，培养学生的逆向思维。回到本节课的中心问题，首尾呼应，变式探究，最终使学生形成牢固的科学观念。

五、迁移解决新疑

活动5：自制白炽灯

（1）将电热丝放入烧瓶中，闭合开关，学生发现电热丝发光的震撼现象，如图15所示。

（2）点亮白炽灯，如图16所示，看到与自制白炽灯类似的发光现象。

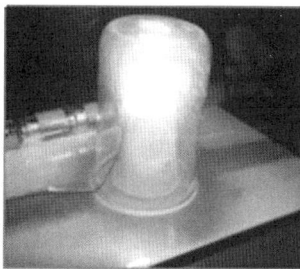

图15　自制白炽灯模型　　　　　图16　白炽灯发光

教师提问：这自制模型其实就是灯泡的雏形，它是利用电流的热效应发光的。你在生活中的哪些电器里也能找到这样的电热丝？

学生回答：电热炉、烤箱、电热毯、电饭煲、电热水壶……

教师引导：学生体会到看起来完全不相关的电器，在本质上却是相同的，如图17所示。

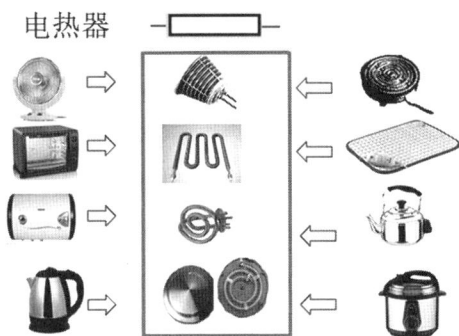

图 17 常见电热器

教师追问：那我们现在灯泡里的灯丝是镍铬合金吗？

学生回答：不是。镍铬合金的熔点低，容易熔断，应该用钨丝。

教师总结：对。据说爱迪生经过 1600 次的实验才找到合适的灯丝，给世界带来了光明！焦耳进行了 400 多次实验才发现焦耳定律。我们也要学习科学家这种坚韧不拔、勇于探索的精神。

设计意图：有时候，决定一个人行为的不是知识，而是情感、态度与价值观。在某种程度上，对学生进行科学的情感、态度、价值观方面的教育比传授科学知识更重要。电热丝变身灯泡实验，不仅给学生带来震撼的视觉冲击，而且让学生联系生活实际，分析原理，灵活应用规律，不断改进，重走科学家发明之路，领会其中的艰辛，体验知识的力量，增强社会责任感，树立科学的价值观。

【板书设计】

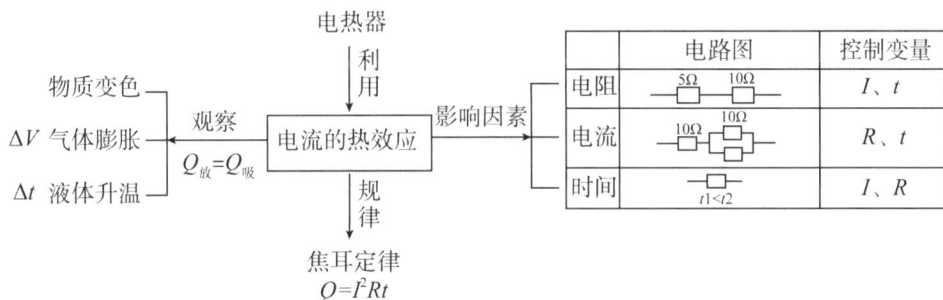

【特色与亮点】

1.培养学生科学思维的问题链设置

本节课创设"电热锯"这一情境，围绕"电热锯的长度变化，产热不同"这一中心问题，提出假设，设计实验，抽丝剥茧、层层深入。为突破本节课的两大教学重难点，设置问题链，层层追问，让学生厘清思维逻辑关系。

2.基于证据意识的核心素养培育

培养学生证据意识的教学设计，保证了学生对现象或数据等证据的关注，通过对数据挖掘的逐步深入,培养、发展和提升证据意识。通过生活现象或科学情境引导学生对比、寻找现象间的联系,提出有效的猜想;在实验探究过程中,引导学生依托观察到的现象和数据,提炼规律甚至建立数学关系。只有基于证据意识的探究教学,才能培养学生的科学思维,才能让学生体会到科学探究的乐趣,才能将核心素养培育落在实处。

3.指向高阶思维发展的表现型任务设计

科学教学需要让学生在学习过程中建立科学观念和思维方法,形成对科学的认识和理解,并能运用科学知识解决问题。传统测试难以检测学生所有的能力,特别是高阶思维和社会性发展能力。实验设计应成为深度学习的载体,兼顾过程与结果,学生经历完成任务的整个过程,而不是仅仅给出一个答案。本节课设计利用表现性评价量表(见表3)帮助学生主动建构知识体系,思维层次由低阶向高阶进阶,促进深度学习。

表3　科学探究评价量表

评价指标	评价要素	评价标准 (每条标准满分3分,请根据真实表现程度按照 0、1、2、3四个分值打分)	评价效果	
			我做到	我改进
建立假设	建立假设	1.猜想的依据是观察到的现象、学过的知识、生活的经验等		
		2.陈述的理由与"猜想和假设"保持一致		
		3.建立假设,清晰描述因变量和自变量的关系		
设计探究方案	选择方法	方案具有可操作性,确定定性或定量方法		
	操作变量	1.明确在实际操作过程中如何改变自变量		
		2.实验中要观测的因变量采用了转换法,且可操作性强		
		3.无关变量控制方式相同且适合		
	实验步骤	1.设计有逻辑,且有重复实验步骤的设计		
		2.选取合适的实验材料和工具用于收集数据		
		3.设计的数据记录表变量准确、齐全,呈现方式清晰,便于记录		

第二篇
化学

物质的构成(1)

陆可丹

（杭州市萧山区高桥初级中学）

【课标解读】

本节课属于《课标》的核心概念"1.物质的结构与性质"的相关内容。《课标》要求学生从微观的角度认识物质，初步建立分子的概念；观察扩散现象以及酒精和水混合后体积的变化，从宏观的现象推理分子的特征，并用分子运动论解释常见的自然现象。根据此要求，观察、实验和建模是本节课的主要学习手段，类比推理分子的特征是本节课的主要学习内容。

【教材分析】

本节课是物质科学主题的核心概念内容，是学习物质的质量等特性和解释物态变化实质等内容的基础，在发展学生宏观辨识和微观探析的核心素养方面具有重要意义。本节课的核心是能够初步建构分子的概念；能够根据生活中的扩散现象、黄豆与芝麻混合的实验、酒精与水混合的实验等具体事实，证实分子在不停地做无规则运动和分子间有空隙的分子特征。由于学生之前接触的知识都是宏观领域的，习惯探究"看得见""摸得着"的物体，因此本节课的关键任务是运用证据推理和模型认知的思维方式帮助学生建构分子的模型，搭建从宏观走向微观的桥梁。

学生科学思维能力的发展需要以理解科学核心概念为基础，对科学核心概念与原理的理解是学生具备科学核心素养的重要标志之一。基于问题导向和任务驱动的教学策略，教师通过大量事实证据向学生展示构成物质的微粒是存在的，并在初构—修正—完善分子模型的一系列活动中渗透观察、实验等科学方法，以及推理、论证等科学思维方式，帮助学生培养合作探究、实事求是的科学态度。

学习重点：通过观察、实验、类比、分析、建模等手段归纳分子的主要特征。

学习难点：建构分子的概念，通过设计实验验证分子之间存在空隙、分子在不停地做无规则运动。

【学情分析】

在学习物质系统的层次之前，学生已经掌握了生命系统、天体系统的构成层次等知识。在《观察生物》章节，学生通过学习细胞的知识，经历了从宏观到微观来认识科学概念的过程。本节课是学生初次接触物质科学的微观领域，分子是一个较为抽象的概念，学生学习起来存在一定的难度，大部分学生还很难理解看得见的宏观物体是由"看不见"的微粒构成的这一概念。

七年级的学生具有强烈的好奇心和一定的观察、动手能力。教师可以从看得见的宏观物质"蔗糖"入手,通过将蔗糖碾碎、溶解使其"消失",引发学生的思考,从而在观察和实验的基础上引出"微粒""分子"的概念。同时可以用列举具体数字、类比的科学方法让学生体会分子这种微粒的"微小"。借助想象和画图的方式引导学生对分子进行建模,并通过生活中常见的扩散现象、黄豆与芝麻混合实验、酒精与水混合实验、针筒实验不断修正、完善学生头脑中对分子的认知模型。在课堂上以观察、实验、推理、论证的科学方法引导学生探究问题,从而搭建科学知识与科学能力之间的桥梁,达到寓方法于教育之中的目的。在将科学知识应用于实际的过程中,培养学生的好奇心,激发探究热情,使学生的科学创新思维得到锤炼和提升,并逐步培养实事求是、基于逻辑和实证的科学态度。

【学习目标】

科学双基:①能举例说明分子是构成物质的一种微粒。②通过观察和实验描述分子在不停地做无规则运动,并能列举生活中的扩散现象。③能应用分子运动论的观点解释生活中的现象。

科学思维:①在建构分子概念时,运用想象、类比等方式提升科学建模能力。②通过观察、实验、推理等思维方法得出分子的特征,并通过迁移利用新知解决实际问题。

科学实践:通过问题链和任务驱动经历发现问题、设计实验、合作探究、推理论证的科学实践过程,并利用新知解释日常生活中的现象。

科学态度:①在验证分子间存在空隙的实验中培养敢于创新、协同合作的科学探究精神。②在修正、完善分子模型的过程中提升基于证据和逻辑发表见解的意识,培养质疑、反思的科学态度。

【教学环节】

一、聚焦挑战问题

教师展示方形蔗糖块的图片。蔗糖块表面有细小、肉眼可见的颗粒,将蔗糖块碾碎后,借助放大镜可以观察到颗粒变得更小,但是将蔗糖溶解在水中后,这些颗粒"消失"了。

引导学生思考:

(1)在现有的条件下,还能不能将蔗糖分得更细?有什么办法?

(2)为什么蔗糖看不见了?是蔗糖消失了吗?如何证明蔗糖还在?

(3)既然蔗糖还在,为什么在蔗糖溶液中看不见蔗糖了?

教师知识补充:直径在1nm以下的微粒已经完全不能吸收光波。

引导学生推理:原来看得见的蔗糖颗粒变成了直径小于1nm的微粒,由于蔗糖微粒不能阻断光波的通过,所以看不见了。这个蔗糖微粒就是"分子"。蔗糖就是由大量蔗糖分子构成的。生活中的水也是由大量的水分子构成的,周围的氧气也是由大量的氧气分子构成的。

教师和学生一起抽象出"分子"概念,并强调分子概念的某些关键词,如"一种""微粒"。

在此基础上,引导学生聚焦两个核心问题:

（1）蔗糖颗粒放入水中会沉在水底,如果不搅拌,静置一段时间后整杯水也会变甜,这是为什么?

（2）日常生活中,冲泡糖水时人们为什么偏向用热水而不是冷水?

针对问题（1）,学生提出自己的猜想:蔗糖以分子形式分散到了水中,这些分子会从杯底"跑"到上方。

针对问题（2）,学生提出自己的猜想:在热水中蔗糖会"化"得更快。

教师引导:学生的猜想中出现了"跑""快"的字眼,但并不能完整地表达"分子是会运动的,温度越高运动越快"的观点。教师顺势提出:这两个问题能说明分子具有怎样的特征呢? 解决这两个问题是我们本节课的中心任务。

设计意图:激活思维才能培养思维。利用简单的蔗糖溶解实例,引发学生的认知冲突:"看得见"的物质可以由"看不见"的粒子构成。以学生熟悉的冲泡糖水的生活实例作为两个核心问题的情境,使学生产生学习、探究微观领域的动机。

二、激活旧知

教师展示细胞结构图,学生回忆相关知识。

学生交流1:细胞很小,它是构成生物结构和功能的基本单位。

学生交流2:用光学显微镜可以观察到动、植物细胞的结构,如洋葱表皮细胞、人体口腔上皮细胞等。

教师提问:细胞很小,需要借助光学显微镜才能观察到。那么分子有多小呢? 它能否通过普通的光学显微镜观察到? 细胞有一定的形状,分子长什么样子呢?

设计意图:借助学生对细胞的已有认知,引导学生进一步思考同属于微观领域的分子的知识。

三、加工展示新知

▶◀◀ 资料卡 ▶▶◀

一滴水中含有的水分子多达 10^{21} 个,2500 万个水分子排列起来大约只有 1cm 长。通过普通光学显微镜并不能观察到分子,只有借助放大倍数更高的电子显微镜才能观察到较大的分子图像。

活动1:初构分子模型

能否展开想象的翅膀,画出水分子的模型图?

教师根据学生绘制的水分子模型图（见图1）进行评价:有的学生画的水分子大小相同,但也有部分学生画的水分子大小不一,你们认为哪种更合理? 为什么?

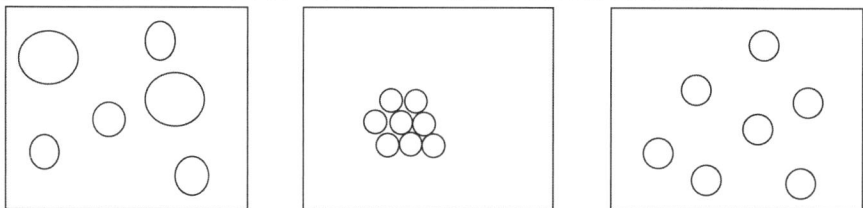

图1 学生绘制的水分子模型示意图

学生经讨论后一致同意：水分子的大小应该是相同的，因为水分子是同种分子，同种分子的大小和形状应该是相同的。

设计意图：以水这种学生并不陌生的宏观物质作为载体介绍分子的大小，帮助学生建立分子比细胞更小的认知。同时利用绘图来了解学生头脑中对于分子的原认知。整个教学活动中实现了学生"动脑"和"动手"的结合，让学生体会建模是学习微观领域知识的重要科学方法，引导学生积极思考，逐步养成质疑、反思的科学习惯。

活动2：修正分子模型——验证分子之间存在空隙

教师提问：有些学生画的水分子是紧密挨在一起的，有些学生画的水分子之间离得比较远，那么构成水的水分子的真实状态是怎么样的呢？水分子之间究竟有没有空隙呢？

展示量筒中装黄豆的图片，并提问：这些黄豆之间有空隙吗？如何来验证你的猜想？

学生讨论后回答：根据小时候听过的《有容乃大：小和尚和老和尚》的故事（曾经有一个小和尚问老和尚杯子里到底能装多少东西，老和尚叫小和尚把杯子装满石头子，小和尚以为装满了后，能依次再往杯中装沙子、水的故事），证明黄豆之间有空隙。

学生提议可以向装有黄豆的量筒中再装入沙子、水或者芝麻。

演示模拟实验：向装有黄豆的量筒中装入一定量的芝麻，并用橡皮筋标记此时的总体积。将量筒反复摇晃几次，使黄豆和芝麻充分混合，引导学生观察此时的总体积。

实验现象：黄豆和芝麻混合均匀后总体积小于混合前用橡皮筋标记的总体积。

引导学生解释原因：黄豆和芝麻颗粒大小不同，黄豆和黄豆之间、芝麻和芝麻之间都存在空隙，在混合的过程中，两者会进入彼此的空隙中，使得混合后的总体积小于混合前的总体积。

教师顺势提问：现在大家应该已经想到如何证明水分子之间也存在空隙了吧。

学生交流：可以向水中加入其他液体，比较混合前后的体积变化。

学生设计并进行自主实验（见图2）：①往一端封闭的细颈玻璃管中注入清水至近管体积的一半，沿管内壁缓缓注入酒精，使酒精上液面距离管口5cm，用橡皮筋标记酒精上液面的位置。②用手指封住管口，将玻璃管反复颠倒几次，使酒精和水混合均匀，观察混合后的液面与橡皮筋的位置关系。

实验现象：混合后的液面低于橡皮筋标记的位置。

引导学生根据黄豆的模拟实验绘制酒精和水混合的微观示意图（见图3），并尝试解释酒精和水混合后体积变小的原因。

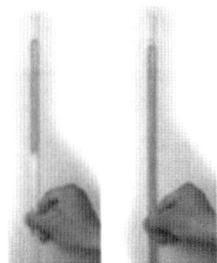

图2　酒精和水的混合

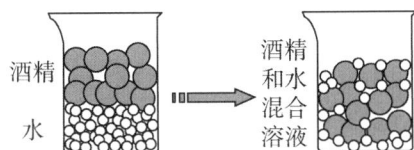

图3　酒精和水的混合过程

学生根据示意图解释:酒精分子之间有空隙,水分子之间也有空隙,当两者混合时,它们会进入彼此的空隙中,使得混合后的总体积小于混合前的总体积。

教师展示电子显微镜下真实的苯分子图像(见图4),用事实证据向学生说明分子之间确实存在空隙。

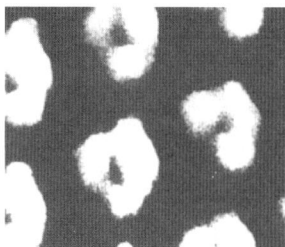

图4 苯分子图像

教师追问:为什么要用酒精与水混合? 如果都是水,混合后体积会变小吗?

学生根据生活经验和已有认知提出:同种物质混合后总体积不会变小,仍然等于混合前的体积之和。

设计意图:实验探究是科学实证的基础,也是培养学生科学观念和能力的途径。黄豆之间存在空隙是肉眼可见的宏观现象,以如何证实黄豆之间有空隙作为支架,既可以激发学生的创新思维,也可以借此引导学生实践酒精和水的混合实验,符合从宏观到微观的认知规律。在教学过程中,突出观察、实验、类比、分析等科学方法,培养学生应用证据与推理对问题进行解释的能力。

活动3:完善分子模型——验证分子在不停地做无规则运动

教师提问:蔗糖在水中消失时,大家认为这些蔗糖分子是会"动"的,你们还能举出生活中哪些实例来补充说明分子是会"动"的?

教师演示:在教室中间喷香水,一段时间后,教室内的学生都闻到了香味。

教师引导学生关注生活中常见的扩散现象:"金桂飘香""酒香不怕巷子深"等都能说明分子是会运动的。

教师继续提问:分子运动的快慢与什么因素有关? 能否通过实验来验证你的猜想?

学生交流:分子运动的快慢可能与温度的高低有关。

经过小组讨论得出实验方案:将红墨水滴到等量的冷水和热水中,观察红墨水的扩散现象。

演示实验:将装有红墨水的注射器伸入烧杯底部,同时向水中注入等量的红墨水。

观察现象:红墨水在冷水、热水中都会向各个方向"散"开,而且热水被整体染红的速度比冷水快。

结论:构成物质的分子并不是静止不动的,而是在不停地运动的,并且这种运动是无规则的;温度越高,分子运动越剧烈。

教师引导学生完善水分子的模型图(见图5),可以在不同水分子上加各个方向的箭头以表示分子是在不停地做无规则运动。

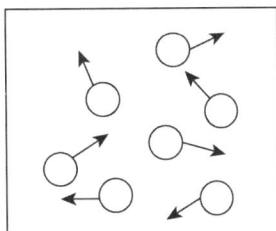

图 5　完善后的水分子模型示意图

设计意图:利用红墨水散开的现象直观地向学生展示了分子的无规则运动,在实验过程中应该将装有红墨水的注射器伸入烧杯底部再推动活塞,避免红墨水所受的重力对实验的干扰,培养学生严谨的科学态度。同时采用冷水、热水的对比帮助学生将扩散的快慢与温度的高低建立联系。通过一系列探究活动引导学生逐步树立分子运动论的观点,从而形成科学情感、态度和价值观。

活动 4:完善分子模型——比较不同状态下分子间隙的大小

在日常生活中,物质会有不同的状态。例如,水会有液态水、水蒸气、冰三种不同的存在形式,分别对应液态、气态、固态。液、气、固三种状态下,水分子之间的空隙一样大吗?

小组合作设计实验(借助注射器、水等器材),并进行组间交流评价。

学生展示实验(见图6):①用注射器抽取一部分水,用手指堵住出气口,用手向里推活塞,观察活塞的移动情况并描述手部的感受。②用注射器抽取一部分空气,用手指堵住出气口,用手向里推活塞,观察活塞的移动情况并描述手部的感受。

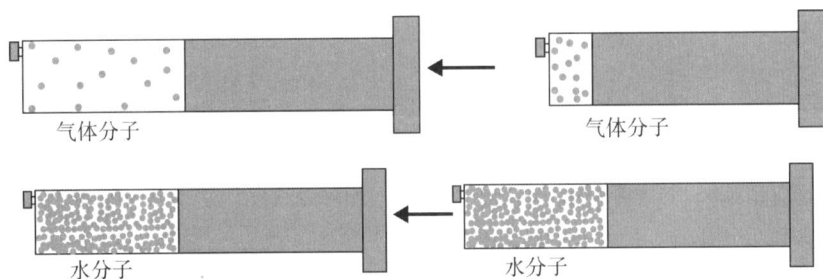

图 6　压缩注射器内的水和空气

阅读教材中《固体、液体、气体分子的排列和运动》栏目。尝试建构水在气态、固态、液态三种状态下的分子模型图(见图7)。

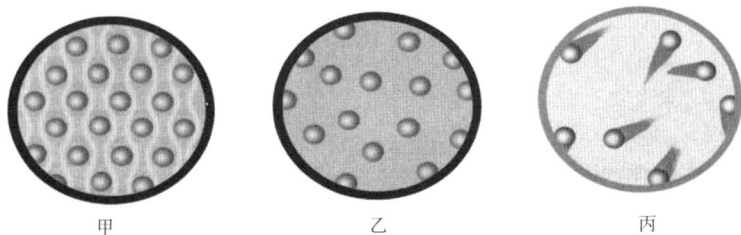

甲　　　　　　乙　　　　　　丙

图 7　同种物质在不同状态下的分子模型

设计意图:在小组合作设计探究实验的过程中,使学生体验科学学习的乐趣,引导学生关注自变量和应变量,体会科学中对控制变量的重要探究方法,最后通过讨论、分析得出结论,培养了学生基于实证和推理的科学素养。

四、尝试应用新知

教师引导:我们现在是否可以解决本节课开始时提出的两个问题:为什么蔗糖颗粒放入水中后,即使不搅拌,之后整杯水会变甜? 冲泡糖水时,人们为什么偏向用热水而不是冷水?

学生交流1:蔗糖在水中"消失"其实是因为蔗糖颗粒以分子的形式存在于水中。蔗糖分子和水分子之间都存在着空隙,它们会进入彼此的空隙之中。蔗糖分子在不停地做无规则运动,使得整杯水的各个部分都会有蔗糖分子,因此整杯水都会变甜。

学生交流2:分子运动快慢与温度高低有关。温度越高,分子运动越剧烈。在冲泡糖水时选用热水可以使蔗糖分子运动得更快,在更短的时间内得到糖水。

设计意图:学生经历模型初构、修正和完善的过程,循序渐进地探寻分子的特征,并最终用新知解决课始的核心问题,体现了科学与生活的紧密联系。

五、迁移解决新疑

思考并讨论:

(1)古诗"遥知不是雪,为有暗香来""掬水月在手,弄花香满衣""花气袭人知骤暖,鹊声穿树喜新晴"中蕴含的科学原理是什么?

(2)因在石墨烯材料方面的研究而获得 2010 年诺贝尔物理学奖之后,安德烈·海姆进一步研究氧化石墨烯薄膜并获得新进展。为探究氧化石墨烯薄膜的物理特性,他进行了以下实验(见图8)。①将氧化石墨烯薄膜覆盖在有刻度的空烧杯杯口上,测得总质量 $m_1=20.2g$;②将薄膜揭开,向烧杯内倒入酒精与水的混合物,盖紧薄膜,测得总质量 $m_2=57.4g$;③一个月后,检查发现薄膜覆盖紧密完好,烧杯内液体体积明显减小,测得总质量 $m_3=31.4g$;④此后,烧杯内液体体积保持不变。

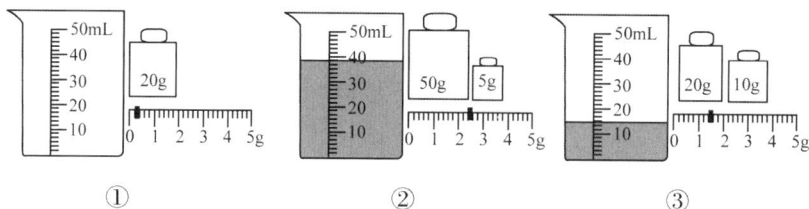

图8 氧化石墨烯薄膜实验

实验说明氧化石墨烯薄膜具有怎样的物理性质?(已知:密度是质量与体积的比值,即密度＝质量/体积,酒精的密度为 $0.8g/cm^3$。)

设计意图:帮助学生梳理整节课的知识点,巩固基础知识。引导学生利用新知解释生活中常见的现象,培养学生科学服务生活的意识。同时在科学课堂中渗透中国古诗词的魅力,培养学生的爱国情怀。

【板书设计】

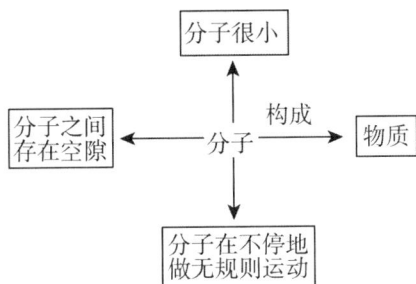

【特色与亮点】

1.学为中心的课堂

学生是教学活动的积极参与者,本节课在关注学生认知特点和学习规律、把握学科特点和本质、遵循教学规律的基础上展开教学。通过创设自主探究、小组合作等学习模式,以学生熟悉的事物或场景为载体,对学生进行科学探究的训练,引导学生在"动手""动脑"的基础上建构知识,加深学生对科学方法、科学概念的理解,实现从"教知识"向"教知识结构"的转变。帮助学生在思考、讨论、分析、交流与评价的过程中,进行事实证据与科学结论间的实证,培养实事求是、质疑、反思的科学态度。

2.发展思维的课堂

问题是思维的起点,情境是思维的载体。以学生认知规律和特点为基础,以问题链为引领,设计了阶梯式、进阶式的任务。从"宏观现象"到"微观粒子",从模型"初构""修正"到"完善",帮助学生建立科学模型,培养学生的科学思维。关注学生的前概念,在课始让学生展开想象,绘制分子的模型图,以达到思维可视化的目的。根据学生绘制的水分子的不同,展开对分子特征的探究。将黄豆与芝麻混合实验作为思维推演的载体来分析酒精与水混合后体积减小的原因,减轻了学生的认知负荷。重视对学生观察、比较、分析、归纳等科学方法的指导,渗透了举证意识的科学思想,培养学生自主学习的习惯及学习能力。

3.落实素养的课堂

引入古诗词中的科学原理和现代科学前沿知识,渗透科学与技术相辅相成的学科精神。通过引导学生对新知进行迁移应用,在真实复杂的实际情境中应用所学解决问题,使学生实现对核心知识的深度学习,落实科学素养的培养。

物质在水中的分散状况

陈　亮　俞　峰

（杭州市萧山区教学研究室　杭州市萧山区通惠初级中学）

【课标解读】

本节课属于《课标》的核心概念"2.物质的变化与化学反应"的相关内容。《课标》要求学生通过活动后，能知道有些物质能溶解在水中，有些物质不能溶解在水中，能了解物质溶解和结晶现象，知道溶液的组成及特征，了解溶液在生产生活中的应用；区别悬浊液、溶液和乳浊液，了解水及其他常见的溶剂。根据此要求，活动和探究是本节课的主要学习手段，归纳总结溶液、悬浊液、乳浊液的特征和定义是本节课主要的学习内容。

【教材分析】

《物质在水中的分散状况》与曾经学过的构成物质的微粒等知识有较多联系，也是学生学习《物质在水中的溶解》与《物质在水中的结晶》的知识基础。本节课的核心是掌握溶液的概念；能根据溶液、悬浊液、乳浊液的不同特征区别这三种混合物；能设计实验来证明溶液具有均一性、稳定性的特点。由于受生活经验的影响，学生存在错误前概念，所以本节课的关键任务是帮助学生理解"溶解"的本质和溶液"均一性""稳定性"的特点。

教师应该以错误前概念为研究起点，通过实验、探究、问题讨论等手段，营造思维冲突，让学生在认知碰撞中，纠正原有错误认知，建立科学概念。本节课知识内容难度不大，因此应将知识内容的学习作为载体，重视对知识背后隐性素材的挖掘，将科学方法的应用、科学思维的锻炼、科学思想的渗透、科学态度的建立等素养指标的落实作为本节课的重点之一，引导学生引发质疑思维和合作研究以获取事实证据，从而达到培养学生科学态度之目的。

学习重点：通过实验、探究、比较、分析等手段归纳三种分散系的主要特征。

学习难点：设计实验验证溶液具有均一性、稳定性的特点。

【学情分析】

学生根据生活经验和原有认知，已对溶解和扩散有了初步的认识，但由于认知结构的不完整性，对它们的理解往往只停留在表面，很少触及本质。

溶解是我们日常生活中比较熟悉的现象，因此在教学中，可针对实际情况，从学生对溶解的初步认识（甚至是错误的前概念）出发，安排合适的实验，使学生进一步理解"溶解"的概念，在此基础上指导学生通过实验、探究、比较、分析，归纳溶液、悬浊液、乳浊液三种混合物各自的主要特征。然后，结合具体生活实例，让学生获得解决问题的成就感，感受科学的魅力，从而激发学习科学的兴趣和探究欲望。

【学习目标】

科学双基:①能区分溶液、悬浊液、乳浊液,能说出它们各自的主要特征。②能分析溶液中的溶质和溶剂,能说出其他常见的溶剂。③设计实验方案,并通过实验证明溶液具有均一性、稳定性的特征。

科学思维:通过教师创设的问题情境,发现并尝试解释问题,提出自己的猜想和观点,利用所学新知寻找解决问题的方法。

科学方法:①运用观察、对比、归纳等科学方法,总结三种分散系的不同特征。②学会依据客观事实进行科学论证。

科学态度:在基于实证的分析论证过程中培养用事实说话、尊重客观事实、实事求是获取和评价科学结论的态度。

【教学环节】

一、聚焦挑战问题

教师展示图片:做饭时,白衣服上沾上了糖渍、油渍,赶紧用水洗了之后,糖渍没了,油渍却还在。

引导学生聚焦以下两个核心问题。

问题1:为什么糖渍洗去了,而油渍却无法洗去?

问题2:有什么办法可以去掉油渍呢?

针对问题1,学生提出猜想:糖渍溶解到水里去了,油渍还来不及溶解;油渍根本不会溶解到水里去;油渍在水里溶解得少。

针对问题2,学生提出解决办法:如果时间长一点,油渍就溶解了;如果提高水温,油渍就溶解了;换用其他的液体去洗,可能会洗掉。

教师引导:学生提出的猜想中出现了"溶解"一词,但进一步追问其何为"溶解",学生又解释不清楚,教师顺势说明:这两个问题的解决就是我们本节课的中心任务。

设计意图:从学生熟悉的事物出发,引出本节课需要解决的中心问题,让学生在有效问题的刺激下,提出自己的观点和猜想,尝试感受、解释困难,激发学习新知的渴望。

二、激活旧知

活动1:观察蔗糖颗粒大小

(1)用放大镜观察一方形蔗糖。

(2)将方形蔗糖碾碎后,再用放大镜观察。

(3)将碾碎的蔗糖放入水中,进一步用放大镜观察糖水。

学生利用学过的物质构成的知识,解释为什么蔗糖"消失"不见了。这种蔗糖微粒称为什么?(分子)

引发另外一个问题:是不是所有的物质进入水中后都可以变成微粒(分子)而"消失"呢?

设计意图:铺垫相关旧知识,以此为学习起点,引发学生进一步思考。

三、加工展示新知

活动2：探究不同物质在水中的分散状况

探究不同物质在水中的分散状况，观察实验现象并填入表1。

表1　不同物质在水中的分散状况

编号	1	2	3	4
实验内容	水中加砂石	水中加色拉油	水中加蔗糖	水中加酒精
分散质原来的状态				
静置（是否分层）				

组织讨论，根据实验现象对4组分散状况进行分类，并说出分类依据。

小组讨论汇报，把讨论结果以表2的形式呈现，得出三种混合物的定义。

表2　三种混合物分散后状态、特征和透明度

	溶液	悬浊液	乳浊液
分散质原来的状态	固、液、气	固	液
分散后的特征	静置后不分层	静置后分层	
分散后的透明度	透明	不透明	
共同点	都是混合物		
实例	酒精、蔗糖溶液	砂石与水	色拉油与水

判断：牛奶、肥皂水、黄河水、蒸馏水、血液、冰红茶、食醋分别是哪种类型的混合物？并说出你的依据。

设计意图：以表格的形式分类比较4组平行实验的结果，引导学生建立分类思想，理解分类的意义，明确分类的结果。让学生在合作中观察分散的现象，在讨论中比较分散的差异，最终建构"溶液""浊液""溶解""溶质"和"溶剂"等概念，为后面利用显微镜从微观上理解溶液和浊液做铺垫。

活动3：验证蔗糖溶液具有稳定性、均一性

◀◀◀　**资料卡**　▶▶▶

稳定性：外界条件（温度、气压等）不变时，溶质和溶剂不分离、不分层。

均一性：溶液内部各处性质相同，如甜度、咸度、密度、浓度等。

教师提问：如何证明溶液具有稳定性？

学生回答：可以将一杯溶液在常温下放置一昼夜以上，观察溶液有没有分层现象。

教师进一步明确：大量生活经验可以告诉我们溶液具有稳定性。

教师提问：根据以上资料，能否设计实验证明蔗糖溶液具有均一性？

学生经过讨论，设计出两种较好的方案。

实验设计1：取不同深度的蔗糖溶液，用甜度计分别测出它们的甜度（见图1）。

实验设计2：利用光在同一种均匀的介质中是沿直线传播的规律，用光照射溶液的

不同位置(见图2)。

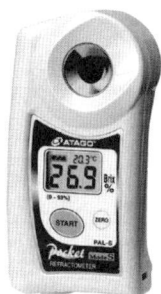

图1　甜度计测蔗糖溶液甜度　　　　图2　光在蔗糖溶液中传播

演示实验1:用甜度计测溶液各部分的甜度。发现:不管是上层、中间层还是下层的蔗糖溶液,甜度计的数值都是一样的。

演示实验2:激光笔演示光线在蔗糖溶液中的传播途径。发现:光线在蔗糖溶液中沿直线传播,但往蔗糖溶液中加了面粉后,光路就变得断断续续、弯弯折折。

教师与学生展开交流论证。

观点1:溶液均一性的本质是溶质的微粒均匀扩散于溶剂分子间,使得溶液中各部分的性质完全相同。蔗糖溶液不同深度的甜度数值是一样的,说明蔗糖溶液各部分的甜度这一性质相同,能说明溶液具有均一性的特征。

观点2:激光笔的光线在蔗糖溶液中沿直线传播,光只有在均匀的介质中才是沿直线传播的,所以该实验也能支持蔗糖溶液具有均一性的特征。

得出结论:蔗糖溶液具有均一性。

设计意图:"稳定性"和"均一性"是溶液的重要特征,是本节课的核心知识。溶液稳定性可以直接通过观察蔗糖溶液和酒精溶液久置后不分层这一现象得到,大量生活经验也可以支持学生这一认识。但均一性无法直接观察,且课本中没有提供溶液均一性的验证方法(实验),在没有实验佐证的前提下,学生理解均一性相对困难,一般教师采用直接告知的办法进行教学,效果不佳。本设计尝试通过实验创新的手段,让学生对溶液均一性认知的建构建立在实证的基础上。

活动4:观察光学显微镜下的蔗糖溶液、血液、牛奶(见图3)

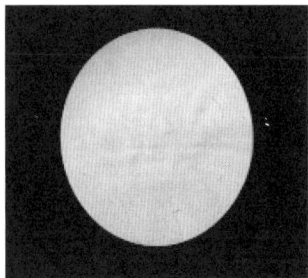
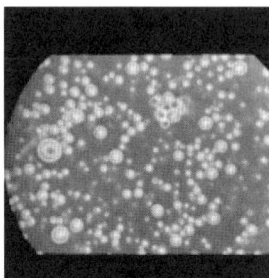
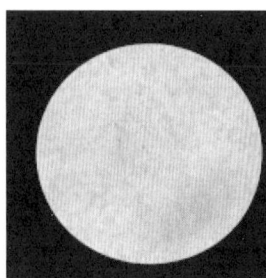

a.光学显微镜下无法看到　　　b.光学显微镜下能看到　　　c.光学显微镜下能看到
　蔗糖溶液中分散质　　　　　　牛奶中的分散质　　　　　　血液中的分散质

图3　显微镜下的分散系

教师展示表3,配合提问。

问题1:现在能给溶解下个定义吗?

问题2:分散与溶解有什么不同?

表3　三种混合物的分散质大小

名称	分散质大小
溶液	直径小于1nm
悬浊液	半径大于0.1μm
乳浊液	半径大于0.1μm

通过生生交流和师生交流,最后达成如下观点。

(1)当分散质以直径很小的分子或离子形式分散于另一种物质中时,形成溶液,在外界条件不变时,溶质和溶剂始终不分离,且各部分性质一致,即均一的、稳定的。此过程即为溶解。

(2)当分散质以直径较大的颗粒(如"固体小颗粒"或"小液滴")形式分散于另一种物质中时,形成浊液("悬浊液"或"乳浊液")。浊液既不均一,也不稳定。

(3)溶解是一种特殊的分散。

设计意图:渗透实证思想,让学生直观感受溶液和浊液的本质区别——分散质颗粒的大小,并能通过显微镜照片直观理解"固体小颗粒"和"小液滴"的含义,从而真正理解溶液与浊液的区别,体会溶解与分散的关系。

四、尝试应用新知(解决中心问题)

教师引问:我们现在是否可以解决本节课开始时提出的问题,为什么用水可以把糖渍洗掉? 衣服上的油渍该怎么去掉呢?

学生交流1:所谓的"洗掉"其实就是用水将糖渍溶解了,糖渍以蔗糖分子的形式存在于水中,被水带走,因此就"消失"了。而油渍无法溶解在水中,所以不消失。

学生交流2:水并不是万能的溶剂,油渍无法溶解在水中,但可以溶解在汽油中,我们可以用汽油来溶解油渍。

教师演示:将沾满油渍的衣服剪成两半,一半放入盛有水的烧杯中,一半放入盛相同体积汽油的烧杯中,过一会儿取出来观察(见图4)。

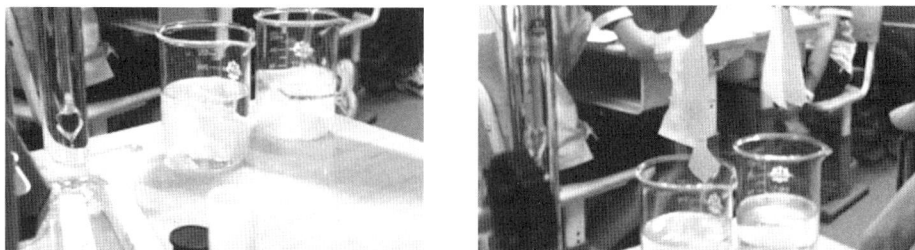

图4　油渍在水、汽油中的溶解情况

设计意图:具体的概念教学任务被置于循序渐进的实际问题情境中来完成,最后首尾呼应,解决本节课提出的中心问题,体现科学来源于生活,又服务于生活的STSE教学理念,架起科学与生活的桥梁。

五、迁移解决新疑

思考与讨论:

(1)为什么口服药水、喝果汁前要摇一摇?

(2)播放干洗视频,请解释干洗的原理。

设计意图:解决新疑的目的是培养学生的知识迁移能力,即利用所学知识在陌生情境中解决陌生问题,同时使学生的基础知识和基本技能得到进一步的巩固和加强,将新知识结构化,实现深度学习。

【板书设计】

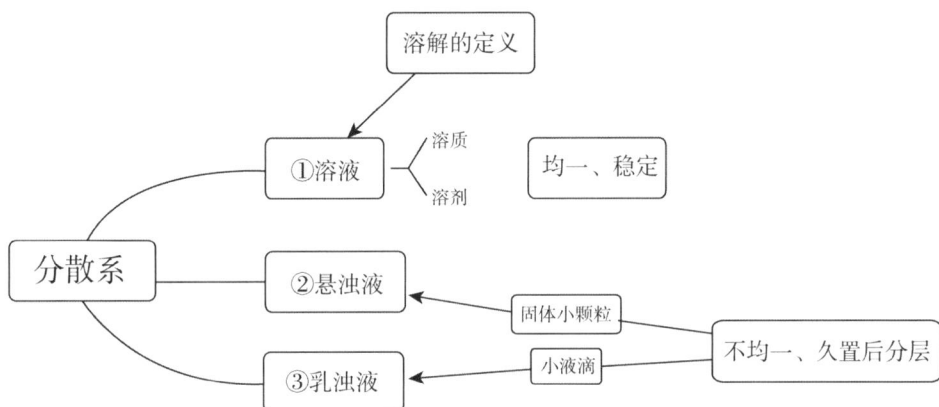

【特色与亮点】

1.经历一系列真实探究过程

现代探究强调一个"真"字,即"真情境""真问题""真体验""真能力"。在"真情境"中提炼"真问题",经历"真体验",培养"真能力"。本节课从学生较熟悉的真实场景(洗衣服)入手,激发学生聚焦可探究的真实问题(为什么糖渍洗去了,而油渍却无法洗去?有什么办法可以去掉油渍呢?)。在此大问题的驱动和引领下,学生经历了一系列真实的体验,如探究不同分散系特征、证明溶液均一性与稳定性、观察分散系在显微镜下的特征,直至课始大问题的最终解决等。在经历了这样一系列真实探究过程后,学生不仅有高涨的探究热情,而且能真正学会科学探究的方法、思路,培养基于实证的综合分析能力。

2.着力于渐进设计的概念建构

如何帮助学生有效建立"分散""溶解"的科学概念是本节课的关键问题,解决的关键在于纠正学生的错误前概念,以及让学生把溶液、悬浊液、乳浊液放在同一层次上考虑,为此,本节课采用了平行推进、比较分类、合作参与、主动建构的教学策略。本节课通过在水中分别加砂石、蔗糖、色拉油、酒精等分散质,比较分散质原来的状态和分散后的特征,得到溶液与悬浊液、乳浊液宏观上的区别,然后通过显微镜寻找它们微观上的区别,即溶液与浊液的本质区别,所有问题也就迎刃而解。在教学过程中,教师有目的地将概念建立的过程暴露给学生,让学生成为概念建立的主角,使学生积极主动学习,提高逻辑思维能力和概括能力。

3.立足实验的引进与创新,有效突破思维障碍点

教师不是教材的被动执行者,而是研究者、开发者。针对本节课设定的重、难点,如果单纯通过在水中分别加砂石、蔗糖、色拉油、酒精然后比较分散后的特征,这样的设计不足以让学生明白溶液与浊液的本质区别,所以本节课增加了显微镜观察蔗糖溶液、牛奶、血液的实验,让学生找到溶液与浊液的本质区别是分散质的颗粒大小不同,这样的设计可以让学生从本质上理解为什么溶液是均一、稳定的,而浊液是不均一、不稳定的。对于溶液的均一性特征,教材中没有提供验证手段,如果直接告诉学生,效果不佳,因此本节课增加了甜度计测不同深度蔗糖溶液的甜度和激光笔的光线在蔗糖溶液中沿直线传播这两个实验,结论更加让人信服,也培养了学生实事求是的科学态度。

物质的分离

——结晶

牛美玲

（杭州市上海世界外国语中学）

【课标解读】

本节课属于《课标》的核心概念"2.物质的变化与化学反应"的相关内容。《课标》的要求是，了解物质溶解与结晶现象，学会混合物的分离技能（如过滤、蒸发、纸层析等）。

【教材分析】

本节课从内容上看，包含着身边的化学物质，如空气、水、金属、常见的酸碱盐等的知识，范围比较广；从过程上看，是一个实验原理与方案确定、实验操作为一体的过程。本节课是对物质分离方法的归纳和梳理。本节课一方面引导学生了解科学探究首先是从物质的分离与提纯开始的，为学生建立科学探究的思维方式；另一方面引导学生对教学内容在理解、思考的基础上进行生活运用。

学习重点：知道蒸发溶剂和冷却热饱和溶液是结晶的方法。

学习难点：能够根据物质的性质选择合适的结晶方法。

【学情分析】

学生之前已学习了物质在水中的分散状况、物质在水中的溶解等知识，对饱和溶液、溶解度已有所了解。在日常生活中学生已接触到结晶，但没有意识到那些就是结晶现象，只有感性认识，缺少理性分析。本节课从生活实际出发，分析结晶的两种方法，并讨论两种结晶方法的适用范围，以及在实际生活中的应用。

【学习目标】

科学观念：①能根据外形区别晶体与非晶体，体验自然之美。②能正确使用酒精灯、铁架台、蒸发皿、玻璃棒等实验器材，完成食盐溶液的蒸发结晶实验，树立安全实验的意识。③能说出结晶的两种方法，根据溶解度曲线解释降温结晶的原因，并说明哪一类物质适用于降温结晶。④能根据物质溶解度随温度变化的特点，选择合适的方式，从溶液中获得晶体。

科学思维：通过实验，在练习蒸发、结晶、过滤等基本操作的过程中，培养实验观察能力、探究能力、比较分析能力和合作交流能力。

探究实践：通过观察实验、比较现象、分析溶解度表或溶解度曲线，学会根据物质的溶解度特点选择合适的结晶方法。

科学态度:在实验过程中,培养认真细致、实事求是的科学态度,体验自身参与探究以及与他人合作交流的乐趣。

【教学环节】

一、聚焦挑战问题

教师展示将茶叶和茶水分离的图片。

引导学生聚焦如下两个核心问题。

1.在生活中,我们经常要进行物质的分离,请你说说泡茶时如何将茶叶与茶水分离。

2.沉淀和过滤两种方法能否将茶水中的可溶性固体与液体分离? 如果不能,就要学习新的分离方法,但由于茶水中的物质比较复杂,我们先由食盐水的分离入手。

二、激活旧知

学生实验:表演"滴水成冰"小魔术。

任务 1 辨别晶体与非晶体

通过观察析出物体,引出晶体与非晶体的区别。观察晶体与非晶体的外形,并结合所学知识,说说肉眼如何辨别晶体。

教师展示沥青、松香、硫磺图片。

问题1:它们是晶体吗? 你判断的标准是什么?

问题2:溶液中加入少量固体后有大量晶体析出,该无色透明液体为饱和溶液还是不饱和溶液?

结晶是溶液中无法再溶解的固体物质从溶液中析出的过程。

教师展示卤水制盐图片。

问题3:中国古代用卤水制盐,在卤水熬制过程中盐为何会析出?

设计意图:巩固学生已学的知识,并引入分析晶体与非晶体在外形上的区别,使学生对晶体的认识更加全面。通过分析生活中常见的现象,逐渐过渡到讲解结晶的方法,由浅入深,贴近学生的认识规律。

三、加工展示新知

问题4:熬制卤水时,卤水由什么溶液变到什么溶液?

问题5:当卤水饱和之后,持续蒸发溶剂,将会出现什么现象?

教师:我们今天也用这种蒸发溶剂的方法来熬制实验溶液,从而制取食盐晶体。

问题6:我们需要什么器材来代替古代熬制卤水的装置? 长勺有何作用? 是否需要持续搅拌?用什么代替长勺?

问题7:目前的装置是否正确? 请补充完整器材。

问题8:玻璃棒有何作用? 是否需要持续搅拌?

问题9:蒸发皿是可以直接加热的,为什么? 在什么情况下停止加热就可以得到食盐晶体?

任务 2 蒸发结晶,分析原理

学生实验:食盐结晶。

教师强调:①食盐水溶液用量1滴管;②注意安全,防止"烫伤"。

结论1:蒸发溶剂可以提取晶体。

问题10:蒸发溶剂可以提取晶体,为何还要加热溶液?

问题11:食盐溶液沸腾后温度怎样?

问题12:当温度达到食盐溶液的沸点后,在蒸发溶剂的过程中,溶液状态发生什么变化? 温度、溶解度、溶剂质量如何变化?

在蒸发溶剂的过程中,溶液成分的变化如下。

$$\text{食盐溶液} \xrightarrow{\text{( )恒温蒸发溶剂}} \text{食盐溶液} \xrightarrow{\text{( )恒温蒸发溶剂}} \text{晶体}$$

温 度( )　　温 度( )

溶解度( )　　溶解度( )

溶剂质量( )　　溶剂质量( )

问题13:当溶液饱和时,为什么蒸发溶剂可以得到晶体?

问题14:是否还有别的方法提取溶液中的晶体?

任务 3 降温结晶,分析原理

演示实验:冷却热饱和硝酸钾溶液和热饱和食盐水溶液。

问题15:你们观察到了什么现象?

结论2:冷却热饱和溶液可以获得晶体。

问题16:在降温结晶的过程中,溶液状态发生什么变化? 温度、溶解度、溶剂质量如何变化?

在冷却浓溶液的过程中,溶液成分的变化如下。

$$\text{低温下的（ ）溶液} \xleftarrow[\substack{\text{温 度}\\\text{溶解度}\\\text{溶剂质量}}]{\text{降温}} \begin{cases} \text{高温下的（ ）溶液} \\ \\ \text{晶体} \end{cases}$$

设计意图:学生结合已有知识,观察实验现象,得出结晶的方法是蒸发溶剂和冷却热饱和溶液,并在此基础上对结晶过程中的溶液成分进行分析,提高了分析能力,加深了对饱和溶液的理解,为后续的学习做铺垫。

四、尝试应用新知

教师展示硝酸钾与食盐的溶解度表。

问题17:为什么冷却热饱和溶液可以得到晶体? 通过冷却热饱和溶液能得到大量食盐晶体吗? 为什么?

小结:

(1)像食盐这样溶解度随温度变化不明显的物质,应用蒸发结晶法制取晶体。

(2)像硝酸钾这样溶解度随温度变化明显的物质,应用冷却热饱和溶液法制取晶体。

任务4 学以致用

(1)天气瓶中最有可能加入了图1中的哪种物质？依据是什么？

(2)盐树制作中可能加入了图2中的哪种物质？依据是什么？

(3)根据溶解度表，试解释"夏天晒盐、冬天捞碱"的原因。

(4)市售冻干茶粉的制作过程主要分为以下几步：新鲜茶叶→低温水提→多层过滤，去除农残→冷冻干燥→包装。

其中哪个步骤应用了我们今天学习的知识？如何应用的？

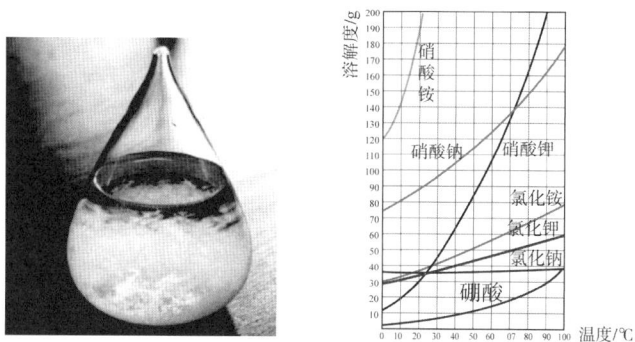

图1　天气瓶

图2　盐树

设计意图：学生通过对比两种物质的性质，根据溶解度随温度变化的特点加以分析，学会选择物质结晶的方法，之后再通过解读溶解度曲线、分析生活中的具体问题，突破学习难点。

五、迁移解决新疑

◀◀ **资料卡** ▶▶

硫酸亚铁可以制铁盐、氧化铁颜料、媒染剂、净水剂、防腐剂、消毒剂等；也可入药，作为抗贫血药，主要改善缺铁性贫血。然而硫酸亚铁具有在高温下发生水解（分解为其他物质）的特性，因此不能通过直接蒸干水分来获取硫酸亚铁晶体。

挑战任务：如何从硫酸亚铁不饱和溶液中获取硫酸亚铁晶体？

设计意图：联系生产生活实际，让学生真实体验到所学的科学知识可以改变生活，激发学生对科学的兴趣，让学生明白科学理论的运用是灵活多变的。

【板书设计】

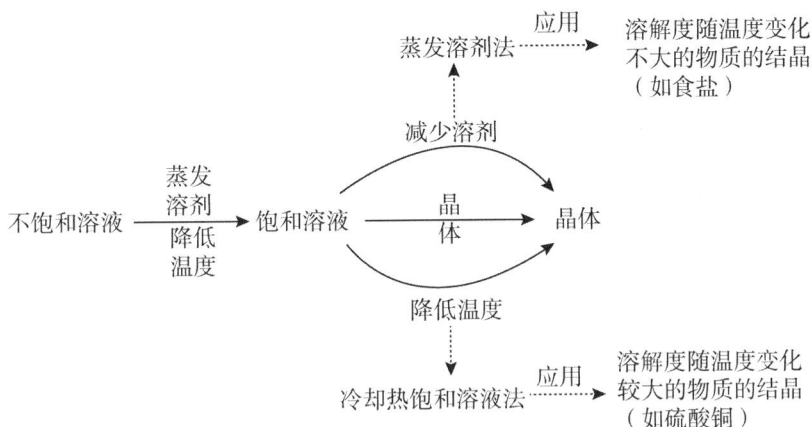

【特色与亮点】

1.源于生活,应用于生活

"科学来源于生活,生活中处处是科学。"从学生们较熟悉的生活场景引入,抛出如何将茶水中的可溶性固体与液体分离的问题。学生通过小组合作、探究,实现以"学为中心",能够根据物质的性质选择合适的结晶方法,从而解决实际问题。

2.注重过程,收获方法

通过教师有序引导,学生积极参与、体验、合作、讨论、交流,培养学生主动、负责、开拓、创新的个性特点和思维方式。教师不仅要教给学生科学知识,更重要的是要启发学生获得解决问题的思路与方法。

3.板书思维化,明晰学习思路

板书以思维导图的方式呈现,条理清晰,层次分明,重点突出,便于学生形成系统化的知识网络。长期使用思维导图,学生会自然而然地厘清知识逻辑顺序,养成良好的思维习惯,大大提高学习效率。

附录

物质的分离任务单

【学习目标】

1.能根据外形,区别晶体与非晶体,体验自然之美。

2.能正确使用酒精灯、铁架台、蒸发皿、玻璃棒等实验器材,完成食盐溶液的蒸发结晶,树立安全实验的意识。

3.能说出结晶的两种方法,根据溶解度曲线解释降温结晶的原因,并说明哪一类物质适用于降温结晶。

4.能根据物质溶解度随温度变化特点,选择合适的方式,从溶液中获得晶体。

【学习过程】

新知导入

在生活中,我们经常要进行物质的分离,请你说说看,图1中的茶叶与茶水是如何分离的?

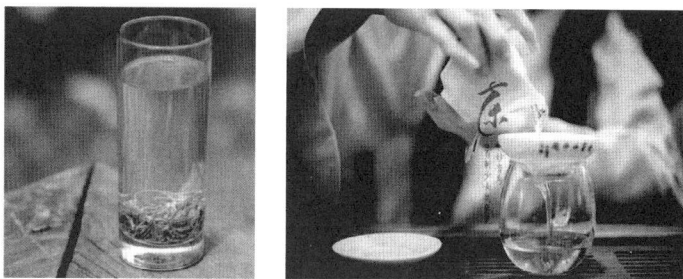

图1 茶叶与茶水分离

任务1 辨别晶体与非晶体

小魔术

1.取出培养皿,将液体倒入培养皿中,观察到_____。

2.用_____取少量晶体,加入到无色液体中,观察到_____,该液体是_____溶液。

评价任务1:晶体是_____的固体。

任务2 蒸发结晶,分析原理

评价任务2:该装置完整吗?若不完整请补充完整,食盐蒸发结晶装置图(见图2)。

( )焰加热

图2 食盐蒸发结晶装置

学生实验:蒸发结晶制取食盐晶体。

思考:恒温蒸发溶剂过程中,溶液的状态如何变化?温度、溶解度、溶剂质量如何变化?

(　　) 恒温蒸发溶剂 (　　) 恒温蒸发溶剂
食盐溶液 ——————————→ 食盐溶液 ——————————→ 晶体
温　　度(　　) 温　　度(　　)
溶解度(　　) 溶解度(　　)
溶剂质量(　　) 溶剂质量(　　)

任务3 降温结晶,分析原理

演示实验:降温结晶制取晶体。

思考:冷却热饱和溶液过程中,溶液的状态如何变化? 温度、溶解度、溶剂质量如何变化?

```
                         ┌ 高温下的(      )溶液
低温下的    降温      │
(     )   ─────────┤
溶　液   温　度       │
        溶解度       └ 晶体
        溶剂质量
```

评价任务3。

结合表1,思考讨论:

(1)为什么冷却热饱和溶液可以得到晶体?

(2)通过冷却热饱和溶液能得到大量食盐晶体吗?

表1　硝酸钾、食盐溶解度表

温度/℃	0	10	20	30	40	50	60	80	100
硝酸钾溶解度/g	13	22	33	48	65	84	103.4	124.6	141
食盐溶解度/g	35.7	35.8	36	36.6	37.3	38.4	39.8	36	36.6

　　小结:若物质溶解度随温度变化不明显,则选择_____结晶法;若物质溶解度随温度变化明显,且溶解度随温度升高而增加,应选择_____结晶法。

学以致用

1.天气瓶中最有可能加入了图3中的哪种物质? 依据是什么?

2.盐树制作中可能加入了图3中的哪种物质? 依据是什么?

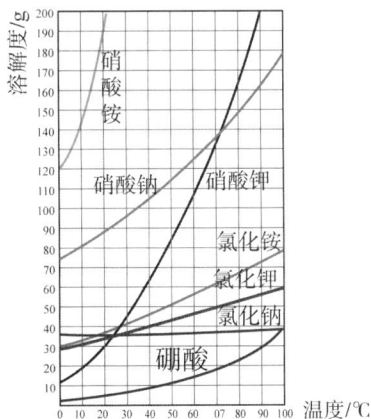

图3　溶解度曲线

3. 在我国的青海等地有许多盐碱湖，湖水中溶有大量的氯化钠和纯碱，那里的农民夏天晒盐，冬天捞碱。根据溶解度表(见表2)，试解释"夏天晒盐、冬天捞碱"原因。

表 2　氯化钠、纯碱溶解度表

温度/℃	0	10	20	40	60	80	100
氯化钠溶解度/g	35.7	35.8	36	36.6	37.3	38.4	39.8
纯碱溶解度/g	7.1	12.5	21.5	49.0	—	—	—

4. 市售冻干茶粉的制作过程主要分为以下几步：

新鲜茶叶→低温水提→多层过滤，去除农残→冷冻干燥→包装

其中哪个步骤应用到了我们今天学习的知识？如何应用的？

挑战任务

◄◄◄ **资料卡** ►►►

硫酸亚铁可以制铁盐、氧化铁颜料、媒染剂、净水剂、防腐剂、消毒剂等；也可入药，作为抗贫血药，主要改善缺铁性贫血。然而硫酸亚铁具有在高温下发生水解(分解为其他物质)的特性，因此不能通过直接蒸干水分来获取硫酸亚铁晶体。

如何从硫酸亚铁的不饱和溶液中获取硫酸亚铁晶体？

作业建议：

1. 白醋 2 瓶，小苏打 84g，充分搅拌后，加热烧开，让水分蒸发直到水面有薄薄的结晶为止。将液体倒入干净的玻璃杯内，自然冷却至常温，然后用牙签沾上一点锅底的结晶放入杯内，观察并记录实验现象并解释因。

2. 查阅资料，用甘蔗自制白砂糖。

原子结构模型(1)

戴志江

（杭州市萧山区通惠初级中学）

【课标解读】

本节课属于《课标》的核心概念"1.物质的结构与性质"的相关内容。《课标》要求学生通过学习原子结构的探究历史,体会分类、预测、模型等科学方法,并进一步认识科学本质;了解科学家对原子结构模型的探索过程,关注人类探索微观世界的新进展。根据此要求,模型认知和模拟实验探究是本节课的主要学习方式,基于证据和逻辑推理的原子结构模型建构是本节课的主要学习内容。

【教材分析】

本节课为"原子结构模型"的第1课时,主要是介绍了原子结构模型和它的发展过程,是前一节课"物质的微观粒子模型"的延伸和具体化,也为之后学习同位素和符号奠定了基础。可以说,在整章内容中,本节课起到了承上启下的作用。从内容安排上来看,本节课主要让学生沿着科学家的探索之路去建构原子模型,同时学会用模型法来建构微观世界,使学生体验科学家从寻找证据、建立模型、检验猜想再到修正模型的研究路径。

在课前,学生会以为原子就像实心球一样,是不可再分的球体。由物质是否可以无限切分,引发学生对微观世界构成的思考。教师通过提供历史中科学家的观点和实验过程的相关资料,引导学生分析这些实验现象,找到支持或者否定模型的证据,并进行举证。由于这些实验无法演示,实验内容与学生的生活存在一定的距离,因此容易导致学生的分析与实际脱离。

学习重点:通过现象分析、逻辑推理,了解原子结构模型的建立过程。

学习难点:通过对 α 粒子散射实验现象的分析,尝试建构原子的核式结构模型。

【学情分析】

从知识结构来看,八年级学生在学习了分子运动论和《物质的微观粒子模型》后,对于学习原子结构的模型,已有了一定的微观认识基础。但八年级学生还处于从具体形象思维到抽象逻辑思维的过渡阶段,对抽象知识的学习仍然建立在直接与感性经验基础之上。

因此,在本节课的教学中,教师提供直观的动画模型,在模型的基础上进行讲解和分析。同时引导学生进行一系列模拟实验,帮助他们了解科学家的实验过程,通过分析实验现象找到证据,通过严密的逻辑推理完善原子结构模型,从而由感性认知上升到理性认知,且在不断的修正和完善中,感悟到新的证据和现象的出现会推动科学的前进。

【学习目标】

科学双基:①能说出原子结构模型建立的历史过程及各种模型建立的依据。②能描述 α 粒子散射实验的实验方法、实验现象,以及原子核式结构模型的主要内容。

科学思维:①通过观察和分析科学现象—建立理想模型—实验验证,运用科学思维建构原子模型。②了解建立模型研究科学问题的方法,感受类比思维对科学发现的重要意义,领悟在科学史的发展过程中前人的观点需被不断修正和完善的真理。

科学实践:①通过对 α 粒子散射实验结果的讨论与交流,学会对科学现象进行分析。②经历核式结构模型的探究过程,理解模型的演化及其在科学发展过程中的作用。

科学态度:①通过对原子模型演变的历史的学习,感受科学家们不畏权威、尊重事实、尊重科学的科学态度和精神。②通过对原子结构的认识的不断深入,认识到人类对微观世界的认识是不断扩大和加深的。

【教学环节】

一、聚焦挑战问题

教师介绍两千多年前的思想碰撞——两位古代先贤对于微观世界的解释。庄子认为:一尺之棰,日取其半,万世不竭。而德谟克利特认为:万物的本原是原子,原子不能再分。

根据这两个针锋相对的观点,引导学生思辨:有学生支持德谟克利特,因为他们觉得世界总会有最小的单位。而有的学生支持庄子,认为在现实生活中物体确实可以一直被分下去。

教师引导:原子那么小,应该如何去研究它?帮助学生回忆利用地球仪这样的模型来研究地球的过程,研究微观世界的原子时也可以采取建立模型的方法,也就是建立原子结构模型。

设计意图:通过两种截然相反的观点,引发学生的思维碰撞和对于微观世界的思考。思考需要逻辑实证,这就让学生产生搜集证据以证明观点的动力。但由于学生在上课之前并未对模型法有系统的认识,如果直接建构原子结构模型会非常突兀,因此教师在课堂开始之前对模型法进行简单讲授,主要介绍什么是模型法,以及模型法在科学研究中的作用。

二、融入探究背景

活动 1:黑箱摸物

游戏规则:只凭手触摸,猜出黑箱内的物品。

学生上台参与,猜测黑箱中是糕点类的东西,具体是什么猜不出来。

教师介绍:由于缺乏直观可测的直接证据,历史上科学家们对原子内部结构的探究也类似于黑箱摸物,只能依据有限的"输入和反馈"来推测其内部结构。

设计意图:以"黑箱摸物"类比科学家们对原子结构的探索艰辛,让学生感受到技术与科学相辅相成的关系。

◀◀ **资料卡** ▶▶

(1)1803 年,道尔顿提出实心球模型:原子是构成物质的最小微粒,并把原子想象成坚实的、不可再分的实心球。

(2)1897 年,汤姆生发现阴极射线中的电子,电子来自原子内部,电子带负电,但原子呈电中性。

教师引导学生思考:汤姆生的发现是否支持道尔顿的实心球模型理论并说明原因。

学生讨论后提出:电子的发现不支持实心球模型理论,因为电子来自原子内部,说明原子可以再分。而电子带负电、整个原子却显示电中性,说明原子内部还存在带正电的部分。

活动2:修正原子结构模型

教师引导学生思考:如果你是汤姆生,你会如何修正道尔顿的实心球模型? 1904 年,汤姆生提出西瓜模型(见图 1)。

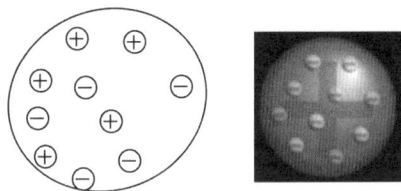

图 1 西瓜模型

设计意图:介绍道尔顿的实心球模型,让学生回到探究原子结构的起点。在提供汤姆生的发现之后,学生便可以利用此证据发现错误,产生怀疑,分析得出阶段性结论。

三、重探经典实验

播放 α 粒子散射实验模拟动画。实验中,用准直的 α 粒子轰击厚度为 $1\mu m$ 的金箔(见图 2)。

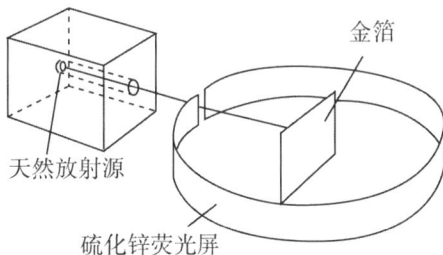

图 2 α 粒子散射实验

学生归纳 α 粒子散射实验现象:①绝大多数 α 粒子穿过金箔;②少数 α 粒子发生较大角度的偏转;③极少数 α 粒子被弹回来。

◀◀ **资料卡** ▶▶

α 粒子是某些放射性物质衰变时放射出来的粒子,体积为金原子的几万分之一,速度可达 $2×10^4 km/s$,质量大概为电子的 7000 多倍,带正电荷。由于金属具有良好的延展性,所以金箔可被压制成 $1\mu m$ 薄。

教师提问:这样的现象能用西瓜模型(均匀且实心)来解释吗?

学生交流:不能。因为西瓜模型中电荷是均匀分布的,而α粒子带的都是正电,它出现的现象应该是一致的,也就是说这些概率的分布是一致的。

设计意图:α粒子散射实验是寻找证据、验证模型的必要环节,但是需要先整理和归纳实验现象才能进行有效分析。本环节中,教师提供实验的原始数据等有限的帮助,引导学生自行归纳实验现象及做出分析,有利于学生提高观察和分析能力。

四、分解加工新知

活动3:系列模拟实验

模拟实验1:原子黑箱实验。用围棋子轰击"模拟原子",引导学生猜测"模拟原子"的内部结构,并与α粒子散射实验对应起来。最终,教师揭开原子黑箱,验证学生的猜想(见图3)。

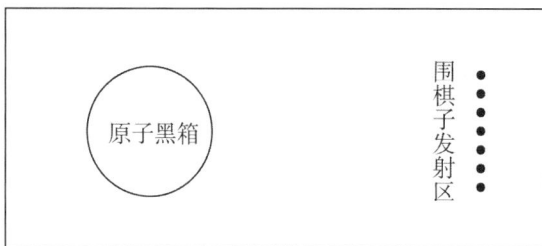

图3　原子黑箱实验

模拟实验2:乒乓球和弹力球碰撞实验。操作1:推动弹力球撞击乒乓球,观察实验现象。操作2:推动乒乓球撞击弹力球,观察实验现象。引导学生解释实验现象,并与α粒子散射实验对应起来。

模拟实验3:偏转模拟实验。让磁铁2运动靠近磁铁1,并画出磁铁2的运动轨迹。引导学生解释实验现象,并与α粒子散射实验对应起来(见图4)。

学生由此建构新的原子结构模型,教师进而介绍,这就是卢瑟福提出的核式结构模型。

设计意图:α粒子散射实验从技术上讲是难以在课堂上进行的,且学生对于相关的实验材料极为陌生,这就导致学生缺少思维的依托。为了解决这一难点,教师设置了一系列模拟实验,帮助学生理解α粒子散射实验中出现这些现象的原因。

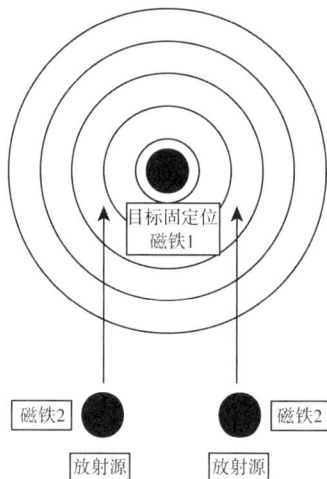

图4　偏转模拟实验

五、感悟科学本质

教师继续介绍玻尔的分层模型和薛定谔的电子云模型,进而提问:从以上原子结构模型的建立和演变过程(见图5)中,我们可以发现什么? 电子云模型是否就是最真实的原子结构呢?

学生交流1:我们要敢于挑战权威,每一个新的发现都是受前人的启发的同时又否定前人的观点。

学生交流2:原子结构模型的建立过程是在一代一代科学家的修正下逐渐接近本质和真相的过程。

学生交流3:随着理论的更新和技术的进步,前人的结论很有可能被后来的科学家推翻,因此电子云模型也可能会被我们这一代的科学家所修正。

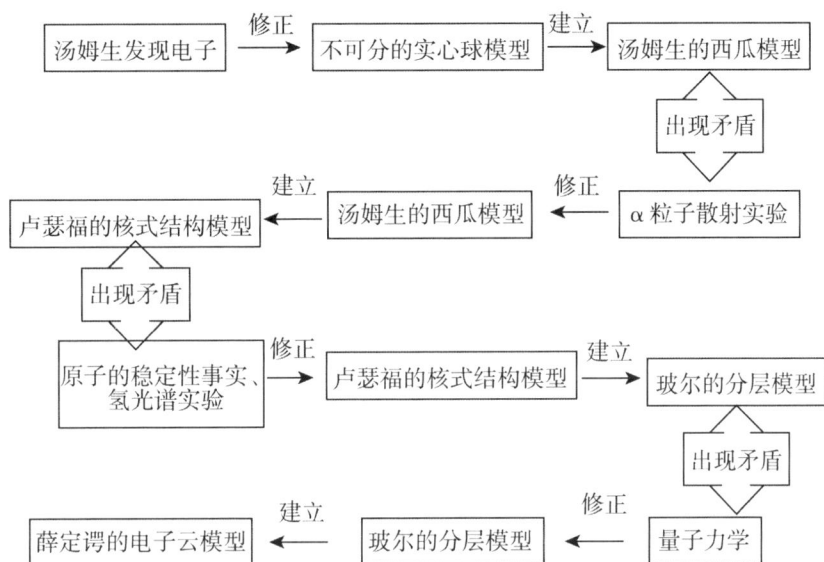

图5 原子结构模型发展历程

设计意图:梳理出科学家建构原子结构模型的过程主线,向学生阐明真理和谬误是交织的,科学理论是科学家们试图对自然规律做出的解释。例如汤姆生在发现电子之后,只能根据原子稳定的结构和正负电荷的平衡尝试建构模型,在α粒子散射实验之后,当时的科学理论被打破,科学家们又开始新的探索和建构。

【板书设计】

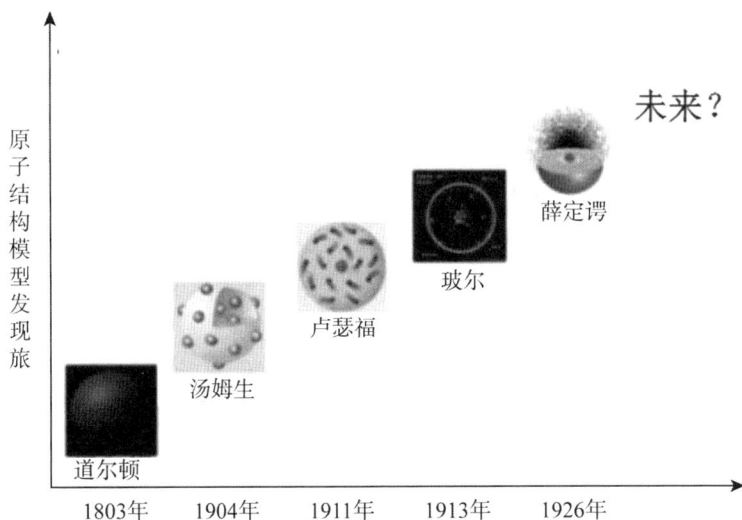

【特色与亮点】

1.教学逻辑符合学生认知规律

美国心理学家斯坦利·霍尔曾说过:儿童的科学学习过程与人类认识自然界和物质世界的过程有许多相似之处。本节课采取融入科学史的教学思路,以史为线,使教学符合认知逻辑,让学生通过追溯科学知识的来源来学习科学,通过模拟历史上科学家的探究过程来掌握科学方法,有利于学生自主建构知识体系。

2.模拟实验教学降低学生认知难度

由于本节课涉及到的重点实验与学生生活实际存在较大距离,为了帮助学生理解实验过程,本节课采取了模拟实验的方式。三个模拟实验分别指向核式结构模型中的三个重要观点,有助于学生建构知识,加深认识。

3.融入科学历史,提高学生对科学本质的认识

学生在学习科学史实、了解科学家生平贡献等过程中会产生情感共鸣,并在理解知识、内化知识的同时感受科学世界的发展与变化。在此过程中,学生会发现科学是具有暂时性、主观性和创造性。科学的发展不能被简单地归结为正确与错误斗争的过程,新旧理论的迭代并不是正确取代错误。正确的理论中会有错误的部分,错误的理论中也会有正确的部分。

空气与氧气(1)

朱林刚

（杭州市萧山区北干初级中学）

【课标解读】

本节课属于《课标》的核心概念"1.物质的结构和性质"的相关内容。《课标》要求学生知道空气主要成分的体积分数,认识空气对人类的重要作用,能根据物质的性质设计实验检验和区分氧气和二氧化碳,探究空气中氧气的含量。根据此要求,探究和实验是本节课的主要学习手段,设计测量空气中的氧含量的方案以及误差的分析是本节课主要的学习内容。

【教材分析】

本节课是"空气与氧气"的第1课时,教材中以学生最熟悉的空气入手,符合学生的认知规律。本节课在内容上起到承前启后的作用,为今后学习氧气、二氧化碳等物质提供知识基础。

本节课的核心是了解空气的各主要成分及其体积分数,知道证明空气中存在二氧化碳、氧气和水蒸气的方法,在设计测量空气中氧气含量的实验中会运用分析、建模、转换等思维方法。学生存在思维障碍点,如无法设计化学实验将空气中的氧气单独除去且不产生新的气体物质,则无法从多角度分析实验误差的原因。

因此,本节课的教学基本思路是,创设情境,从宇航员从神舟十三号载人飞船进入天和核心舱开始教学,聚焦挑战问题,设计空间站的空气成分。借助科学史,在拉瓦锡的实验基础上改进设计,完成对实验现象的分析与推理,层层深入,尝试应用新知,迁移解决新疑,这符合初中学生从感性认识到理性认识的认知规律。让学生通过参与活动,学会手脑并用,学会表达、交流与评价,体验到科学探究的过程与乐趣。

学习重点:在定性探究空气成分的基础上,进一步学习定量测定空气中氧气的含量。

学习难点:设计实验测量空气中氧气的含量,并能够进行误差分析。

【学情分析】

学生对空气、氧气等气体已有初步了解,然而这些认知仅仅是学生头脑中的前认知,不一定与科学事实相符。此外,学生第一次涉及定量探究实验,以及定量探究实验后的定量分析。该年龄段的学生已经有了一定化学知识基础,但由于刚接触化学,对于知识更多还停留在感性认识的阶段,缺乏系统性思维,所以需要在思维方式、研究方法、实验设计方面提供指导。

学生虽然已经学过大气压的有关知识,但对于运用大气压知识分析实验原理还存在一定的困惑,为此,本节课将教学重点和难点定位在探究测定空气成分的方法上。通过提供思维支架等教学手段,让学生知道测定空气中氧气含量的方法,初步理解空气中氧气含量测定的实验原理。

【学习目标】

科学双基:①了解空气的各主要成分及其体积分数。②知道证明空气中存在二氧化碳、氧气和水蒸气的方法。

科学思维:①设计测量空气中氧气含量的实验过程中,学会运用抽象分析、建模、转换等思维方法,利用化学变化定量测定氧气含量。②比较并思考实验结果和理论结果的差异,提升分析实验误差的能力。

科学实践:通过测定空气中氧气含量的实验,提升观察与动手的能力,学会从混合气体中除去某种气体进而测定其含量的方法,并学会分析实验误差。

科学态度:通过学习人类认识空气的科学史,意识到进行科学探索时必须具有严肃认真、实事求是的科学精神和态度,不断质疑和求证。

【教学环节】

一、聚焦挑战问题

创设情境:2021 年 10 月 16 日,翟志刚、王亚平、叶光富三位航天员从神舟十三号载人飞船进入天和核心舱。太空舱内的宇航员不需要穿宇航服也能够正常生活。引导学生聚焦以下两个核心问题。

问题 1:宇航员在太空舱内能够呼吸吗? 太空舱内是纯氧环境吗?

问题 2:如果你是太空舱的设计师,你会如何设计太空舱内空气的成分?

针对问题 1,学生提出自己的观点:人的呼吸确实需要氧气,但是纯氧环境下非常容易爆炸,是很危险的。

提供材料:1967 年,美国阿波罗一号的三位宇航员在地面测试纯氧舱时,因为火灾而意外身亡。

针对问题 2,学生提出自己的观点:可以先研究地球上空气的组成,再以同样的成分比例设计太空舱的空气成分。

设计意图:根据真实的情境,设置两个有难度梯度的问题,其中,问题 1 容易解决,问题 2 需要学习完整节课后才能解决,从而激发学生学习的兴趣。太空舱内的空气成分与地球上的空气是相似的,也是一个学以致用的过程。

二、激活旧知

教师引导:地球上的空气是一种混合物。

以小组为单位,利用已有知识说一说空气中有哪些成分,并提供相关证据,完成表 1。

表1　空气中各成分证明实验

成分	生活现象证明	实验证明(方案)
CO_2		
O_2		
水蒸气		
N_2 和稀有气体	(提供资料)	

活动1:实验证明空气成分

学生描述生活现象和实验方案,教师配合演示以下实验。

播放视频:用打气筒快速地把空气压入石灰水中,同时用注射器缓慢地将纯的二氧化碳注入另一杯相同浓度的石灰水中,两组实验同时进行,观察实验现象,对比得出实验结论。

打气筒压入空气的速度远大于注射器注入二氧化碳的速度,但是实验结果是注入二氧化碳的石灰水比压入空气的石灰水先浑浊,说明空气中存在二氧化碳,但是含量很少。

演示实验:取一瓶空气和一瓶氧气,把一根燃着的木条先后插入两个集气瓶中,观察木条在空气中燃烧的现象与木条在氧气中燃烧的现象。(提示:燃烧的剧烈程度与氧气的浓度有关。)

燃着的木条在空气中继续安静地燃烧,其在氧气中燃烧更旺,说明空气中含有一定量的氧气。

演示实验:倒置装满冰块的烧杯,在烧杯底部放上无水硫酸铜,观察现象。

白色粉末变成蓝色,说明空气中存在水蒸气。

设计意图:以上活动是教材中提供的小实验,在课堂上开展既有传承,又有创新,既激活旧知,又加深印象。通过以上活动可以初步确定,空气中至少含有二氧化碳、氧气和水蒸气等物质。

三、加工展示新知

教师引导:若要设计太空舱中的人造空气,必须先知道空气中氧气的体积分数。如何测定空气中的氧气含量呢?为了搞清楚这一问题,很多科学家都致力于这方面的研究,其中最有名的是法国的化学家拉瓦锡。拉瓦锡测定空气成分实验见图1。

播放视频:拉瓦锡测量空气中氧气的体积分数实验。

引导学生思考以下问题。

(1)氧化汞是哪两种物质反应的产物?

(2)氧气被消耗后,钟罩内的水银液面为什么会上升?

(3)氧化汞是固体还是气体?

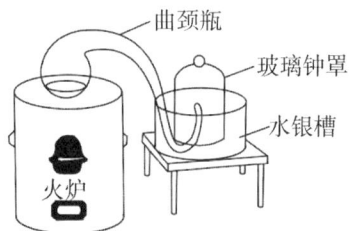

图1　拉瓦锡测定空气成分实验

基于以上问题链,总结出拉瓦锡设计这个实验的思路:

(1)加热水银,消耗完空气中的氧气。

(2)密闭容器中的气压减小,小于外界大气压。

(3)在大气压的作用下水银被压入密闭容器。

提问:如果我们想要在课堂上探究空气中氧气所占的体积,能否采用拉瓦锡的这个实验方案?为什么?

整个实验所需的时间太长,实验装置也过于复杂,但是可以采纳拉瓦锡的实验思路。

设计意图:播放拉瓦锡测量空气中氧气含量的视频,让学生了解科学家探究空气成分的历程,同时激发起探究空气成分的兴趣。紧接着给出三个问题,通过师生之间的互动交流,学生能够大致了解拉瓦锡测量空气中氧气含量的实验原理。这个实验原理也正是整堂课探究实验设计的主线,为接下来设计改进的探究实验做好思维支架。

活动2:实验方案的设计

1. 实验原理的确定

根据拉瓦锡的实验思路,氧气体积减小,在大气压的作用下,水银被压入密闭容器,那么被压入密闭容器的水银的体积是否等于减少的氧气体积呢?

教师提供如图2所示的演示装置。抽取集气瓶中的空气,通过注射器刻度读出体积,再与量筒中减少的体积相比较。

通过实验现象得出结论:减少的空气体积与被压入的水银的体积相等。

进一步提问:空气中的氧气无法单独被注射器抽走,有什么办法解决这个问题呢?

引导学生思考通过化学变化消耗空气中的氧气的方法。

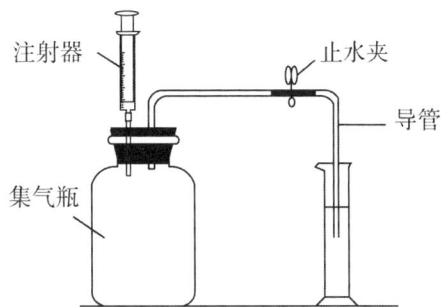

图2　实验演示装置

2. 实验药品的选取

◀◀◀ **资料卡** ▶▶▶

(1)木炭在空气中燃烧,消耗氧气,生成二氧化碳气体。

(2)硫磺在空气中燃烧,消耗氧气,生成二氧化硫气体。

(3)红磷在空气中燃烧,消耗氧气,生成五氧化二磷固体(体积忽略不计)。

学生进行小组讨论,选取最合适的药品,同时思考水银槽中的水银可以用什么来替代。

木炭、硫磺不可取,因为在点燃的条件下,它们会与空气中的氧气反应生成另一种气体。可选择红磷,因为其消耗了氧气,且产物是固体,对气压影响较小。水银槽中的水银可以用水来替代。

设计意图:八年级学生的化学基础较为薄弱,因此教师需先给予一定的提示,帮助学生攻克思维障碍。通过进一步提问和提供知识链接,引导学生选择合适的药品。加上学生对拉瓦锡实验原理的理解,学生能够从教师提示的药品中选择合适的替代拉瓦锡实验中的"水银",也更加深层次地理解选择替代药品所需满足的要求。在教师的简单引导下,学生结合生活经验,能够较自然地提出用"水"替代拉瓦锡实验中的"水银"。

3. 实验装置的设计

提供材料:集气瓶(将水面以上的容积分为五等份并标记)、橡胶塞、玻璃导管、止水夹、烧杯、燃烧匙。

小组讨论,并结合全班意见修正,确定实验装置(见图3)。

学生归纳实验原理:红磷燃烧,消耗了瓶中的氧气,生成五氧化二磷固体,容器内压强减小,大气压将烧杯中的水压入集气瓶中,水的体积正好填补消耗掉的氧气的体积,从而确定空气中氧气的体积分数。

教师引导:如何利用这套装置探究空气的成分,实验操作的步骤应该是怎样的?(教师提供打乱次序的实验步骤。)

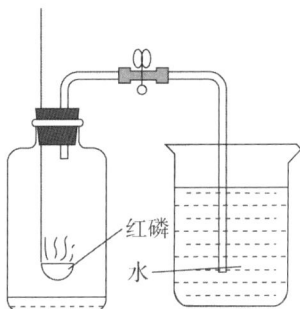
图3 氧化体积分数测定实验

小组讨论:将打乱次序的操作步骤正确排序。①检查装置气密性。②将导管上的止水夹夹紧。③用酒精灯点燃燃烧匙上的红磷。④将燃烧匙立即塞入广口瓶,塞紧瓶口。⑤充分反应后,待装置冷却至室温,打开止水夹。

教师提问:

(1)红磷燃烧起来以后为什么要"立即"塞入广口瓶?

(2)为什么要等装置冷却后才能打开止水夹?

(3)集气瓶底部为什么需要加入少量水?

设计意图:考虑到这一探究实验的设计与操作对学生而言难度较高,教师没有完全放手让学生自己进行,而是给予适当指引。教师给出"打乱次序"的实验步骤,让学生排出正确的操作顺序,这样做降低了设计实验的难度,学生在排序过程中也能更加深刻地理解实验原理。实验中教师针对一些操作细节提出问题,再与学生共同解决这些问题,强化学生对实验的理解和对知识的掌握。

活动3:实验实施及误差分析

小组合作:根据实验装置图(见图3)搭建实验装置,根据实验步骤实施实验,并记录实验现象。

红磷继续燃烧,放出大量热,产生大量白烟,火焰熄灭后,振荡集气瓶,打开导管上的夹子,水位约上升到之前瓶内剩余容积的1/5处。

提问:在刚才的实验中,我们发现有的小组测量出氧气占空气的体积分数未到1/5。为什么测量结果会偏小? 可能是什么原因导致的?

小组讨论,得出结论:①红磷的量不足,瓶内氧气没有耗尽。②装置漏气(如塞子未塞紧、燃烧匙与橡皮塞之间有缝隙等),使外界空气进入瓶内。③未冷却至室温就打开止水夹,使进入瓶内的水的体积减小。

教师提问:如果测量出氧气占空气的体积分数超过1/5,可能是什么原因导致的?

小组讨论,得出结论:①点燃红磷后,插入燃烧匙时,瓶塞塞得太慢,使得瓶中空气受热膨胀,部分空气溢出。②实验开始时,没有夹或没夹紧止水夹。

教师引导:拉瓦锡实验的最终测定结果与我们测定的结果是基本一致。他还研究了剩余的那部分气体,发现这部分气体既不能供给呼吸,又不能支持燃烧,他将其称为氮气。随着科学技术的不断发展,空气中的其他成分也被科学家通过实验一一发现。

空气的成分按体积计算,大约是氮气占 78%,氧气占 21%,稀有气体占 0.94%,二氧化碳占 0.03%,其他气体和杂质占 0.03%。

设计意图:学生在自己设计方案后动手操作,会从中获得巨大的成就感,真正激发起对科学的兴趣。通过对实验结果的误差分析,能够加强对实验原理的理解。通过回顾拉瓦锡测量空气中氧气含量的实验,发现拉瓦锡的结论与自己的测定结果基本一致,学生会觉得很有收获且有成就感,同时补充拉瓦锡的其他知识点,知识结构更加完整。

四、尝试应用新知

教师提问:根据实验结论,你会如何设计以确定空间站内空气的成分?

学生交流:空间站空气应该与地球大气相似,即氮气 78%、氧气 21%、稀有气体 0.94%、二氧化碳 0.03%、其他气体和杂质 0.03%。

提供材料:展示空间站真实的空气环境:氮气 78%,氧气 22%,少了稀有气体和其他气体,理论上不影响人体呼吸。

设计意图:首尾呼应,利用新知解决中心问题,也让学生体会到科学家在设计空间站空气环境时会根据实际情境再做调整,做到最优化。

五、迁移解决新疑

思考与讨论:

(1)航天员每天需要呼吸的空气量大约是 $1.1 \times 10^4 L$,呼入时氧气含量是 22%,呼出时剩余的氧气含量是 15% 左右。简单换算一下,航天员每天大概需要 770L 的氧气。那么空间站如何产生这么多的空气呢?

(2)航天员在空间站里面呼出去的二氧化碳越来越多,当浓度超过一定界限时,航天员会有窒息死亡的风险,该如何处理多余的二氧化碳呢?

设计意图:提供更难的情境,让学生学以致用(已经学过电解水等知识),也培养知识迁移能力,为后续学习氧气和二氧化碳的性质提供帮助。

【板书设计】
空气与氧气(1)

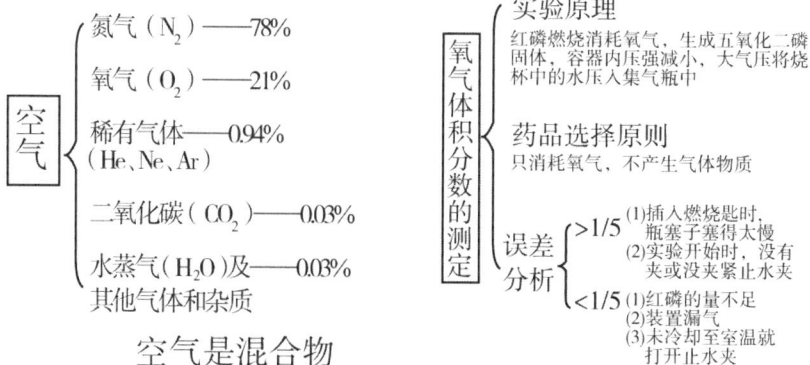

空气是混合物

【特色与亮点】

1.科学建构真实情境,注重激发学生兴趣

创设真实的情境,以神舟十三号载人飞船进入天和核心舱为素材,吸引学生。设置两个有难度梯度的问题,在学生的每一个困惑点都巧妙设疑,精心引导,并层层递进,尤其注重对学生推理和思维能力的培养,使其学习新知后能够学以致用,并迁移到后续知识的学习。

2.深度开发科学史,注重落实核心素养

借助拉瓦锡测空气含量的科学史,让学生了解科学家探究空气成分的历程,同时激发起"探究空气成分"的兴趣,领悟科学的思维和观念。通过问题链设计,帮助学生理解拉瓦锡测量空气中氧气含量的实验原理。这个实验原理也正是整堂课探究实验设计的主线,为接下来设计改进的探究实验做好"理论"上的准备。

3.深度体验建构概念,巧搭台阶突破难点

建构概念是一个由表及里、由此及彼的过程,首先要让学生置身于有意义的问题情境中,其次要让学生亲历、探究、体验的过程。例如,在证明空气的成分的活动中,通过三个演示实验让学生在实验中了解空气的主要组成成分,在深度体验中建构概念。

空气中氧气含量测定这一探究实验的设计与操作对学生而言难度较高,在教学时给学生提供思维支架,帮助学生理解。比如,教师提供注射器抽取空气实验装置,攻克学生的两个思维障碍:通过进一步提问和提供知识链接,引导学生选择合适的药品;在设计实验时,出示"打乱次序"的实验步骤,让学生排出正确的操作顺序,巧搭思维台阶,帮助学生更加深刻地理解测定空气中氧气含量的实验原理。

氧化与燃烧(2)

徐则武

（北大新世纪温州附属学校）

【课标解读】

本节课是《课标》的核心概念"2.物质的变化与化学反应"中"物质变化的特征"的部分内容。《课标》明确要求学生能进一步认识燃烧需要一定的条件,知道化学变化过程中存在能的转化,多角度认识化学反应,具有安全意识,了解火灾自救的一般方法。根据《课标》教学策略和学习活动建议,本节课的教学要围绕实际生活中的事例展开,学生进行探究和推理,学会应用燃烧的条件进行灭火,树立安全用火的意识和培养火灾正确应对的能力,并在过程中探究化学反应中的能量变化。

【教材分析】

本节课是在学生已经知道空气的成分及氧气的性质的基础上,对物质在氧气中发生变化的进一步认知,主要是对氧化与燃烧现象进行观察和对比,了解异同,探究燃烧的条件,应用燃烧的条件解决日常生活中的一些问题,了解化学反应伴随着能量变化,为化学方程式的学习打下坚实的基础。

从内容上看,"氧化和燃烧"分成氧化反应、燃烧的条件、灭火与火灾自救、化学反应中能量的变化四部分。学生在第1课时完成氧化反应、燃烧的条件的基础上,结合科学史中戴维灯发明的过程,了解灭火的常见方法和原理,提升火灾自救能力,并且结合生活中的常见现象,培养应用已有知识解释现象的能力。通过体验化学变化中的能量变化,为后续对化学变化的深入了解和科学能量观的形成做铺垫。

【学情分析】

学生在小学时期已经使用火柴和蜡烛体验了燃烧过程,同时对铁生锈的原因进行了初步探究,了解了空气对铁生锈的影响。通过第1课时的学习,学生能够初步将感性认识与理论知识相结合。八年级学生已经具备较完善的逻辑思维能力,能够较完整地表述这些生活物质燃烧的原因,但是将燃烧的必要条件与灭火相结合来分析复杂事例还存在一定的困难,思维的逻辑性和整体性还有待提升。同时,学生对化学反应中能量变化的认识还存在一定的局限性,不能准确判断反应是吸热还是放热,对能量的形式也缺乏深入的了解。

为培养学生的学习兴趣,提升学生的学习内驱力,需要在教学过程中充分结合生活中一些"神奇"的现象,化虚为实,引导学生自主探究。同时,以具体事例为载体,通过学生讨论、书写、相互评价等形式,提升教学的逻辑性和严谨性,培养学生科学解释现象的能力。

【学习目标】

科学双基：①通过分析具体事例，应用燃烧的条件去灭火，记住灭火的方法，能说出火灾自救的一般方法。②通过了解生活实例和实验现象，了解在化学反应过程中伴随能量变化。

科学思维：①通过分析灭火原因和总结灭火办法，掌握基本的灭火方法，提升处理实际问题的能力。②通过对一些现象的归纳、总结，实现思维的提升。

探究实践：①通过动手实验，体验化学反应过程中的能量变化，提升科学探究能力。②对具体事例进行分析，能科学地解释现象。

科学态度：①通过学习科学史上戴维灯发明的过程，体验将科学原理应用于实践的艰难过程。②认识科学发展对社会发展的重要作用。③形成安全意识。

【教学环节】

一、聚焦挑战性问题

活动1：创设情境、引入新课

◀◀ **资料卡** ▶▶

1.人类的发展离不开煤炭资源的使用。在电灯发明之前，矿工的生命安全往往难以得到保障。由于使用明火，煤矿经常发生爆炸事件。原来，在煤矿的矿井中常常弥漫着一种叫"甲烷"（又叫"瓦斯"）的气体。这种气体有一种"怪脾气"，达到一定浓度时，一遇到火，它就发生爆炸。

2.1815年，英国科学家戴维在原有的煤油灯的基础上进行了改进，增加了铜网格栅，发明了一种安全灯（见图1），解决了明火使用的问题。

教师提出核心问题：你知道戴维灯的工作原理吗？

组织学生进行小组讨论。

学生1：铜网能够将内、外气体隔开，防止甲烷进入。

学生2：铜网可以阻止热量散失，防止煤油灯的明火跑出来。

教师引导：大家都分享了自己的看法，但较难形成统一的认识，我们先回顾上节课所学的知识，再对素材中的信息进行梳理。

设计意图：以科学史为切入点，拓宽学生的视野。想要认识戴维灯的原理，学生需要先充分认识能量转移的过程和燃烧现象持续的原因，利用学生的求知欲和好奇心，引导学生探索戴维灯的奥秘。

图1　戴维灯

二、激活旧知识

活动2：回顾知识、归纳总结

教师：戴维灯的发明主要是为了防止甲烷燃烧，但生活中也有很多着火事例，你能应用已学知识对其进行妥善的处理吗？并说说原因。

事例1：炒菜时，锅内起火。（着重交流灭火的原理）

事例2：实验室酒精灯打翻，导致桌面起火。（着重交流用水灭火是不是通用的）

事例3：教室或寝室起火。（着重强调灭火器的使用）

引导学生回顾总结上节课所学知识。将大问题拆分成若干小问题，帮助学生分析问题。

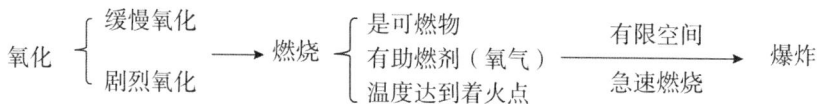

$$\text{氧化} \begin{cases} \text{缓慢氧化} \\ \text{剧烈氧化} \end{cases} \longrightarrow \text{燃烧} \begin{cases} \text{是可燃物} \\ \text{有助燃剂（氧气）} \\ \text{温度达到着火点} \end{cases} \xrightarrow[\text{急速燃烧}]{\text{有限空间}} \text{爆炸}$$

设计意图：结合学生可能遇到的情境，回顾燃烧的必要条件，培养学生应用所学知识解决实际问题的能力。同时使学生规避生活中一些常见的知识误区，认识到不是所有情况下都适合用水灭火，形成一定的安全意识，掌握一些火灾自救的方法，对燃烧和灭火有更深层次的理解。

活动3：拆分问题、逐步深入

问题1：结合材料你可以解释为什么矿洞中使用明火会引起爆炸吗？

引导学生结合燃烧的条件进行完整的表述：矿洞中有甲烷气体，具有可燃性；矿洞中有氧气，可以作为助燃剂；甲烷遇到明火时温度达到着火点就会燃烧；矿洞中空间有限，气体体积急剧膨胀，就会引起爆炸。

问题2：该如何避免灾难的发生呢？

引导学生小组交流与讨论，利用燃烧的必备条件分析可行的办法。学生应该能从去除矿洞中的甲烷、去除矿洞中的助燃剂（氧气）和降低燃烧的温度等角度进行回答。但是很难提出具体操作的方法。

设计意图：引导学生体验科学家分析问题和解决问题的方式，让学生认识到实际操作与理论知识之间的差距，培养其科学核心素养。

三、加工展示新知识

活动4：分析示例、认识能量

教师引导：戴维灯依然是利用煤油燃烧发光来照明的，唯一的特殊之处就是增加了铜网灯罩，那么铜网到底对火焰施加了什么样的"魔法"呢？我们需要进一步认识燃烧的本质。

教师展示天然气燃烧喷出的火焰图与窑工烧窑图，组织学生分析图片事例的共同点，认识到燃烧发光、发热是能量转化引起的。

教师过渡：化学反应都像燃烧一样发光、发热吗？有没有温度降低的反应？

演示实验1:将一段镁条放入试管中,加入少量稀盐酸,用手触摸试管外壁(见图2)。

演示实验2:用研钵将约20g氢氧化钡晶体磨成粉末,倒入小烧杯中。在一玻璃片上洒上少量水,并将小烧杯放在玻璃片上。再向小烧杯中加入约10g氯化铵晶体,用玻璃棒迅速搅拌后静止片刻,提起小烧杯(见图3)。

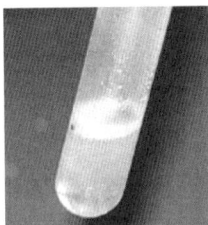

图2　镁条与稀盐酸反应　　　　　　图3　氢氧化钡与氯化铵反应

知识总结:化学反应过程中伴随着能量变化,通常表现为吸收热量和放出热量。吸热反应中热能转化为化学能,放热反应中化学能转化为热能。

设计意图:结合生活中的实际事例和演示实验,使学生能在感性认识的基础上,运用总结、归纳等能力将零散的知识纳入知识网络中,为建构科学能量观打下基础。

活动5:归纳总结、得出结论

演示实验:将锌片和铜片组成的电路插入稀硫酸中,观察电流表指针的转动情况(见图4)。

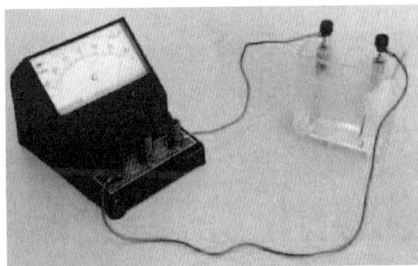

图4　原电池

教师提供拓展资料:干电池工作原理。

归纳总结:化学能可以转化为电能。

交流讨论:你能够说出生活中一些化学能转化为其他形式能量的例子吗?

学生1:放烟花等。

学生2:木炭、铝箔的燃烧。

教师针对学生说出的事例进行点评,帮助学生了解能量形式的多样性和相互转化关系。

设计意图:通过列举生活中的事例,让学生认识能量的变化形式。虽然学生在小学阶段接触过化学能,但因化学能的概念比较抽象,学生对化学能的认识存在一定困难。在八年级上学期的学习过程中,学生对干电池的工作原理也一直存在疑问,借助该活动让学生对干电池这一常见物品如何将化学能转化为电能有进一步的了解,同时加深对化学能的认知。本环节也为之后学生学习能量的形式打下坚实的基础。

四、尝试应用新知识

活动6：应用知识、解决问题

提出问题：点火之后，蜡烛为什么能持续燃烧？

引导学生认识点火是为了使温度达到着火点，理解燃烧持续放热使燃烧这一化学变化能够持续发生。

核心问题解决：戴维灯为什么不会点燃矿洞中的甲烷气体？

引导学生排除灯罩阻碍了助燃剂（氧气）进入等因素。将答案指向煤油燃烧产生的热量未能使温度达到甲烷燃烧的着火点。若学生仍难以回答，可以提示：金属具有良好的导热能力。

归纳总结：戴维灯的铜丝灯罩具有良好的导热性，灯内燃烧产生的热量通过灯罩快速向外散失，并且由于散热范围较大，局部温度不会达到甲烷的着火点，所以无法使矿洞内的甲烷燃烧。

设计意图：借助让学生思考持续燃烧的原因，应用化学变化中能量变化的知识，培养学生对身边问题进行深入探究的精神。同时呼应本节课的核心问题，帮助学生认识铜网的作用，为学生运用所学新知识来解决本节课的核心问题搭建阶梯。

活动7：真实体验、加深认识

教师演示实验：铜丝熄灭蜡烛（见图5）。

图5　铜丝熄灭蜡烛实验过程

布置书写任务：请写出该现象发生的原因。

引导学生写出：蜡烛燃烧，不断释放热量，确保了燃烧持续进行。铜丝有良好的导热性，大量散热导致温度降低至着火点以下，使蜡烛无法继续燃烧。

设计意图：学生对理解戴维灯的原理可能依然存在一定困难，并且无法很好地用语言表达，教师需要在课堂上创设条件让学生真实感受铜丝的导热性，并体验有逻辑地围绕知识解释问题的过程。

五、迁移解决新问题

活动8：探究问题、深度学习

思考与讨论：

（1）请分析上节课中学习的利用高锰酸钾或氯酸钾制取氧气（装置见图6）是吸热反应还是放热反应，并说明理由。

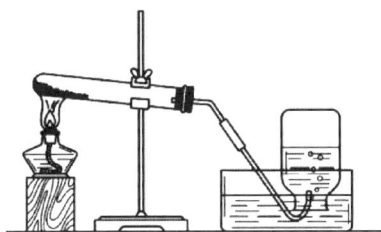

图6　实验室制取氧气装置

（2）你能设计实验证明铁生锈的过程也是放热反应吗？

设计意图:对于化学反应过程中伴随的能量变化,学生很有可能只能通过明显的光、热现象或者温度的变化来判断反应到底是吸热还是放热,缺少分析推理的能力。教师应该在熟悉的事例中给学生提供分析的机会,并进行适当引导,带领学生进行深度学习。

课堂总结:今天,我们体验了科学家戴维发明戴维灯的过程,了解科学家思考问题和应用知识的方式,并且对化学变化中伴随的能量变化有了一定的认识,学习了灭火和火灾自救的一些办法,希望大家能发现生活中更多的科学知识,并将更多的科学知识应用于生活。

【板书设计】

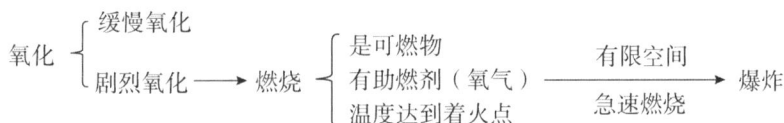

放热反应:化学能转化为热能。
吸热反应:热能转化为化学能。

【特色与亮点】

1.将课堂内容与科学史进行了有机结合

基于科学史上的真实事件,尽可能还原科学家解决问题的过程,让学生能有较真实的体验,利于学生激发学习动机和培养科学核心素养。同时,有助于学生理解科学思想的进化进程,梳理知识的发展脉络,理解科学发展的内在逻辑,从而充分理解各种蕴含在科学史中的科学方法。

2.基于学生丰富的前概念进行教学

以学生已有知识作为授课的切入点,对教材内容重新进行了编排组合,让学生在对示例进行分析的过程中发现新知识,建构新的知识框架,符合学习进阶的过程,并且通过新知识链接旧知识,不断重构和完善知识体系,让学生真正实现深度学习。

3.注重知识的应用,提升学生核心素养

本节课围绕真实事例展开教学,学生有充分应用新知识的机会。同时创设学生交流的氛围,让学生有充分表达自己意见的空间和机会,可以对同一现象和问题提出不同的看法和假设,并进行探究。对于具有一定复杂性的问题,教师进行有效的引导和强调,有助于学生高阶思维的发展。

二氧化碳

叶婷婷

（杭州市萧山区闻堰初级中学）

【课标解读】

本节课属于《课标》的核心概念"1.物质的结构与性质"的相关内容。《课标》要求学生认识二氧化碳的主要性质。根据此要求,活动和探究是本节课的主要学习手段,归纳总结二氧化碳的性质是本节课主要的学习内容。

【教材分析】

"二氧化碳"是继"氧气"之后较系统地研究物质性质的课程,为后续学习酸、碱、盐等知识奠定基础。本节课的核心知识是得出二氧化碳的主要性质;学习用实验来研究物质性质及其变化的科学方法。由于二氧化碳是看不见、摸不着的气体,学生对其缺乏感性认识,所以本节课的重点是通过观察、分析实验现象,得出二氧化碳的主要性质。

在探究二氧化碳与水发生化学反应时,教材中的相关活动无法证明使石蕊变红的是生成物(碳酸),大多数教师只是在完成课本实验以后直接给出结论,让学生记住,不会引导学生去思考可能存在的多种可能性。因此,本节课在教学中创设思维支架,引导学生讨论如何科学地用实验证明二氧化碳溶于水后生成具有酸性的产物,以此培养学生的质疑意识和严谨的思维品质。

学习重点:通过观察、实验、推论等手段归纳出二氧化碳的主要性质。

学习难点:通过设计实验验证是二氧化碳与水发生了化学反应。

【学情分析】

根据生活经验和原有认知,学生已经知道二氧化碳的某些性质,但对二氧化碳能否溶于水、能与哪些物质发生化学反应知之甚少,因此,本节课把二氧化碳的溶解性、能与水和氢氧化钙反应作为新学习内容。

二氧化碳溶于水存在变化的双重性是学生首次遇到的特殊情况,为了让学生更好地理解这个性质,本节课先通过两个实验让学生"看到"二氧化碳溶于水,再通过教师演示、学生探讨、设计实验,让学生分析归纳出二氧化碳能与水发生化学反应。同时,本节课把二氧化碳的性质与真实案例联合起来,可以激发学生的学习兴趣。

【学习目标】

科学双基:①记住二氧化碳的物理性质。②能通过实验归纳总结二氧化碳的化学性质。③能用二氧化碳的性质解释生活中的科学现象。④设计实验证明二氧化碳与水发生了化学反应。

科学思维:运用比较、分析、推理、论证等思维方法,提高思维的严密性和深刻性。

科学实践:通过设计实验方案来探究水与二氧化碳发生的化学反应,培养学生的质疑意识。

科学态度:①通过了解二氧化碳的性质,培养保护环境的意识。②通过分析科学实例,学会科学地观察生活、了解生活。

【教学环节】

一、聚焦挑战问题

◀◀ 资料卡 ▶▶

1986 年夏季,非洲喀麦隆尼奥斯湖附近的一位村民从睡梦中醒来,却发现家人、邻居全都醒不过来了——整个村庄一片死寂,家畜成群死亡,连鸟兽爬虫都不见踪影。不仅如此,离尼奥斯湖方圆 25km 内的多个村落超过 1700 人、3500 只牲畜都在短时间内离奇身亡,这场骇人"大屠杀"的凶手正是村民们赖以为生的尼奥斯湖。其实对尼奥斯湖而言,它只不过是在某天晚上打了个旷世"饱嗝",释放出了 $1.2km^3$ 的 CO_2 而已。科学家发现尼奥斯湖是积水成泽而形成的"火山湖",虽然火山久未喷发,但在 400 年的时间里,地壳下的岩浆向尼奥斯湖注入了大约 $9 \times 10^7 t$ CO_2。

请问尼奥斯湖是如何"杀人"的?

设计意图:提出本节课需要解决的中心问题。这是一个真实的历史事件,涉及许多复杂的原因,且学生对 CO_2 既熟悉又陌生,目前无法用已有知识解决这个中心问题,从而激发学习兴趣。

二、激活旧知

问题 1:CO_2 是空气的成分之一,它明明无毒,为什么能"杀人"?

教师提供表 1。

表 1　CO_2 对人体健康的影响

空气中 CO_2 的体积分数	对人体的影响
1%	感到气闷、头晕、心悸
4%～5%	感到气闷、头痛、眩晕
10% 以上	使人神志不清、呼吸停止,以致死亡

结论:空气中的 CO_2 超过正常含量时,会对人体产生有害的影响。

◀◀ 资料卡 ▶▶

CO_2 为大气成分之一。自然界中的 CO_2 含量丰富。CO_2 含量少时,对人体没有危害,但其超过一定量时就会影响人(包括其他生物)的健康,因为血液中的碳酸浓度将增大,酸性增强,会造成酸中毒。

问题2：CO_2 可以扩散到空气中,被大气稀释,又如何"杀人"?

教师演示：如图1所示,将水沿杯壁缓缓倒入内置高低蜡烛的烧杯中,发现水面慢慢升高,先淹没下面的蜡烛,再淹没上面的蜡烛。

教师：如果倒的不是水,而是 CO_2,哪一支蜡烛先熄灭?

有的学生说下面的先熄灭,有的学生说上面的先熄灭。

教师：那请自己进行实验来验证一下吧。

学生活动：向烧杯里倾倒 CO_2(见图2)。注意观察蜡烛的变化。

实验现象：CO_2 是无色、无味的气体,蜡烛自下而上熄灭。

结论：CO_2 密度比空气大,不支持燃烧,也不能燃烧。

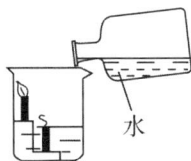

图1　水倒入蜡烛实验

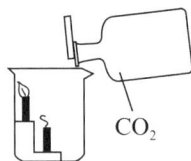

图2　CO_2 倒入蜡烛实验

设计意图：激活旧知,学生根据生活经验和已有认知,知道 CO_2 密度比空气大,不支持呼吸,这也是 CO_2"杀人"的根本原因。但是关于倾倒 CO_2 后蜡烛的熄灭顺序,教学时采用创设思维支架的方法,先用水进行同类操作,用看得见、摸得着的水"显化"看不见、摸不着的 CO_2 气流运动路径,以突破学生的思维障碍。

三、加工展示新知

问题3：如此多的 CO_2 是如何一直储存在尼奥斯湖里的呢?

学生猜测：CO_2 能溶于水,因为汽水中有 CO_2。

学生活动：学生设计实验方案,证明 CO_2 能溶于水。

学生的方案主要有以下两种(见图3)。

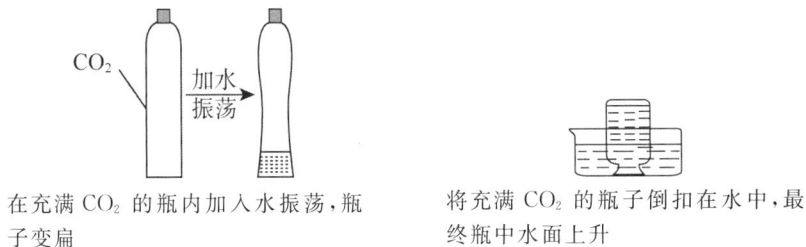

在充满 CO_2 的瓶内加入水振荡,瓶子变扁

将充满 CO_2 的瓶子倒扣在水中,最终瓶中水面上升

图3　CO_2 溶于水实验

结论：CO_2 能溶于水。

问题4：通常情况下,1体积的水中能溶解1体积的 CO_2,汽水等饮料中都加压充入了 CO_2,为什么有 CO_2 的饮料都叫碳酸饮料而不叫 CO_2 饮料?

教师演示：①将少量盐酸滴在蓝色石蕊试纸上,石蕊试纸变红。②取以上学生活动中变扁的瓶中液体,分别滴加少量紫色石蕊试液,观察瓶中液体颜色的变化。

教师引导学生质疑：该实验是否能得出预期的结论,即 CO_2 溶于水后有酸性物质生成?

组织讨论：如何设计更严密的实验方案来证明 CO_2 溶于水后有酸性物质生成?

教师提供干燥的蓝色石蕊试纸、蒸馏水、装满 CO_2 的集气瓶等实验试剂与仪器。

学生提出以下设计方案并进行实验。

实验设计1：将干燥的蓝色石蕊试纸放入 CO_2 瓶中,观察试纸是否会变色。

实验设计2:要有对比实验,应该在瓶中再放入一张湿润的蓝色石蕊试纸(见图4)。

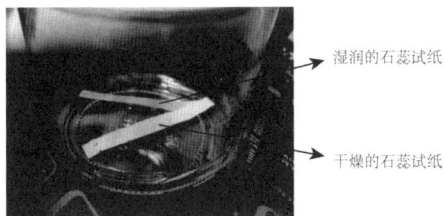

图4 CO₂遇水生成酸性物质实验

学生分析论证:湿润的石蕊试纸在接触 CO_2 前没有变色,可排除水不能使石蕊变色,不具备酸性,干燥的石蕊试纸不变色,说明 CO_2 本身不具备酸性,再结合湿润的石蕊试纸在遇 CO_2 后变红的现象,可以说明 CO_2 溶于水后,有酸性物质生成。

教师:CO_2 能与水反应产生一种叫碳酸的酸性物质。$CO_2 + H_2O = H_2CO_3$。

设计意图:通过组织学生讨论如何证明 CO_2 溶于水后生成具有酸性的产物,引发学生质疑,让学生设计更加严密的实验方案,培养学生的质疑意识和严谨的思维品质。

问题5:溶解了大量 CO_2 的尼奥斯湖湖水就如汽水这种碳酸饮料。为何尼奥斯湖会在一夜之间释放这么多的 CO_2 呢?(该湖地处非洲,常年气温较高,上层湖水温度高,下层温度低,那天晚上因为连日降雨导致山体滑坡,从而大幅度地搅动了湖水。)

教师演示:①晃动加入汽水的试管,产生大量气泡。②在 A、B 两支试管中加入等量的汽水,分别滴入几滴紫色石蕊试液。将 B 试管如图5连接好装置,点燃酒精灯。汽水中产生大量气泡,澄清石灰水变浑浊。

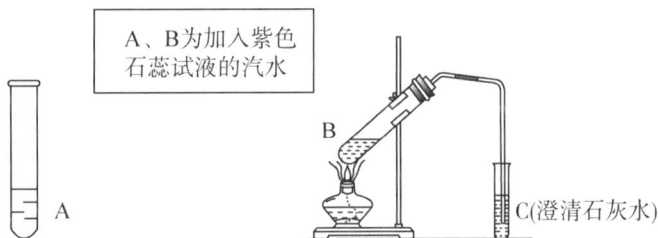

图5 碳酸分解实验

结论:碳酸很不稳定,受热(或振荡时)易分解。

CO_2 能使澄清石灰水变浑浊:$CO_2 + Ca(OH)_2 \longrightarrow CaCO_3 \downarrow + H_2O$。

教师引导学生质疑:为什么分解出来的 CO_2 没有进一步溶解在水中而重新生成碳酸?

学生讨论分析:可能是因为碳酸很不稳定,在现有的温度下,重新产生的碳酸还是会继续分解。

设计意图:学生对碳酸这种物质是陌生的,但对"碳酸饮料"这个名词是熟悉的,所以通过让他们看到紫色石蕊试液在汽水中的颜色变化来体验碳酸的存在和消失,同时通过让他们检验汽水受热变成的气体确实是 CO_2,从而对碳酸分解生成 CO_2 有了深刻的认识。通过质疑 CO_2 为什么不重新溶解回水中,让学生进一步理解碳酸的不稳定性。

四、尝试应用新知(解决中心问题)

问题6:现在请说说尼奥斯湖是如何"杀人"的。

学生交流1:尼奥斯湖释放了大量的 CO_2,它的密度比空气大,不能支持呼吸,引起人体酸性中毒。

学生交流2:尼奥斯湖湖底溶解了大量的 CO_2,有部分与水生成了碳酸,随着山地滑坡搅动了湖水,振荡使碳酸分解释放 CO_2。

学生交流3:山体滑坡引起湖底的水上升,水中碳酸遇热分解变成 CO_2。

学生交流4: CO_2 的溶解度随湖水温度的升高而减小,所以 CO_2 被释放了。

设计意图:让学生尝试用本节课的核心知识去解决实际生活问题,即本节课的中心问题。让学生体会科学与我们的生活是息息相关的,现实中的很多现象都可以用科学知识来解释。

五、迁移解决新疑

思考与讨论:经过多年调查研究,当地政府为了避免惨案再次发生,在湖里安装了两根排水管,你知道这是什么原理吗?

设计意图:设计以上问题,让学生能把所学知识应用到实际中去,真正让科学服务于生活,同时使学生所学的知识得到进一步的巩固。

【板书设计】

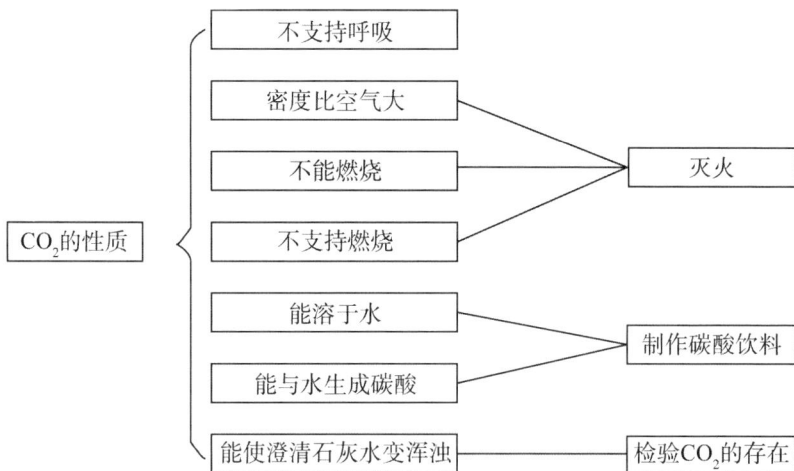

【特色与亮点】

1. 以真实情境搭建层层递进的学习框架

(1)基于真实情境的大问题提炼

本节课一直围绕着真实的情境——尼奥斯湖事件展开,能吸引学生的注意力,使其极大地提高学习兴趣。从真实情境中提炼出的大问题"尼奥斯湖如何'杀人'"较有挑战性,又串联了本节课的大部分学习内容。在大问题的引领和驱动下,学生较好地完成了任务,取得了较好的效果。

(2)基于真实情境的问题链设计

教材中关于CO_2性质的多个学生探究活动相对比较独立,没有很好地串联起来。而本节课设计了一系列问题链,这些问题层层递进、环环相扣,又巧妙地与CO_2的性质联系起来,使得本节课的教学过程较为流畅。

2.激发学生质疑批判的意识

本节课安排了两个学生质疑环节。第一次质疑启发学生思考"可能是水或CO_2使石蕊变红了",要获得CO_2与水反应能生成酸性物质的证据,需排除水和CO_2本身具有酸性的可能性。第二次质疑引导学生思考CO_2与水反应后的生成物的稳定性。

学生的质疑批判行为不会无缘无故地发生,需要教师创设一定的条件,激发学生进行逻辑思辨和质疑批判,促进学生的质疑行为真实发生。而作为课堂教学的组织者,教师的使命就是创设这样的有效环境和有益氛围。

3.活动为主,演示为辅,搭建真实的思维支架

本节课安排了两个思维支架。第一个思维支架即用公认的酸性物质——盐酸去接触蓝色石蕊试纸,说明蓝色石蕊试纸的作用。第二个思维支架即在学生做倾倒CO_2实验前,教师先演示铺垫实验,即将水倾倒入内置高低蜡烛的烧杯中的实验。CO_2是气体,看不见、摸不着,故学生很难理解CO_2会沿杯壁流下,先聚集在底部,气面慢慢上升。有了水的铺垫,就能很好地将看不见、摸不着的气体物质的运动轨迹用看得见、摸得着的水来显示。

因此,在这样的设计中,教师的所有演示实验都是在引入话题、引起关注、引发质疑、形成支架,而核心实验都由学生自己努力完成。

常见的酸(1)

俞 可

（杭州市萧山区金惠初级中学）

【课标解读】

本节课属于《课标》的核心概念"1.物质的结构与性质"的相关内容。《课标》要求学生认识酸的主要性质,列举酸在日常生活中的用途及其对人类的影响,知道酸的使用注意事项。同时,《课标》建议学生通过小组合作分析、解释有关实验现象,推理、判断物质的性质。根据此要求,活动和探究是本节课的主要学习手段,认识盐酸的个性是本节课的主要学习内容。

【教材分析】

本节课内容与之前学习的酸碱指示剂,以微观粒子的知识、元素符号为基础的化学用语等知识多有联系,也是"常见的酸"第2课时学习的基础,并为后续碱和盐的学习提供方法模板。本节课的核心知识是能描述盐酸的物理性质,能掌握盐酸与其他物质的反应(化学性质)。因为生活经验和前期学习的影响,学生会存在一些错误前概念,所以本节课的关键任务是帮助学生认识盐酸的化学性质及其用途。

本节课新内容较多且杂,故将盐酸错误性质的学习分解为一个个小的子任务,用中心任务将其串联。在学习过程中,主要通过小组讨论合作解决任务,并让学生不断体验实验、探究等方法,将科学方法的教学渗透在学生活动中。

学习重点:通过实验、推理、迁移、分析等方法列举盐酸的各项性质。

学习难点:从离子反应角度对盐酸的性质进行分类。

【学情分析】

学生基于上一节课"酸碱指示剂"的学习,对酸、酸性物质有了基本了解,但由于缺乏物质微观层面的认识,对于酸这一物质的概念存在错误理解。比如,对于盐酸这类无机酸的性质的认识仅停留在酸的通性(H^+表现出来的性质),且不成体系;无法把"酸表现出酸性,能使酸碱指示剂变色"这样的性质与微观层面的 H^+ 的概念相对应;对于无机酸的酸根离子 Cl^- 的性质基本没有认知基础。但是九年级的学生已经学习并使用了一段时间的化学语言,能较准确地表达微观离子符号。

因此,在教学过程中,针对学生实际情况,安排实验活动,为学生提供直观的素材,填补学生在生活经验上的不足。在此基础上,教师又为学生提供"脚手架"——化学反应方程式+问题链,指导学生从微观离子层面思考盐酸性质的本质。通过合作,学生能合理推理归纳盐酸的性质,并对其进行分类。

【学习目标】

科学双基:①能举例阐述盐酸的化学性质和物理性质。②能完整描述检验氯离子的方法和过程。③知道酸性质相似的本质原因,并据此对盐酸的化学性质进行分类。

科学思维:探究除锈水的工作原理时,运用分析、推理、迁移等思维方法,提高思维的深刻性、独创性。

科学实践:通过剖析和分解中心任务、设计和完成实验,将实验结果提升为理论,并将理论用于解决实际问题,达成甚至超越中心任务的要求。

科学态度:①充分进行个体思考和同伴间讨论,深化合作学习的意识。②回归生活化场景,保持对生活和科学的好奇心,不断积极寻求真相。

【教学环节】

一、聚焦复杂任务

教师展示图片:水洗后的小白鞋,鞋带孔边缘锈迹斑斑,使用除锈水后,锈迹完全消失。

教师说明:本节课的中心任务就是制作简易版除锈水并撰写产品介绍。同时引导学生从中心任务中分解本节课的各个子任务。

(1)除锈水的有效成分是什么?有效成分的浓度是多少?

(2)除锈水有效成分的物理性质是什么?需要如何保存?

(3)除锈水有效成分与铁锈发生反应,现象是什么?本质是什么(即工作原理)?可以用其他什么物质代替吗?

(4)除锈水有效成分会与其他什么物质发生反应?使用时需要注意什么?

设计意图:从生活情境入手,加强学生在生活实际中的应用体验。从情境中提炼中心任务后,学生为解决中心任务自主讨论分解出子任务,即对中心任务的第一层次进行解读。

二、搭建知识阶梯

教师展示图1,并说明:除锈水的主要成分是强酸性无机酸,常用的有盐酸、硫酸等。今天以盐酸为例,研究除锈水的配制方法。铁锈的主要成分是氧化铁。

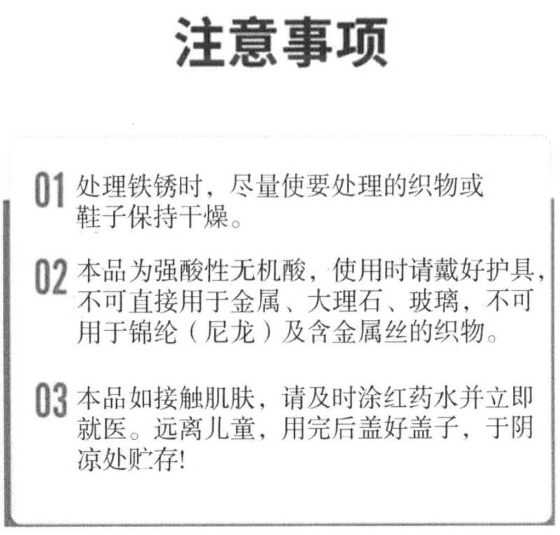

注意事项

01 处理铁锈时,尽量使要处理的织物或鞋子保持干燥。

02 本品为强酸性无机酸,使用时请戴好护具,不可直接用于金属、大理石、玻璃,不可用于锦纶(尼龙)及含金属丝的织物。

03 本品如接触肌肤,请及时涂红药水并立即就医。远离儿童,用完后盖好盖子,于阴凉处贮存!

图1 除锈水使用注意事项

设计意图:为学生后续学习提供必要的新知识。这些知识是学生完成任务所必需的,但不需要学生复杂探究获得,只需要教师简单描述即可。

三、分解递进任务

任务 1 确定除锈水中的盐酸浓度

实验步骤：

(1)观察试剂瓶中盐酸的颜色和状态。

(2)打开盐酸试剂瓶(脸不要正对瓶口上方)，观察瓶口有什么现象发生。

(3)用手轻轻扇动，小心地闻一下盐酸的气味。盐酸具有_____气味。(注意：闻气味时一定不能直接用鼻子闻。)

(4)用 pH 试纸测试除锈水和试剂瓶中盐酸的 pH 值。

小组讨论，描述观察现象，并阐述如何配制特定浓度的以盐酸为主要成分的除锈水。

小组汇报：

(1)盐酸为无色溶液。

(2)打开盐酸试剂瓶，瓶口有白雾出现。

(3)盐酸具有刺激性气味。

(4)用 pH 试纸测试购买的除锈水和自制除锈水(稀释后的盐酸)的 pH 值，两者相同时，即自制除锈水的浓度合适。

引导学生得出除锈水的保存注意事项：密封，防止挥发。

总结：盐酸会与酸碱指示剂发生反应。

设计意图：本环节既巩固学生已有知识——pH 的测定，也提供新知识——不同浓度的酸溶液性质是不同的，为后续不同浓度的酸的性质学习提供铺垫。

任务 2 探究除锈水的工作原理

活动 1：分组实验

取一枚生锈的铁钉(铁锈的主要成分是 Fe_2O_3)，观察它的颜色。小心地让生锈的铁钉沿着试管壁滑到试管底部，向试管中滴加少量稀盐酸，振荡(见图 2)。过一会儿后取出铁钉，用水冲洗干净。铁钉表面和溶液颜色发生了什么变化？

学生汇报实验现象：铁钉表面的铁锈消失，溶液变为黄色。个别小组实验时间较长，发现铁钉表面有气泡产生。

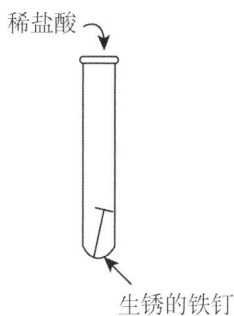

稀盐酸

生锈的铁钉

图 2　铁锈与盐酸的反应

教师提供化学反应方程式：$Fe_2O_3 + 6HCl = 2FeCl_3 + 3H_2O$。

引导学生提出合理猜想：盐酸能与某些金属氧化物反应生成盐和水。

教师提出新任务：

(1)验证刚才的猜想：盐酸能与某些金属氧化物反应生成盐和水。

(2)个别小组实验中出现了气泡，是什么物质在发生反应？

活动 2：验证盐酸能与某些金属氧化物反应生成盐和水

演示实验：向盛有少量氧化铜粉末的试管中加入 2ml 盐酸，微微加热。观察现象，请学生模仿任务 2，写出化学反应方程式。

学生总结:黑色粉末消失,溶液变成蓝色。$CuO + 2HCl \Longrightarrow CuCl_2 + H_2O$。

引导学生提炼除锈水的工作原理,并认识到除锈水不仅能除去铁锈,还能除去金属氧化物杂质。

设计意图: 本环节的学习任务给学生自我发挥的空间相对较小,因为该知识属于未学习的新知识。活动中有明确的任务主题、任务目标和任务要求,意在让学生掌握关键性知识。实施过程中教师需要针对任务中蕴含的重点问题进行引导,保证学生既能明确重点,又能发挥特色。

任务3 探究除锈水与其他物质的反应

围绕问题"在盐酸除铁锈的实验中,气体是由什么反应生成的呢?",分小组讨论,并绘制实验图。

小组展示(见图3),阐述实验思路。全班共同研讨最优方案后进行实验。

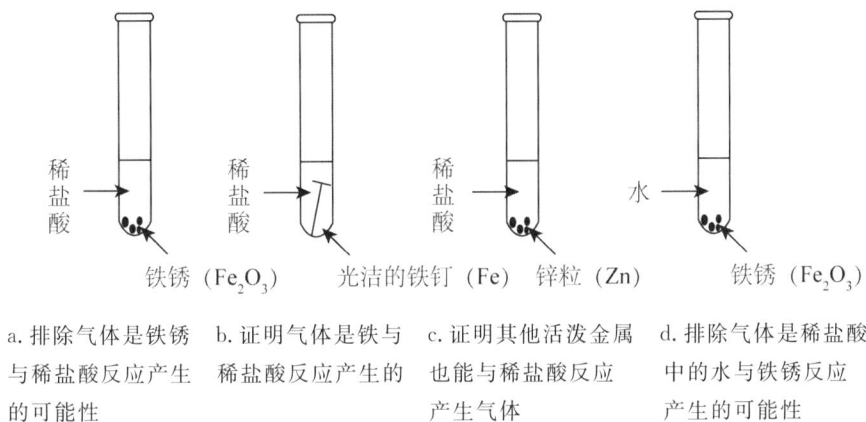

稀盐酸 铁锈(Fe_2O_3)	稀盐酸 光洁的铁钉(Fe)	稀盐酸 锌粒(Zn)	水 铁锈(Fe_2O_3)
a. 排除气体是铁锈与稀盐酸反应产生的可能性	b. 证明气体是铁与稀盐酸反应产生的	c. 证明其他活泼金属也能与稀盐酸反应产生气体	d. 排除气体是稀盐酸中的水与铁锈反应产生的可能性

图 3　探究能与稀盐酸反应产生气体的物质

分组实验。学生阐述实验现象和实验结论。

引导学生总结:盐酸能与活泼金属反应。$Fe + 2HCl \Longrightarrow FeCl_2 + H_2 \uparrow$;$Zn + 2HCl \Longrightarrow ZnCl_2 + H_2 \uparrow$。

教师提问:因为这种性质,在使用除锈水时要注意什么?

学生回答:使用除锈水时需要注意不能将除锈水直接涂抹在金属配件表面,或者除锈后应立即擦去,避免金属被腐蚀。

设计意图: 相较于任务2,任务3对学生提出了更高的要求。教师引导学生明确任务的目的,但需要学生自主设计实验,并对他人和自己的方案进行比较、评价及优化,充分调动科学思维。其中画实验图环节,能更加直观地展示学生的思考方向。

四、回归核心任务

请学生分组总结上述任务所得,并为自制除锈水写一份产品介绍。

衣物除锈水(稀盐酸)

原理:稀盐酸会与铁锈(Fe_2O_3)反应。

使用方法:用刷子在锈蚀衣物表面涂抹除锈水,除锈后立即用清洁的纱布将处理表面擦拭干净。

注意事项:①不要接触衣物的金属配件(稀盐酸会与活泼金属反应)。②使用时请佩戴口罩、防护镜(盐酸有刺激性气味)。

保存条件:密封保存(易挥发)。

设计意图:让学生充分整合本节课及之前学习的知识和技能,提升综合应用科学的能力。回归中心任务,对已学内容进行阶段性小结,并且对学生的学习情况、教学环节设计的合理性等作出评价。

五、完成全新任务

教师演示:

(1)稀盐酸与硝酸银反应的实验;

(2)稀盐酸与碳酸钙反应的实验。

书写两个实验对应的化学反应方程式:

(1)$HCl + AgNO_3 = AgCl\downarrow + HNO_3$;

(2)$CaCO_3 + 2HCl = CaCl_2 + CO_2\uparrow + H_2O$。

请学生分析:

(1)两个化学反应结束后,溶液中还存在的物质是什么?离子是什么?

(2)除铁锈过程($Fe_2O_3 + 6HCl = 2FeCl_3 + 3H_2O$)中起作用的离子是什么?

(3)哪一种盐不会影响除锈水的效果?请在产品介绍中添加注意事项。

经过讨论,学生回答:

(1)稀盐酸与硝酸银反应后,溶液中肯定有 HNO_3,存在 H^+ 和 NO_3^-。稀盐酸与碳酸钙反应后,溶液中肯定有 $CaCl_2$,存在 Ca^{2+} 和 Cl^-。

(2)除铁锈过程中起作用的离子是 H^+。

(3)硝酸银不会影响除锈水的效果。除锈水需要避免接触碳酸盐。

教师根据回答(1),顺势提出硝酸银可以检验 Cl^- 的存在:$AgCl$ 沉淀是一种既不溶于水,又不溶于酸的沉淀,实验室中常用这种方法检验盐酸或能电离出 Cl^- 的物质。

检验 Cl^- 时,要先加几滴稀硝酸,目的是排除 CO_3^{2-} 等杂质离子的干扰,因为 CO_3^{2-} 与 $AgNO_3$ 溶液接触时,也有白色沉淀 Ag_2CO_3 生成,但 Ag_2CO_3 溶于稀硝酸。

教师演示:稀盐酸与石灰水反应的实验。

书写化学反应方程式:$2HCl + Ca(OH)_2 = CaCl_2 + 2H_2O$。

请学生分析:稀盐酸还能与什么物质发生反应?除锈水还能应用于哪些生活生产环节中?(提供资料:水垢的主要成分是碳酸钙和氢氧化镁。)

总结学生发言:除锈水还能除去水垢。

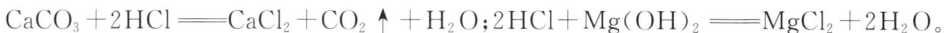

$CaCO_3 + 2HCl = CaCl_2 + CO_2\uparrow + H_2O$;$2HCl + Mg(OH)_2 = MgCl_2 + 2H_2O$。

设计意图:该任务偏开放性,希望学生能够利用旧知识解决实际的新问题,开拓思维。遵循学生的认知规律,设置挑战性任务,激起学生的挑战欲,从而展开有意义的学习。

【板书设计】

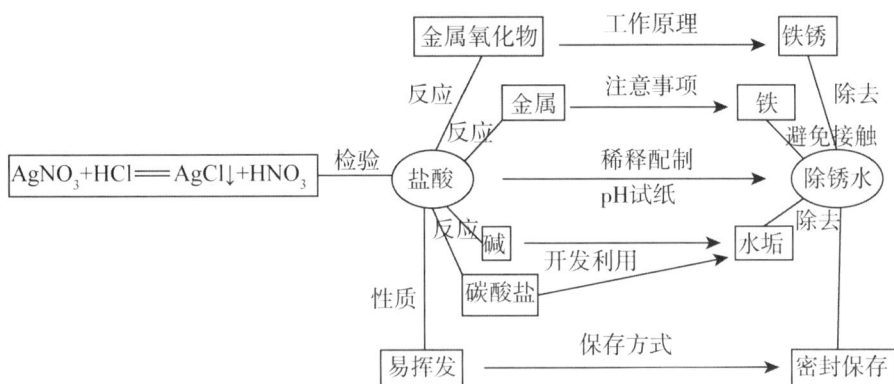

【特色与亮点】

1.按照《课标》的要求,对教材相关知识内容进行整合,设计以解决中心任务为主线的学习环节。学生通过对"除锈水"这一产品的认识、配制、撰写产品介绍等环节,既习得了知识,又掌握了学习方法,充分体现基于中心任务的任务驱动性学习的优势。子任务设计遵循学生认知规律和建构主义教学理论,新知识的学习采用封闭性任务,知识的应用采用较开放式任务。学生在完成任务的过程中既有"脚手架"的指引,又有充足的自我发挥空间。

2.板书设计时参照教材中"子房发育成果实"的思维图,将科学理论中的"稀盐酸"拓展到生产实际中的"除锈水",并将盐酸的性质与除锈水的原理及注意事项一一对应。在板书中体现科学态度的教育——科学和生活的紧密联系,让科学体现在生活中,让教育发生在细节处。

3.本节课是基于微项目的学习设计,让"高阶学习"驱动"低阶学习"。在导入环节,用真实情境指明本节课的学习终点,让学生有一种"俯视"问题的大局观,让学生去思考在什么时候、在什么样的场景下、通过什么样的方式能获取所需的知识,在解决创造性问题、达成真实任务的过程中主动获取大量基础知识,不割裂知识和能力建构这两部分。

金属的化学性质

高　阳

（杭州市萧山区金惠初级中学）

【课标解读】

本节课属于《课标》的核心概念"1.物质的结构和性质"中"金属及合金是重要的材料"的相关内容。《课标》要求学生了解金属的主要物理性质及用途,能从主要的宏观性质辨析金属和非金属,通过典型金属与酸、某些盐的反应知道金属活动性顺序。根据此要求,活动和探究是本节课的主要学习手段,通过活动和探究得出金属活动性顺序则是本节课的重要学习内容。

【教材分析】

本节课是学生在学习金属和非金属的性质、学会从物质主要的宏观性质来判别金属和非金属以后,对金属的化学性质的深入学习。教材中利用典型金属与氧气、酸的反应,初步得出金属的化学性质存在差异,并且可以根据金属与氧气、酸反应的剧烈程度来判断金属的化学性质,进而通过归纳,引出初中阶段四大基本反应中的置换反应的概念。教材中又设计了一个完整的金属和盐溶液发生置换反应的探究活动,一步步引导学生思考这些反应能否发生与金属活动性的强弱有关,并让学生思考实验金属的活动性顺序。让学生在探究的过程中,像科学家一样去观察现象,并经历科学规律发现的过程,体验从实践中总结科学规律的成就感。

教师在教学过程中应当重视科学探究活动,让学生体验甚至学会如何从若干个实验事实中获得一系列认识,体悟探究活动中蕴含的科学方法。本节课总结的金属活动性顺序,将对学生整体把握金属的化学性质,理解并运用金属的活动性顺序解决新问题起到重要的作用。

学习重点:置换反应的概念及金属活动性顺序。

学习难点:金属活动性顺序及其应用。

【学情分析】

九年级的学生已有一定的化学基础,学习过铁丝与氧气反应、酸与部分金属反应。本节课研究金属与酸反应的有关规律,虽然从内容上看与之前有些重叠,但研究的角度和深度都不同。本节课将更加系统地学习金属的化学性质,这对于学生来说有着十分重要的意义。学生要学会通过典型金属与酸及某些盐的反应来设计探究实验,找寻实验规律,得出相应结论。

【学习目标】

科学双基:①通过部分金属与酸的反应,得出置换反应的概念。②通过镁、锌、铜的探究实验和铁、铜、银的实验设计,初步得出金属活动性顺序。③能用金属活动性顺序解释一些与日常生活有关的化学问题。

科学思维:结合金属活动性的顺序模型,运用金属与氧气、酸、盐溶液的反应规律,判断未知金属的活动性顺序,并学会运用所学方法解决实际问题。

科学实践:通过观察实际现象、提出科学问题、设计实验方案、记录实验数据、分析与论证等实验探究过程,能够准确总结并应用金属与盐溶液、酸、氧气反应的一般规律。

科学态度:①经历科学规律发现的过程,体验从实践中总结科学规律的成就感。②能关注实验中的"意外",解释现象,分析原因,培养批判和质疑精神。

【教学环节】

一、聚焦挑战问题

慧眼识"金":社会上有些不法分子常以黄铜(铜锌合金)冒充黄金进行诈骗活动。现在老师手上有两个金属戒指,一个是金的,一个是黄铜的。根据你所学的知识,你有哪些方法可以揭穿骗局?

设计意图:在学习开始之前,抛出本节课的挑战性问题,即如何用科学的方法鉴别真黄金与黄铜(铜锌合金)冒充的假黄金。利用学过的金属的物理性质已然不能解决该挑战性任务,需用新的知识来解决新的问题,激发学生的好奇心和求知欲,为本节课奠定基础。

二、激活旧知

1.了解金属

阅读教材第41页图2-11,按照要求,用红笔圈出你知道的金属,用蓝笔圈出用过其制品的金属。

与学生交流知道的金属的化学性质,看看哪些是不了解的。

2.金属与氧气的反应

将一根镁带、一根铜丝同时在酒精灯的外焰上加热,发生了什么现象?镁带、铜丝在空气中燃烧的情况见表1。

表1 镁带、铜丝在空气中燃烧

实验	现象	化学方程式	活动性比较
镁带在空气中燃烧			
铜丝在空气中燃烧			

教师提问1:是否所有的金属物质都可以与氧气反应?有句话叫"真金不怕火炼",那么金这种金属是否可以与氧气反应?

教师提问2:能否根据实验现象来验证镁、铜、金三种金属活动性的强弱呢?

◀◀ **资料卡** ▶▶

铝比铁更易与氧气或其他物质发生化学反应,但在生活中我们很少见到常用的铝制品生锈,这是怎么回事?这是因为铝是一种比较活泼的金属,在常温下就很容易与氧气发生反应,生成一层致密而坚固的氧化铝薄膜。这层薄膜可以阻止内层的铝进一步被氧化,从而对铝制品起到保护作用。因此,铝制品具有很好的抗腐蚀性能。

活学活用:小明的妈妈爱干净,经常拿钢刷来擦洗厨房中的铝制品器具,她这种做法对吗?为什么?

生活常识:铝制品不能用钢刷擦洗,更不能盛放酸性或碱性物质。你知道其中的原因吗?

3.金属与酸的反应

探究:镁条、锌粒、铜片与酸的反应。

"金属活动性顺序"探究设计的评价量表见表2。

表2 "金属活动性顺序"探究设计的评价量表

探究要素	评价要素	评价标准	评价	
			我做到	待完善
制定探究方案	控制变量	所用的金属体积与形状;取样溶液的浓度、体积;各组实验所用的时间;所取金属光亮洁净,使用前用砂纸打磨处理		
	列出重要步骤和材料	方案中体现对材料的选择和处理方法;方案中有减少外来干扰因素的设计(如多次试验等);方案中体现对照、控制变量等科学方法,有分组编号		
	明确观察或测量指标	实验中判断活动性强弱的方法:与酸反应,观察相同时间产生气体的多少、收集相同气体所用时间或反应剧烈程度		
	设计记录表	表格中应包括多组实验或多个实验步骤;表格中记录的内容包括实验现象、现象解释或对应的化学方程式;表格简洁、清晰,便于记录分析		

将实验步骤与现象记录于表3。

表3 金属与酸反应

金属与稀盐酸(稀硫酸)	现象	化学反应方程式

思考与讨论:

(1)所有的金属都可以与酸反应吗?

(2)它们与酸反应的剧烈程度一样吗?

如何检验产生的气体:用拇指按住盛有锌粒和稀盐酸的试管口,将燃着的火柴接近试管口,松开拇指,听到轻微的响声或看到气体燃烧,就能证明此气体应是氢气。

思考与讨论:

(1)实验室最适宜选择什么药品制取氢气?

(2)若选择浓盐酸,有什么缺点?

(3)选择稀硫酸和铜反应,可以吗?

设计意图:学生接触过铁丝与氧气反应的实验,也学习过酸与部分金属反应的实验。在激活原有旧知环节,教师设计多个实验,让学生更系统地学习金属的化学性质。让学生在探究实验的过程中,找寻事实证据,验证实验结论。

三、展示新知

1.置换反应

请从反应物和生成物的物质类别的角度分析这些反应的特点。

$Mg + 2HCl = H_2\uparrow + MgCl_2$

$Fe + 2HCl = H_2\uparrow + FeCl_2$

$Zn + H_2SO_4 = H_2\uparrow + ZnSO_4$

$Fe + H_2SO_4 = H_2\uparrow + FeSO_4$

置换反应:一种单质与一种化合物发生反应,生成另一种单质和另一种化合物的反应。

能否根据金属与酸反应的实验现象来验证金属活动性强弱,如镁、锌、铜、金四种金属活动性的强弱?

2.金属与盐的反应

探究:比较铁与铜、铜与银的化学活动性。

有些金属能与酸反应,有些金属不能与酸反应。如果把一种金属浸入另一种金属的盐溶液中,相互之间能发生反应吗?请探寻它们的反应规律。

提供的实验药品:铜丝、铁丝、硫酸铜溶液、硫酸铁溶液、硝酸银溶液。

(1)提出问题,建立假设

根据研究的内容及已有的知识假设:一种活动性较强的金属能把另一种活动性较弱的金属从它的盐溶液中置换出来。

(2)设计实验方案

①铁和铜的活动性比较:在盛有硫酸铜溶液的试管中浸入一段洁净(经过除油、除锈处理)的铁丝,过一会儿后取出。你也可以提出其他的实验方案,与学生进行交流。

②铜和银的活动性比较(根据实验室提供的药品设计可行的方案,与学生进行交流):_____。

(3)实验过程

根据设计的方案进行实验,画出实验图,记录观察到的现象,写出相应的化学反应方程式(见表4)。

表4 铁、铜、银的活动性比较实验设计

实验药品	现象	化学反应方程式

（4）得出结论并交流

根据以上实验事实，铁与铜、铜与银的活动性顺序为：_____。

思考与讨论：

（1）如何设计实验比较镁、锌、铜金属活动性的强弱？并从大到小列出它们的活动性顺序。

（2）如果把氢也列入其中，应如何排列？

经过大量实验，人们总结出了一些常见金属的活动性顺序（见图1）。

K Ca Na Mg Al Zn Fe Sn Pb （H）Cu Hg Ag Pt Au

金属活动性由强到弱

图1 常见金属的活动性顺序

金属活动性顺序的应用：

（1）活动性较强的金属能把另一种活动较弱的金属从它的盐溶液中置换出来。

（2）排在氢前面的金属可以把酸中的氢置换出来。

设计意图：通过完整地设计探究实验，学生在体验置换反应的同时，也体会到一个科学规律或者结论的得出是建立在大量实验的基础上的。培养学生严谨、实事求是的科学态度。

四、尝试应用新知

现在老师手上有两个戒指，一个是金的，一个是黄铜的，是否可以根据本节课所讲的金属的化学性质，鉴别哪一个是真黄金，哪一个是假黄金？

小组讨论，并设计简单的实验方案（见表5）。

表5 "尝试应用新知"实验设计

序号	方案介绍	实验现象	鉴定结果
1			
2			
3			

五、迁移解决新疑

思考与讨论：

（1）根据金属活动性顺序表判断能否用锡壶装酸性物质，并说明理由。

（2）能否用铁制的容器配制浸种用的波尔多液（含硫酸铜）？为什么？

【板书设计】

§2.2金属的化学性质

一、金属和氧气的反应

$2Mg + O_2 = 2MgO$
$2Cu + O_2 = 2CuO$

二、金属和酸的反应

$Mg + 2HCl = H_2\uparrow + MgCl_2$
$Fe + 2HCl = H_2\uparrow + FeCl_2$
$Zn + H_2SO_4 = H_2\uparrow + ZnSO_4$
$Fe + H_2SO_4 = H_2\uparrow + FeSO_4$

三、置换反应的概念

由一种单质跟一种化合物发生反应生成另一种单质和另一种化合物的反应。

四、金属活动性顺序

K Ca Na Mg Al Zn Fe Sn Pb (H) Cu Hg Ag Pt Au

金属活动性由强到弱

(1)活动性较强的金属能把另一种活动性较弱的金属从它的盐溶液中置换出来。

(2)排在氢前面的金属可以把酸中的氢置换出来。

【特色与亮点】

1.聚焦挑战问题,激活原有旧知

本节课聚焦于鉴别市面上出售假黄金的核心任务,引导学生利用金属的化学性质来鉴别金属。根据金属与氧气反应的剧烈程度和金属与酸反应的实验现象,寻找判别金属活动性顺序的依据。该部分内容基于学生旧知,又进行了补充和拓展,让学生对研究的问题充满好奇心。

2.设计探究实验,积极示证新知

让学生在置换反应的基础上,设计金属与某些盐溶液反应的实验,根据反应现象验证假设,并判断金属的活动性顺序,通过学习多种金属与盐溶液的反应规律,学生像科学家一样去经历发现科学规律的过程,领悟到解决问题的方法可以是多样的,发展多种科学探究能力。

金属的冶炼

陈　吉

（杭州市萧山区瓜沥镇第一初级中学）

【课标解读】

本节课属于《课标》的核心概念"1.物质的结构与性质"的相关内容。《课标》要求学生能举例说明金属冶炼技术的发展对社会进步的作用。根据此要求,本节课以"赏宝→寻宝→炼宝→用宝"为任务线,将化学科学史中蕴含的思想、方法作为"暗线",将其中的化学知识作为"主线"开展教学。

【教材分析】

本节课从介绍金属在自然界的存在形式出发引出金属冶炼的本质,以简单的实验室炼铜为例介绍了冶金的原理和方法,并拓展到工业炼铁的实际问题,在已学的常见金属活动性顺序表的基础上对"金属系列"补充完善,为之后学习材料的利用与发展奠定基础。本节课的核心知识是能写出 CO 还原 CuO 的化学方程式;能正确分析实验室炼铜的装置特点和操作顺序;能熟练计算纯度。由于学生对 CO 具有还原性缺乏认识,对教材中的氢气还原氧化铜的装置感到茫然,难以将实验室炼铜和工业炼铁的原理相联系。因此,本节课的关键任务是帮助学生逐步认识实验室炼铜的原理和装置。

学习重点:通过比较、推理、质疑、分析等手段归纳一氧化碳还原氧化铜的原理和方法,提高分析和计算能力。

学习难点:设计一氧化碳还原氧化铜的实验方案,会进行纯度的计算。

【学情分析】

在本节课之前,学生已经能熟练说出常见金属的活动性顺序关系,但并未结合金属冶金历史进行分析;八年级下学生已学习了氧气、二氧化碳、氢气的实验室制法,对于"固-固加热型""固-液常温型"的实验装置非常熟悉,但还是第一次接触"固-气加热型";在本章开始,已学湿法炼铜,但对化学反应中的 CO 废气需要进行无害化处理是第一次接触。

《课标》中"具有保护环境的责任感"是一种科学的核心素养,有助于学生形成可持续发展的理念。教师应适当给予学习支架,帮助学生结合反应原理选择实验原料、实验仪器,确定实验装置,并进行尾气处理。

【学习目标】

科学双基:①能写出实验室炼铜的化学方程式,能正确分析实验室炼铜的操作步骤。②会合理处理实验产生的污染气体。③会进行纯度的计算。

科学思维:在分析冶金发展史、设计实验室炼铜方案时,能运用比较、分类、推理、质疑、批判等思维方法。

科学实践:通过经历实验室炼铜的整个过程,会从多方面来改进实验方案,学会仔细观察实验现象,用多种方案测量物质的纯度。

科学态度:①通过阅读我国古代冶金技术的相关内容,体会我国古代劳动人民的智慧,激发民族自豪感,感受技术发展对社会发展的重要作用,强化学好科学的决心。②通过分析尾气的处理和现代冶金业存在的弊端,树立环境保护意识和可持续发展观。

【教学环节】

一、聚焦挑战问题

◀◀ 资料卡 ▶▶

2022 年春节联欢晚会,在《金面》这个节目中请出了一位神秘"嘉宾",就是三星堆最新出土文物——青铜大面具。该面具是截至目前世界出土的最大的青铜面具,距今有 3000 多年历史。该节目中还展现了三星堆出土的青铜神树、青铜大立人。

今天,我们循着先贤的冶金足迹,与古人"比试"谁的炼铜技术更高。

教师展示三星堆最新出土文物——青铜大面具图片:在历史上,青铜是王者的象征。

引导学生"赏宝"后,聚焦如下两个核心问题。

问题 1:古代如何炼铜? 有什么弊端?

问题 2:实验室如何炼铜?

由于学生对各种炼铜方法所知甚少,所以不能利用已知的知识设计炼铜方案,也不能全面评价不同方法的优缺点,教师顺势说明:解决以上两个问题就是我们本节课的中心任务。

设计意图:以学生的兴趣为切入点,以与古人"比试"炼铜技术的高低为激励方式,引导学生将注意力集中到本节课所聚焦的问题上来。

二、激活旧知

活动 1:古人"寻宝"记

◀◀ 资料卡 ▶▶

人类最早冶炼金属的历史年代数据见表 1。

表 1　人类冶炼金属的历史

金属	元素符号	最早冶炼年代
金	Au	前 5400 年
银	Ag	前 4000 年
铜	Cu	前 6000 年
锡	Sn	前 5000 年
铁	Fe	前 500 年
锌	Zn	约 500 年
铝	Al	1825 年

续表

金属	元素符号	最早冶炼年代
镁	Mg	1792 年
钠	Na	1807 年
钙	Ca	1808 年
钾	K	1807 年

①公元前约 3800 年,火法炼铜:孔雀石 $Cu_2(OH)_2CO_3 \rightarrow CuO \rightarrow Cu$,加猛火长炙,最终化为灼铜水,再制成器物。

②西汉炼丹家刘安所著《淮南万毕术》中记载"曾青得铁,则化为铜",湿法炼铜:可溶性铜盐遇铁生成铜。这种炼铜方式在我国最早出现,比西方早 1700 多年。

教师设置问题链:人类最早冶炼金属的历史年代数据如表 1 所示,请结合金属活动性顺序表回答如下问题。

(1)你发现了什么规律?

(2)铜为什么不是最早被人类使用的金属?

(3)古法炼铜的基本原理是什么? 这些炼铜方式的弊端是什么?

(4)能给金属冶炼下个定义吗?

学生交流 1:金属化学性质越稳定,越早被冶炼。

学生交流 2:在自然界中,金和银的化学性质稳定,以单质的形式存在,颜色明亮,易被发现,可直接获取;而铜比它们活泼,主要以化合态的形式存在,需要进行加工才能被利用。

学生交流 3:基本原理均是将铜从化合态转化成游离态,火法炼铜能耗大,湿法炼铜需要单质铁,在当时,铁更难获得,所以两种方法都不能实现铜的大量生产等。

学生交流 4:金属冶炼就是把金属从化合态变成游离态。

教师过渡:不同时期,人类使用的材料不同,人类历史逐渐由从自然界直接获取材料的"石器时代"发展到开发利用金属矿物的"青铜器时代"。如何在实验室炼铜呢?

设计意图:从人类文明发展史和化学史中体会我国古代劳动人民的智慧,激发民族自豪感。寻找较活泼金属冶炼的普遍规律,为进一步探讨实验室炼铜的方法做铺垫。

三、加工展示新知

齐心协力来"炼"宝:金属冶炼需要经过选矿—冶炼—精炼的过程。

活动 2:火眼金睛来选矿

教师引问:

(1)在选矿时,我们应该考虑哪些影响因素?

(2)地壳中的铜多以化合态的形式存在于矿石中。我国的铜矿储量位居世界第七,所开采的主要是氧化铜矿和硫化铜矿。现在我们有辉铜矿、黑铜矿、孔雀石矿这三种铜矿可供选择,请查找相关信息,分析这三种铜矿的优缺点,并填入表 2。在综合考虑后,你们小组选择的铜矿是哪一种? 请据表 2 说说理由。

表 2　铜矿优缺点分析空白表

铜矿	优缺点
辉铜矿（Cu_2S）	
黑铜矿（CuO）	
孔雀石矿[$Cu_2(OH)_2CO_3$]	

学生交流 1：选矿应考虑的因素有：铜矿的储量、铜含量（铜矿石的品位）、生产安全、环境污染、矿石价格、生产成本等。

学生交流 2：铜矿优缺点分析结论见表 3。

表 3　铜矿优缺点分析结论表

铜矿	优缺点
辉铜矿（Cu_2S）	储量大，含铜量高，含有硫元素，产物可引起酸雨，反应条件为 1200℃
黑铜矿（CuO）	储量适中，含铜量适中，产物污染小
孔雀石矿[$Cu_2(OH)_2CO_3$]	储量少，含铜量低，价格昂贵，主要用于观赏

综合考虑，实验室炼铜选用黑铜矿。

设计意图：陶行知认为生活即教育、社会即学校、教学做合一，知识本身是没有"力量"的，但当将其运用到生产、生活实践中时，它便发挥了自身的力量。设计选矿过程体验，并进行国情教育，让学生感受知识的魅力。

活动 3：设计炼铜方案

教师引问：今天我们选择黑铜矿来炼铜，请结合所学的知识，说说哪些物质可以夺走 CuO 中的 O，将 Cu 从化合态转变成游离态？

学生交流：①活泼金属，成本较高；②碳，成本低，但不能与 CuO 完全接触；③氢气，绿色原料，但成本高；④磷，可能产生污染等。

◀◀◀ **资料卡** ▶▶▶

还原反应为将含氧化合物中的氧夺走的反应。能夺氧的性质叫作还原性，具有还原性的物质叫作还原剂。C 还原 CuO 时需要 1000℃ 的高温条件，普通试管无法承受这么高的温度。CO 是一种有毒气体，但是具有比碳更强的还原性，能在加热条件下"顺手牵氧"，一个 CO 分子夺一个 O 原子。

教师引问：请结合资料尝试写出 CO 和 CuO 反应的化学方程式。请小组合作设计用 CO 炼铜的方案，依次解决以下问题链：①结合原料的状态和反应条件，需要哪些常见的仪器？②如何将制取氧气的装置改装成我们需要的反应装置？③反应结束后得到的气体是什么成分？如何检验、处理？④每个小组讨论，用软件 edraw max 画出实验装置图，选派代表汇报本组方案的设计理由，其他小组评价、提问。

学生交流：实验装置的完善过程见图 1。

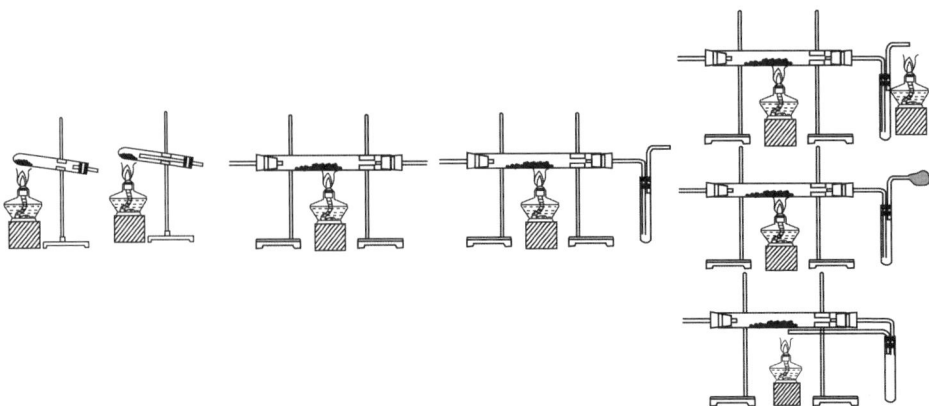

图 1 实验装置的完善过程

设计意图：布鲁纳曾说：孩子在教室里做的和科学家在实验室做的只有程度不同，没有本质区别。让学生设计实验装置，逐步完善、渐渐优化，在此过程中学生既体会核心知识的生成和建构过程，又培养发散思维，形成物质的转化观和元素观等化学基本观念。制订计划与设计实验是提升创新设计能力的关键环节。从实验室制氧气的装置出发，激发学生学习科学的兴趣；让学生讨论多种尾气的处理方案，强化其安全意识和环保意识，也为工业炼铁尾气处理做铺垫；让学生通过展示、评价、交流培养质疑、创新精神。

活动 4：设计"比试"方法

教师引问：

(1)我们炼铜的方法与古人炼铜的工艺谁更胜一筹，该如何定量比较？哪种方法操作更简便？为此需在哪里添加何种器材？

(2)如何判断炼铜完毕？

对于问题(1)，学生交流：可以通过分析炼得的铜的纯度来比较炼铜工艺的优劣，形成如下三种方案。

方案 1：通过测量反应装置在完全反应前后的质量差来求铜的纯度。

方案 2：通过测量检验装置和吸收装置在完全反应前后的质量差来求铜的纯度。

方案 3：通过测量所消耗的 CO 质量求铜的纯度等。

进一步交流后确定：选择 B 方案更简便，在检验装置后增设装有 NaOH 溶液的吸收装置，并在检验装置和吸收装置下方放置电子秤。

在此基础上，讨论问题(2)：当电子秤示数不再改变时，可判断炼铜结束。

设计意图：设计依据探究目的优化方案，有利于学生养成尊重事实证据、敢于质疑批判的精神，同时使纯度的计算在实际中得以应用，提高学生学习的积极性。

四、尝试应用新知

根据现有器材，选用气球收集尾气的装置，请两位学生按照交流讨论的结果连接器材。

教师引问：Cu 在空气中加热，很容易被氧化而重新变成 CuO。

(1)CO 何时通？酒精灯何时点？

(2)CO 何时停？酒精灯何时熄？

学生交流 1:CO 具有可燃性,与空气混合时在加热条件下可能发生爆炸,故应在最开始时通 CO,以便排尽装置内的空气,再点燃反应装置处的酒精灯。

学生交流 2:生成的 Cu 在温度较高时又会被氧化,故应在实验结束时先停止加热,至完全冷却后再停止通 CO。

教师结合学生交流结果进行演示实验:实验室用 CO 冶炼黑铜矿。

学生观察实验现象,归纳实验室炼铜的步骤,记录实验数据,计算铜含量,并与铜含量为 $60\%\sim80\%$ 的古代青铜器进行比较。

教师介绍:青铜除了铜外,还含有锡,硬度高、耐磨、耐腐蚀、熔点低、可塑性强,可制作食器、乐器、兵器等。

设计意图:以教材"立点",以方案"立意",以操作"立行",吸引学生将注意力集中于与古人"比试"炼铜技术的高低的活动中,培养学生观察与分析现象、获取信息的能力,树立绿色化学、安全化学的意识。

五、迁移解决新疑

教师展示铜矿的图片并介绍:铁器时代晚于青铜时代,为什么先炼铜后炼铁?除了铁的化学性质比铜更活泼外,还有一个原因便是铜矿的分布一般比铁矿更接近地表,外表更明亮,容易被发现,且炼铜所需的温度相对没有炼铁那么高。我国铁矿储量世界第四,钢铁产量世界第一。炼铁工艺继承了炼铜工艺,两者有很多的相似之处。

教师引问:杭州有一家杭州钢铁集团有限公司,简称杭钢。请大家跟随视频一起进入杭钢,看看现代工艺如何炼铁,并请完成表格(见表 4)。并思考金属冶炼有何负面影响,应该关停相关工厂吗?

表 4　实验室炼铜和工业炼铁的比较

项目	实验室炼铜	工业炼铁
原料		
原理(化学方程式)		
设备		
尾气处理		
产物		

学生完成表 4 并小结:现代冶炼技术能耗大,产生废气、废渣等污染。冶金产业是我国国民经济的支柱产业,在现代社会,衣食住行都离不开金属材料,对于落后产能,应该淘汰关停,其余应该向"绿色、数字、科技、节能"等方向整改。

教师拓展:工业炼铁的初级产品不是纯铁,而是生铁。其含碳 $2\%\sim4\%$,脆,不能锻压。我国早在西汉初期便掌握高温冶炼生铁的技术,领先欧洲 1000 多年。之后,人们又改进技术,逐渐冶炼出了纯度更高、含碳 $0.03\%\sim2\%$ 的钢。其耐磨,硬度大。从此,人类逐渐进入了"钢时代→铝时代→钛合金时代"。金属的冶炼给我们提供了丰富多彩的金属材料,是现代文明的重要支柱。为了更好地"用宝",炼铜技术也有了革新。

火法炼铜:黄铜矿 $\xrightarrow{\text{高温}}$ 粗铜 $\xrightarrow{\text{电解精炼}}$ 精铜(铜含量 99.5%)

生物湿法炼铜:硫化铜 $\xrightarrow{\text{细菌}}$ $CuSO_4$ $\longrightarrow$ Cu

最后,请用一句话总结今天课上的所思所悟。

设计意图:以素养为核心,基于真实情境学习工业炼铁的原理,与实验室炼铜进行对比,学生能认识到冶金技术传承和发展的不易,明白在实际生产中会遇到很多复杂的问题,要辩证看待并合理开发利用,形成技术的应用需兼顾风险意识、可持续发展和绿色化学的观念。

【板书设计】

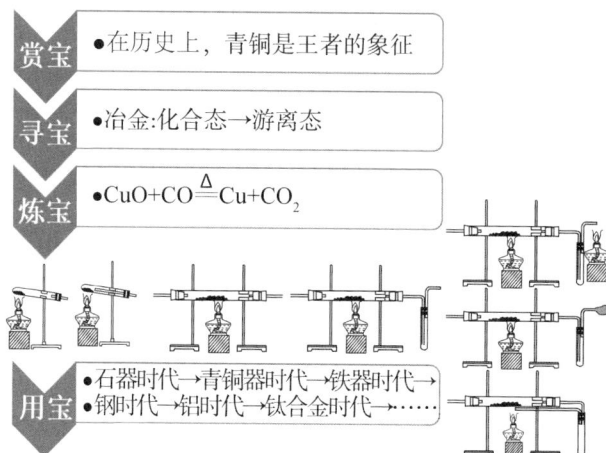

【特色与亮点】

1. **聚焦基于科学论证的驱动性活动**

结合教材重难点,开展与古人"比试"的驱动性活动,在"赏宝→寻宝→炼宝→用宝"活动链中,吸引学生主动参与。学生能够对任务进行持续探究、深度思考,培养分析、解决问题的能力。在教学过程中融入科学论证的思想,注重依赖证据的推理,学生围绕某个问题进行交流讨论、反馈,教师适时提供资料,学生从中选取利用,在批判质疑中逐步明晰证据和观点间的联系,彰显化学思维。

2. **主线、暗线交相呼应**

以知识为主线、以思想方法为暗线,体现 STSE 的理念,关注化学对改善人类生活的积极作用,围绕《课标》要求展开教学,改被动记忆为主动讨论,体现学生的主体地位。

3. **教材二次开发**

改教材中的 H_2 还原 CuO 实验为 CO 还原 CuO,更好地衔接工业炼铜的原理和工艺;将 C 还原 CuO 过程放入工业炼铁的教学环节中,让学生通过视频自主学习,降低学习难度;改课本实验为探究实验,引导学生对实验室制 O_2 的装置进行设计与改装,让核心装置一步步完善,体现知识的动态形成过程。同时与已有知识相结合,提供探究机会,让学生进行深度学习。

第三篇

生物

细　胞

姚雪飞

（杭州市钱塘区教师教育学院）

【课标解读】

本节课是《课标》的核心概念"5.生命系统的构成层次"中"细胞是生物体结构与生命活动的基本单位"的相关内容。《课标》要求学生能分析、解释模型涉及的要素及结构，解释并模拟相关的科学现象和过程，展示对相关概念的理解。

【教材分析】

本节课内容是生物学习的基础知识，是学生学习后续知识的重要基础，对后面的学习起到奠基作用。

学习重点：知道细胞是生物体结构与生命活动的基本单位，识别动植物细胞。

学习难点：在建构模型的过程中，认识细胞结构。

【学情分析】

学生在小学涉及本节内容，尤其是部分学生已经学会简易显微镜的使用，但是对细胞的了解停留在定性感知的层面，对显微镜也停留在简单操作水平，七年级学生不会从生命的角度去体悟细胞的形态结构与功能相适应。故本节课从学生对细胞的前概念出发，基于科学史和技术史双线展开教学，并在其中有效融合模型建构，并通过模型建构突破细胞结构与功能相适应的教学难点。

【学习目标】

科学观念：①知道细胞是生物体结构和功能的基本单位。②知道细胞基本结构及功能，能运用细胞结构及功能的知识解释某些生命现象。③能识别动物细胞和植物细胞，会使用显微镜观察动物细胞和植物细胞。

科学思维：①通过模型建构的科学方法，说出动物与植物细胞的主要区别。②重温科学家们的探究过程，培养观察获取信息的能力、利用所学知识解决问题的能力。

探究实践：①在建构细胞模型的过程中，认识细胞的结构。②通过在显微镜下观察细胞结构，归纳出动、植物细胞的不同。

科学态度：①通过合作、交流、研讨，养成合作学习的意识和态度。②通过学习细胞发现史，感受科学的发展往往需要付出几代人的共同努力，是一个长期的过程，培养立志为人类社会的发展和进步做贡献的社会责任感。③提高对于科学的认识，培养坚持不懈的科学精神。

【教学环节】

一、聚焦复杂任务

课前布置预学任务"细胞模型 1.0 版——请画出你心目中的细胞"。课堂开始,教师展示典型的预学案,引出学生关于细胞的各种前概念(见图 1)。

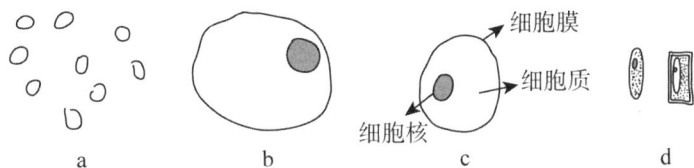

图 1　学生心目中的细胞

教师设问:既然大家对细胞有一定的认知,那么这幅显微镜下的图片(见图 2)中,里面的物体是不是细胞? 部分学生认为是细胞,部分学生认为不是细胞。

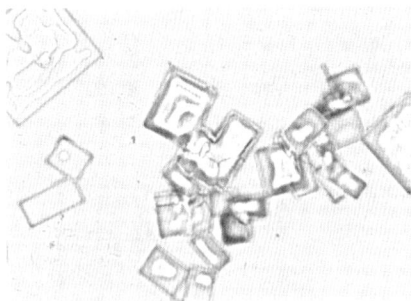

图 2　猜测"是不是细胞"

设计意图:通过让学生画出猜想的细胞,激活学生头脑中的旧知,暴露学生关于细胞的迷思概念,引导学生产生多个猜想:①细胞可能很小;②细胞内有结构;③细胞结构有差异。通过判断"它到底是不是细胞",引出判断需要证据支持,希望通过对于细胞的学习都能有依据地来判断和说明。

二、激发学生好奇心

教师设问:细胞很小,能否用肉眼观察到?

引导学生提出借助放大镜、显微镜等仪器进行观察。

学生实验:2 人 1 组。提供放大镜和软木塞薄片,要求学生自主观察软木塞,观察活动持续 1 分钟。有的组用一个放大镜观察,有的组用两个放大镜叠加观察。请学生汇报观察的结果。

教师提问:两个放大镜叠加在一起观察的学生,你们看到什么? 这样做的原因是什么?

学生回答:两个放大镜叠放在一起以后,可以增大放大倍数。

教师肯定学生的尝试,指出:历史上有一位科学家胡克,也利用了将两个透镜叠加在一起的技术,制成了复式显微镜,并在 1665 年利用了复式显微镜观察从软木塞上切下的薄片时,发现了奇特的结构。

教师提问:他看到的奇特结构是什么样的?

设计意图:通过让学生动手实践,发现放大镜叠加后放大效果更佳,重历科学家的实践过程,增加成功的喜悦感;同时通过设问进一步激发学生的好奇心。

三、分解成递进任务

任务 1 显微镜下观察细胞(演示实验)

教师播放演示视频:用复式显微镜观察软木塞切片,看到一个个蜂窝状的小孔。教师指出:这就是胡克的发现,他借助自制显微镜看到的软木塞切片是由许多个蜂窝状的小室构成的,于是他将这种小室命名为 Cell,即细胞。教师进一步提出:若想看到更精细的结构,该怎么办?学生建议:用放大倍数更大的显微镜。

教师指出:在胡克发现细胞以后的近 200 年间,科学家用显微镜广泛地观察和研究各种生物。科学家列文虎克一生当中磨制了超过 500 个镜片,并制造了 400 多种显微镜,其中只有 9 种至今仍有人使用。1673 年,列文虎克详细地描述了他对人、哺乳动物、两栖动物和鱼类等红细胞的观察情况,并把它们的形态结构绘成了图画。1677 年,列文虎克同他的学生哈姆一起,共同发现了人、狗和兔子的精子。1831 年,英国科学家布朗发现了植物细胞内有细胞核等。

教师再展示电子显微镜不同形态的动、植物细胞,如洋葱表皮细胞,蚕豆叶下表皮细胞,黑藻叶细胞,人的口腔上皮细胞、平滑肌细胞、白细胞等(见图 3)。

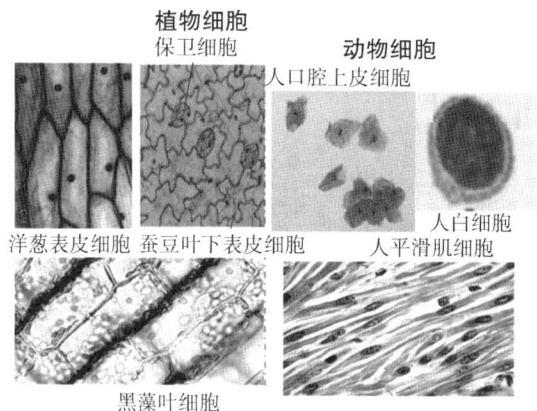

图 3 显微镜下的各种细胞

设计意图:教师通过演示显微镜下的软木塞切片,为学生猜想①"细胞可能很小"的证实提供依据,同时让学生厘清从放大镜到各类显微镜的技术发展线,体会到科学知识的发展催促科学技术的进步、科学技术的进步促进科学科知识的发展、科学与技术的相结合的理念。

四、搭建学习"脚手架"

任务 2 细胞模型 2.0 版——建构细胞模型

请学生观察屏幕上展示的各种动、植物细胞,分析并归纳出动物细胞之间或者植物细胞间结构上的共性,用橡皮泥捏出不同结构来建构动物细胞和植物细胞模型。要求:①4 人 1 组,观察、分析、归纳出动物细胞或者植物细胞结构上的共性。②建构一个动物细胞模型或植物细胞模型。提示:可用不同器材、不同颜色橡皮泥表示不同结构。

展示环节:大部分组的细胞核心是用鲜艳的(红、黄色等)橡皮泥制成的圆,与背景差异大,学生的理由是细胞核是细胞生命活动的控制中心,一定要凸显。有的组在细胞外面制作一层很薄的细胞膜,认为这样做既体现保护作用,又能让物质透过等。有的组认为叶肉细胞要进行光合作用,所以加上绿色小颗粒代表叶绿体。有的组加上表示液泡的部分(见图 4)。关于细胞壁和细胞膜,教师可引导学生提出在显微镜下难以清晰观察两者,并借助电子显微镜展示细胞质壁分离和质壁分离复原的实验,让学生观察到细胞壁和细胞膜的存在。

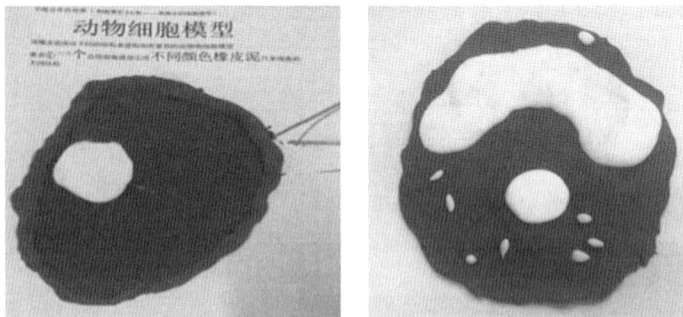

图 4　学生建构的细胞模型

设计意图:让学生观察动、植物细胞,建构动物细胞和植物细胞模型,并在模型的建构过程中了解动、植物细胞各部分结构和功能,真正理解结构与功能相适应的观念。同时要让学生明确所建立的模型与原型存在着一定的差距,因此模型要不断改进甚至替换。

五、完成创造性任务

任务3　细胞模型 3.0 版——重构细胞模型

请学生根据今天所学,完善细胞结构模型。学生根据展示环节师生交流研讨的结果,修正自己的模型(见图 5)。教师再次提问:上课开始时我们见到的那个显微镜下的结构究竟是不是细胞? 请说明理由。学生认为不是,因为没有细胞的一些基础结构。

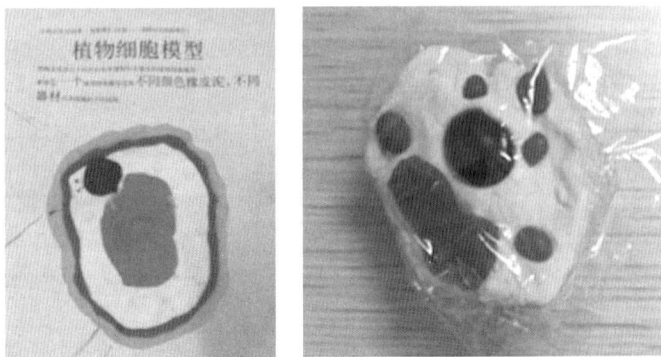

图 5　学生修正后的细胞模型

教师展示电子显微镜下的细胞模型,指出一般的光学显微镜能将物体放大约 1500 倍,但只能看清细胞的基本结构,不能看清更细微的结构。随着电子显微镜和扫描隧道显微镜的出现,人们对细胞有了新的认识。电子显微镜能将物体放大几百万倍,使人们可以清晰地观察细胞,特别是细胞质中的各种细微的结构。2017年的诺贝尔化学奖被授予雅克·杜波谢等三人,以奖励他们在冷冻电子显微镜方面的卓越贡献。

教师提问:关于细胞的学习,你有哪些收获和疑惑?

学生:收获有了解细胞的科学史;建构了三个版本的细胞模型;体会到结构与功能相适应的原理。疑惑有细胞里面究竟有什么物质,细胞之间能不能相互融合。

教师总结见图6。随着科学技术发展,对于细胞我们会了解得越来越多。希望你们能利用所学知识和方法,进一步探索细胞的奥秘。

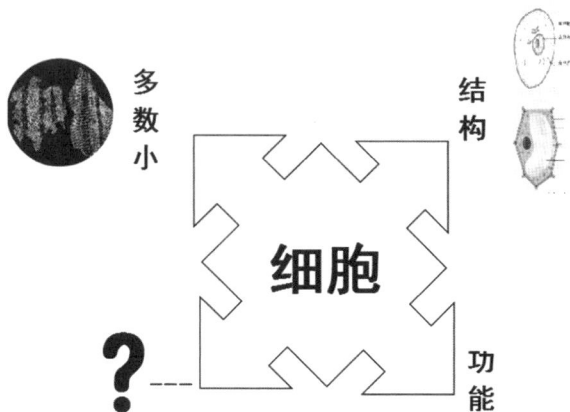

图6 总结

设计意图:前后呼应,让学生利用所学知识来辨别显微镜里的细胞结构,进一步培养证据意识。电子显微镜下的细胞结构展示再次体现科学与技术密不可分,让学生体悟科学的发展离不开科学家们坚持不懈的研究。

【板书设计】

【特色与亮点】

1.科学史、技术史深度融合

为使学生感受到观察工具的使用及发展对提高人类认识自然的能力的作用,需要巧妙的设计。本节课让学生了解科学史、技术史的发展,重历科学家的研究过程,感悟科学发展受技术影响。

2.模型建构凸显科学思维

本节课的亮点之一是让学生经历模型的更新迭代,从画出前概念中的细胞模型1.0版开始,到用橡皮泥建构细胞模型2.0版,再到重构细胞模型3.0版,直至看到电子显微镜下的细胞亚显微结构模型,从中体会到细胞模型随着人类对细胞的认识的深入而不断完善修正,而认识的深入离不开技术的发展,离不开我们的思考、质疑、实践。

3.任务具有挑战性和连贯性

本节课是以任务为中心指导下的教学,课前、课中到课后的每一步任务都设计得连贯、紧密。完整任务"判断显微镜下的物体是否为细胞"的学习有一定的难度,学生对于细胞存在迷思概念,后续任务分解是在为学生的知识建构搭"脚手架",帮助学生逐步解决问题,最终完成主要任务。

种子萌发需要什么条件

刘梦华

（杭州市文海实验学校）

【课标解读】

《课标》的要求是,说出种子萌发的过程和必要条件。其活动建议是,探究水、温度、空气对种子萌发过程的影响。

【教材分析】

本节课以"探究植物种子的萌发需要什么条件"为载体,注重对建立假设、设计对照实验方案、表达和交流等科学探究技能的培养。

【学情分析】

知识能力:关于种子的萌发需要什么条件,学生根据生活经验及小学学习已有前概念,知道种子萌发需要水分、温度、空气三个条件,但是还不了解种子萌发需要"一定的"水分、"适宜的"温度、"充足的"空气。

探究能力:学生在小学时期已经依据教材进行完整的探究活动,但是仍需要进一步加强设计和评价探究方案的能力的培养。

认知发展:由具体运算向形式运算发展,即学生能够脱离具体的事物进行逻辑运算,这为评价方案设计以及预测实验现象奠定了基础。

学习重点:知道种子萌发的必要条件,掌握方案设计、解释、检验、评价交流等科学探究的技能。

学习难点:探究种子萌发需要"适宜的"温度、"一定的"水分、"充足的"空气。

【学习目标】

科学观念:①知道种子萌发的过程及必要条件。②知道贮存种子的方法。

科学思维:①通过探究活动,理解科学探究是获取科学知识的基本方式,是不断地发现问题、寻求证据、运用创造性思维和反思性思维解决问题,并通过评价与交流形成共识的过程。②通过参与科学探究,学习使用控制变量法,学会设计方案。

探究实践:①经历科学探究的一般过程:提出问题→建立猜想与假设→制定方案→获取事实与证据→解释与评价→表达与交流。②运用评价量表对探究方案进行修正。

科学态度:①经历像科学家一样的探究过程,培养严谨的科学态度,树立辩证的、科学的世界观和价值观。②通过对种子库的学习,增强保护环境和生物多样性的意识。

【教学环节】

一、聚焦挑战性问题

课前阅读资料。

◀◀ **资料卡** ▶▶

种子库

种子库旨在把世界各地的各种植物种子保存在地下仓库里,以防因全球物种迅速减少而造成物种灭绝。按照设计者的构想,如果有一天人类面临灾难,人迹罕至的北极地区将是受影响最小的地方。人们就可以来到这里,打开种子库,寻找合适的种子重新开始生活。

生活安逸的北欧人又是怎么想起要建这么一座种子库呢?挪威农业和食品部的专家布雷达尔博士在接受《环球时报》记者采访时说:挪威人给这个种子库命名为"末日穹顶"。其实挪威早在20世纪80年代就提出该计划了,真正使挪威人下决心尽快推动这一计划的,是近年来全球持续出现的暖冬。他们担心随着气候变化及海平面升高,一些物种将彻底消失,因此他们决定以最快的速度、建设全球最先进的种子库。布雷达尔还告诉记者,之所以用"末日"一词,是因为人类如果还不改变自己的行为,地球的末日可能真的会到来。而用"穹顶"一词则有三层含义:一是这个种子库位于北极,那里称得上是地球"穹顶";二是人类如果有一天真的面临大灾难,只有"穹顶"才是可以生存与呼吸的地方;三是希望这个种子库里的物品可以像人们搁置在"穹顶"上的东西一样,永远也不会被使用。

思考以下问题:

(1)种子库的选址有什么要求? 为什么?

(2)人们为什么要建造种子库?

师:你们知道"末日穹顶"这个地方吗? 它被称为地球上最神秘的地方。下面我们通过一段视频来认识它。

学生认真观看视频。

设计意图:提供课前阅读资料,一方面有利于帮助学生回忆种子萌发需要的条件,另一方面有利于拓展学生的知识面,激发学生的好奇心和求知欲。此时的学习是基于思考的,课中通过视频的刺激,将学生的学习兴趣推向高潮。这样的情境设计能够引导学生关注当今社会的前沿话题,提升自己的社会责任感。

师:种子库的种子能"沉睡千年",而现实生活中的种子很快就会萌发。如果你是种子库的设计者,首先要研究的核心问题是什么?

聚焦挑战性问题:种子萌发需要什么条件?

二、激活旧知识

问题1:种子萌发需要什么条件?

两人一组,做出假设,并说明理由。

设计意图:学生做出假设并说明理由,假设正确与否并不是最重要的,重要的是要根据已有的知识和生活经验寻找能够支持观点的证据。这有助于学生激活已有的旧知识。

三、加工展示新知识

独立思考后,以小组为单位交流讨论,完成设计方案。每组确定一位记录员负责记录小组成果。

设计意图:要求记录小组成果,使活动成果变得可检查、可交流。

问题2:如何评价实验方案是否科学、严谨、合理?

师:每组抽屉中有一个信封,信封中装有评价量表(见表1)。请根据评价量表,逐条评价方案。如果方案与评价标准相符合,请在"我做到"这一栏打钩;如果方案与评价标准不符合,小组内讨论交流。若认同该评价标准,则在原方案上用红笔修改,并在量表中"我完善"一栏打钩。若不认同该评价标准,则修正评价标准。

表1 探究种子萌发条件实验方案评价量表

评价指标	评价要素	评价标准	评价	
			我做到	我完善
设计实验方案	陈述与操作自变量	□ 根据假设确定本实验中要改变的量(自变量)		
		□ 方案中明确写明在实际过程中如何操作来改变自变量		
	控制无关变量	□ 无关变量应相同且适宜(如温度应该相同且适合种子的萌发)		
	观察因变量	□ 每天观察并记录种子萌发的数量(或种子萌发率)(因变量)		
	列出重要的步骤和实验材料器具	□ 根据假设设计对照实验,并分组编号		
		□ 方案中体现对器材的选择和处理(选择活着的且未休眠的种子)		
		□ 方案中有减少外来因素干扰的设计(如每组实验中,种子的颗粒数为10颗等)		

设计意图:"如何评价实验方案是否合理?"这个问题显然是七年级学生无法独自完成的,这时教师就要给学生搭建"脚手架"。建构主义学习理论认为,学生在学习之前并不是"一张白纸"。基于学生现有的认知,提供合适的评价量表是让学生完成该任务的关键。针对七年级学生的学习特点,此量表适合学生在设计完成后使用,以帮助学生修正实验方案。这样的设计既为学生搭建了学习"脚手架",也为后面独自设计实验方案奠定了知识迁移能力的基础。

组间交流讨论实验方案。

师:请两位学生上来,一位学生讲解原方案,另外一位学生带着评价量表与大家分享你们的修改。其他学生可以质疑他们的方案,也可以夸一夸他们的方案。

设计意图:学生组内已经按照评价标准进行了自评与修改,因此这个环节一方面是让学生展示成果,另一方面是希望通过组间交流使得方案更具有可操作性。

四、尝试应用新知识

问题3：你能对教材上的实验方案进行评价吗？

师：请你评价《科学 七年级下册》（浙江教育出版社）第20页图1-35所示的实验。它的方案与你的方案相比，优点有哪些？哪里又欠妥当呢？

设计意图：将有缺陷的教材资源开发为课程资源。引导学生分析教材中的实验，交流得出实验种子数量应当增加，通过计算发芽率，判断影响种子萌发的因素。让学生对教材中的方案提出怀疑和评价，从学会知识到应用知识，在任务的驱动下完成知识的迁移，培养对科学的兴趣及科学的批判性思维，让学生挑战权威、质疑教材，从而培养求真务实科学精神、科学态度，也能从解决问题的过程中获取自信。

五、迁移解决新问题

问题4：你能预测实验现象吗？

师：请大家观察我做的课前实验（见图1）。根据实验现象，你能对实验结果进行预测吗？这样的预测结果下，你能得出什么结论呢？请小组讨论。

图1 教师课前实验

师：仔细观察，你还能观察到什么现象呢？（教师提示：观察20℃水中的种子，你发现了什么？）

设计意图：种子萌发的实验历时比较久，很难在课堂内完成。因此，教师在课前进行实验，并且对实验过程进行拍照记录。这样的设计有助于学生对自己的方案进行合理的预测。同时，教师引导学生关注"20℃的水中有5颗种子萌发""10℃的水中有1颗种子萌发"等，组织学生对实验过程中发生的现象进行分析与交流。

问题5：如果你是种子库的设计师，在设计种子库的时候会考虑哪些因素？（更好地保存种子）

设计意图：重新聚焦本节课的完整任务：种子库的设计。学生在掌握了种子的萌发条件后，思考种子库的设计要点，用所学的知识设计种子库，体现知识来源于生活又应用于生活的理念。

问题6：我们为什么要设计种子库呢？

设计意图：从防止植物的灭绝和保护植物多样性的角度出发，体现生物学的育人理念，同时呼吁大家保护环境：绿水青山就是金山银山。

师：物种的生存离不开良好的生存环境，生物与环境是相依相存的关系。如果有一天真的发生大灾难，只有"穹顶"才是人们可以生存与呼吸的地方。当然，我们更加希望种子库可以像人们搁置在"穹顶"上的东西一样，永远也不会被使用。

【板书设计】

种子萌发的条件

控制变量法

实验中要改变的量　（自变量）

控制无关变量　　相关　适宜

实验中要观测的量　（因变量）

外因
- 适宜的　　温度
- 一定的　　水分
- 充足的　　空气

内因
- 胚完整且活
- 种子饱满程度
- 不在休眠期

【特色与亮点】

1.聚焦挑战性问题开发课程

本节课聚焦如何设计种子库这一问题情境，从让学生认识种子库，到思考如何设计种子库，再到自己动手设计种子库，最后思考为何要建立种子库，引导学生关注环境问题，真正实现学以致用。

2.科学探究过程可检测、可评价

教师引导学生先用黑笔写下原方案，随后引入评价量表对探究方案进行评价，并对比让学生评价量表进行修正，用红笔记录方案（见图2中的"～～～"），从而直观地呈现修正内容，使学生更清楚自己的设计方案的不足之处。

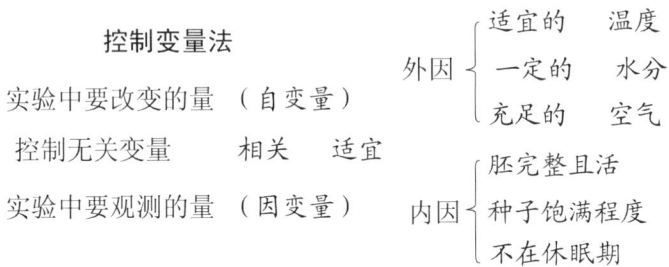

图2　学生"种子萌发是否需要空气"方案

注：为便于区别，原红笔记录处加"～～～"。

3.利用教材错误资源培养批判性思维

将教材中错误的实验方案开发成课程资源,让学生评价教材中的实验,挑战权威,从而培养其批判性思维。

人体激素调节之甲状腺激素

李红燕

（杭州市钱塘区学正中学）

【课标解读】

本节课是《课标》的核心概念"6.生物体的稳态和调节"的相关内容。《课标》中的内容要求是，列举人体的主要内分泌腺及其功能，列举激素对生命活动的调节作用。学业要求是，能综合植物、人体的调节过程，认识生命系统能通过自我调节维持稳态，逐步形成物质与能量、稳定与变化的观念。

【教材分析】

在七年级下学期，学生已经学过人体通过各种感觉器官察觉外界不断变化的环境。本节课主要阐述人体的激素调节，包括内分泌腺与激素、激素的种类和功能、激素分泌异常引起的病症等。教材中多采取图表和实验等直观演示的编写体例（甲状腺及其激素），注重调查类的探究活动（激素分泌不正常引起的病症）。让学生完整地实践调查的方法、步骤，为以后的学习打下基础。采用有梯度、深度、维度的表现性评价促进学生获得科学核心素养。

【学情分析】

八年级学生对"人"的结构与功能的前概念大多是关于消化系统和生殖系统的，且对"结构与功能相适性"这一科学核心内容则知之甚少。"人体激素的调节"的学习如同给孩子们打开了"人体是一个统一的整体"魔盒，引导学生理解生物体是一个内部与外部不断进行信息交流和反馈的开放系统，而多层次的调节使其成为一个协调的整体。

同时，八年级学生虽然已具有一定的探究能力，体验过一般的探究过程，但是第一次体验探究中的调查法。通过完整调查激素分泌不正常引起的病症，掌握调查的方法、步骤，能用科学的概念下结论，甚至能互相交流讨论治疗相关疾病的合理方案，对解决问题的方法有了更深的理解。

【学习目标】

科学观念：①知道人体的主要内分泌腺及其功能。②知道甲状腺激素分泌异常引起的病症。

科学思维：①通过调查活动，理解科学调查是获取科学概念的一种方式，掌握调查的方法、步骤,能用科学的概念下结论,甚至交流讨论科学治疗相关疾病的合理方案,对解决问题有了更深的理解。②通过图、表和模型获得多种科学证据,能够利用数据凝练科学概念,解决真实的问题。

探究实践:①经历科学探究的一般过程:提出问题→建立猜想与假设→制定方案→获取事实与证据→解释与评价→表达与交流。②运用评价量表对探究方案进行自我修正,对科学概念进行科学测评。

科学态度:①通过体验像科学家的一样探究的过程,培养严谨的科学态度,树立辩证、科学的世界观和价值观。②通过学习甲状腺激素及其异常引起的病症,树立生命是统一的整体、健康生活的意识。

【教学环节】

一、聚焦挑战性问题

师:每年的体检报告中都有一项是关于甲状腺的,你们对这个器官有所了解吗?
播放医学工作者关于甲状腺及其相关疾病的叙述的视频。

设计意图:课前给予学生相关阅读材料,在拓展学生知识面的同时激发学生的好奇心和求知欲。帮助学生了解甲状腺的结构及其功能,使得新课的学习是基于思考的。课中再通过播放视频,在激发学生学习兴趣的同时引导学生关注社会热点,提升自己的社会责任感。

问题1:简述甲状腺在人体的中位置、结构、对人体的作用。人体中还有哪些与甲状腺类似的结构?它们的功能又是什么?

引出课题:人体的内分泌腺的结构与功能。

二、激活旧知识

问题2:读《科学 八年级上册》(浙江教育出版社)第96页图3-8《人体主要内分泌腺的分布和功能》。

图中有哪些内分泌腺?各分泌哪些激素?各有什么功能?
两人一组,归纳小结。

设计意图:学生根据图片找到相应的内分泌腺,能够识别内分泌腺及其分泌的激素,尝试归纳其相应的功能。继续根据图片和视频思考问题"内分泌腺与外分泌腺的区别",能够更好地提高归纳总结能力。

三、加工展示新知识

两人一组,依据内分泌与身体健康的相关材料进行推理分析,以图或表(见表1)的形式总结归纳。

表1 激素分泌异常引发的一些疾病

激素分泌情况	疾病	具体症状
幼年时生长激素分泌不足	侏儒症	发育迟缓,身体异常矮小,但智力正常
幼年时生长激素分泌过多	巨人症	人体各部位过度生长,四肢过长尤为突出,寿命不长
成年人生长激素分泌过多	肢端肥大症	手大,脚大,指粗,鼻高等
胰岛素分泌不足	糖尿病	血糖含量升高,出现高血糖
幼年时甲状腺激素分泌不足	呆小症	反应迟钝,智力低下,身材矮小
甲状腺激素分泌过多	甲状腺功能亢进(甲亢)	情绪易激动,精神紧张,失眠,心动过速

设计意图:以图、表等记录小组成果,使活动成果变得可检查与可交流。

问题3:简述甲亢这种疾病的具体病症,以及给日常生活带来的影响。

师:每组的抽屉里有1个锦囊,锦囊里面装有甲状腺疾病的相关信息。请归纳小结。

设计意图:继续锻炼学生的归纳整理、科学表达能力,为后面的争议型问题的提出搭建"脚手架",培养学生针对疑惑和不合理现象提出疑问的能力。

四、尝试应用新知识

问题4:甲状腺疾病采用中医还是西医治疗?

议题4-1:"甲状腺疾病轻度患者预防与治疗"——核心词在"轻度"。

议题4-2:"甲状腺功能异常,中西医的解决方案各怎样?你会如何抉择?"——核心词在"异常""中重度"。

师:结合今日所学的知识,提出合理的预防和治疗方案,并依据评价量表(见附表1)进行自我评价。

设计意图:通过让学生利用结构和功能的这一核心概念去初步解读与设计"轻度""中重度"甲状腺功能异常的治疗方案,引导学生厘清证据之间的相互关联,找出解决方案的逻辑证据链,有理有据地表达自己的价值取向,在质疑中培养科学的批判性思维、严谨的科学态度。

五、迁移解决新问题

问题5:喜食海鲜的人,切除了甲状腺,还可以吃海鲜吗?

师:本问题的核心在"海鲜"和"没有甲状腺的人"这一矛盾体。请就此提出合理的方案。

小组合作设计方案,依据量表(见附表2)科学评价。

设计意图:当学生能将所学知识和技能应用到实际中,体会到新概念对实际生活是有益的,就能促进深度学习,从而获得满足感。最后重新聚焦本节课关注的社会问题,设计健康的生活方案,体会到将课本知识与现实生活相结合的成就感。

问题6:我们为什么这么关注我们的内分泌腺呢?

设计意图:引导学生关注生命健康,建构正确的生命观。

师:进入青春期的你们,身体里发生的许多奇妙的变化与这些内分泌腺的变化息息相关。生命是统一的整体,结构与功能具有相适性。

【板书设计】

人体的激素调节——甲状腺激素

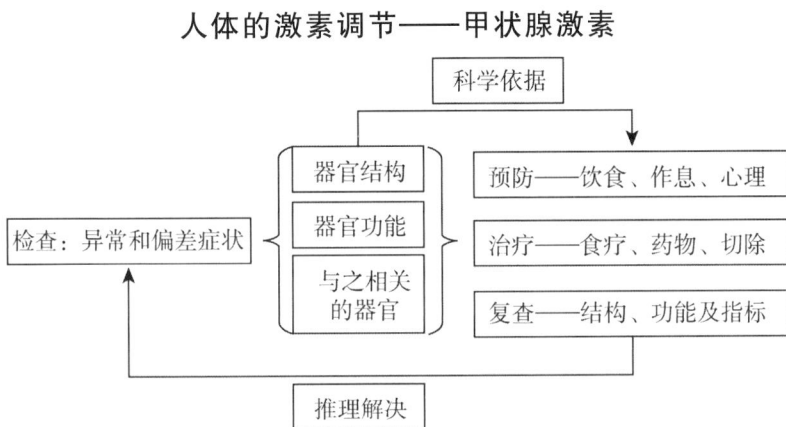

【特色与亮点】

1.在生活情境中寻求社会性议题

科学来源于生活,生活中处处是科学。人类的生存与生命结构功能是相关的。针对社会关注的问题,小组合作进行项目化学习,实现从"教为中心"转变到"学为中心",掌握人体结构与功能相适性、生命是统一整体的核心概念。

2.社会性议题激发深度学习

在进行社会性议题"中西医治疗甲状腺疾病"的辩论过程中,通过调查研究法,使学生阐述的观点指向性更明确,科学概念的获得和应用更高效。通过证据论证,提升学生的科学思辨能力。通过方案设计,学生以科学发展的角度深度学习,建构珍爱生命、合理用药的价值观。

3.科学量化评价深度学习

科学概念的深度学习要有迹可循。依托社会性议题"甲状腺激素与生命活动的关系",设计甲状腺疾病预防和治疗方案等,通过有梯度、深度、维度的表现性评价方能量化学生的科学核心素养,使深度学习留痕。

附表 1　争议性问题表现性检核量表

表现性评价任务	评价指标	评价标准	评价（每条 0～3 分）			
			自评	互评	师评	平均分
任务一、立论表达	观点展示	图文并茂地展示载体				
		能自主查阅资料、获取和处理复杂的信息				
		有体现本组团队协作精神的小组名字				
		组内成员分工明确，各司其职				
		能清楚表述本组调查结论并表述观点				
		表述观点具有科学性，有明确的数据实证				
	解决方案展示	解决方案具有可实施性				
		解决方案具有科学性，有明确的数据实证				
		解决方案具有多样性				
		解决方案性价比高				
		解决方案符合道德伦理				
		解决方案有创新性和合作性				
		解决方案中的器材装置符合实验原理或实验条件，具有可操作性				
任务二、自由辩论	辩论表现	语言表达清晰流畅				
		语言表达文明，不低俗，不进行攻击				
		能抓住对方观点进行实证反驳，有较强的辩证思维能力				
		语言表述具有逻辑性				
		能立即对对方的质疑进行实证反驳				
		能反思并改进完善自己的方案				
任务三、汇报小结	交流评价	能简要、清晰、有逻辑地讲述实验设计的优点和不足				
		能倾听和尊重他人提出的不同观点，改进意见				
		能质疑他人的设计，正确说出理由，提出合理的建议				
		主动与他人交流、合作、讨论，及时反馈问题				
		能提出更合理的创新性建议				
总评价		总分值				

附表 2　项目化方案检核量表

评价指标	评价标准	分值	自评	互评	师评
创造力	水平 1:对作品有深入思考的设计及基本制作架构	1			
	水平 2:作品有进一步提升,作品的设计基本可行	2			
	水平 3:最终作品有良好的设计并能解决实际问题	3			
	水平 4:最终作品有良好的设计、坚实耐用且成功解决问题	4			
	加分项:作品美观	+4			
	加分项:存在创新点、作品独特	+4			
批判性思维 1	水平 1:原型设计中渗透对科学概念的理解	1			
	水平 2:原型设计中体现对科学概念的理解	2			
	水平 3:科学概念被很好地探究并应用到原型设计中	3			
	水平 4:科学概念被很有效地应用到原型设计中	4			
批判性思维 2	水平 1:在做决定时会想到一些已有数据	1			
	水平 2:参考探究所得数据而做出决定	2			
	水平 3:决定是基于对探究所得数据的逻辑分析与思考	3			
	水平 4:决定是基于超出课堂探究的更广泛的数据分析与逻辑思考	4			
沟通能力	水平 1:有对设计过程与原理的解释	1			
	水平 2:有对设计技术方面的基本解释	2			
	水平 3:可以清晰且有逻辑性地解释作品的设计理念与特色	3			
	水平 4:可以有技巧地解释作品的设计理念与特色,有说服力	4			
合作能力 1	水平 1:有简单的测试雏形	1			
	水平 2:简单测试是在一些简单合作下完成的	2			
	水平 3:更深入的测试是在通力合作下完成的	3			
	水平 4:合理性测试是在通力合作下完成的	4			
合作能力 2	水平 1:整个项目的推进过程中尝试团队合作	1			
	水平 2:整个项目是在团队合作下完成的	2			
	水平 3:团队合作明显且成功地贯穿于整个项目中	3			
	水平 4:团队合作明显且成功地持续贯穿于整个项目中	4			
总评		总评成绩			

生物的呼吸和呼吸作用

徐承翔

（温州市教师教育院）

【课标解读】

《课标》的要求是，描述人体呼吸系统结构和气体交换过程。人体气体交换包括肺与外界气体交换、肺泡与周围毛细血管气体交换、血液与组织细胞气体交换等。本节课主要学习人体呼吸系统的结构和气体交换，这里的"气体交换"主要指肺与外界气体交换。

【教材分析】

本章的主题为"空气与生命"，本节课以人体为例，将人的生命活动通过人的呼吸运动与空气中的氧气、二氧化碳等建立联系，从而让学生进一步理解氧气的氧化性，理解空气对人体的重要作用。在人体呼吸运动部分，教材在编排上巧妙地融合呼吸系统结构，突出结构与功能相适应、生物体是协调统一的整体的重要理念。教材中借助锥形罩内气球变化的模拟实验，帮助学生深层次理解人体与外界的气体交换原理，从而认识人体的呼吸运动。

【学情分析】

学生均知道每个人每时每刻都要呼吸，但大多数学生仅简单地认为"呼吸"就是吸气、呼气，也有部分学生甚至错误地认为呼吸就是吸进氧气、呼出二氧化碳。学生对呼吸运动、完成呼吸运动相应的结构及呼吸运动的原理是相当陌生的，因此，呼吸运动原理及相应结构既是学生学习的重点，也是难点。在重、难点知识的基础上，引导学生建构"结构与功能相适应""生物体是协调统一的整体"等生物学重要观念也是本节课的重点。因此，如何用锥形罩模型来突破重难点、如何帮助学生建构科学观念需要重点设计。

【学习目标】

科学观念：①描述呼吸系统组成器官及其功能。②说出呼吸运动原理及过程。③感悟结构与功能相适应的科学观念。④感悟人体是协调统一的整体的科学观念。

科学思维：分析推理锥形罩模型中气球鼓起与变扁的原理，并将之类比、迁移应用于解释人体呼吸运动原理。

探究实践：制作锥形罩模型，探究不吹气使气球鼓起的原理，并将之迁移应用于解释人体呼吸运动原理。

科学态度:乐于探究生命现象发生的原因和规律,对生命现象的学习和探索具有一定的兴趣。

【教学环节】

一、聚焦挑战性问题

教师:人每时每刻都在呼吸,大家都知道人的呼吸离不开呼吸系统,人体肺与外界环境的气体交换由呼吸系统来完成。

先请阅读《科学 八年级下册》(浙江教育出版社)第100页图3-65《呼吸系统》,思考如下问题。

(1)在教材图3-65中找到人体呼吸系统的组成器官:鼻、咽、喉、气管、支气管、肺,了解它们的位置。

(2)通过阅读,知道这些器官的主要功能;尝试解释为什么跑步时用鼻呼吸比张大嘴巴呼吸更科学;关注喉和气管的结构如何支持其功能。

(3)教材图3-65中除了有呼吸系统的器官,还画出其他哪些器官? 它们分别属于人体什么系统? 为什么要同时画出这些器官?

设计意图:引导学生自主学习,认识呼吸系统组成器官及其位置、功能。"用鼻呼吸更科学""关注喉和气管的结构"等问题让学生初步感知结构和功能相适应的科学观念,并在后续学习中逐步加强建构。教材图3-65中同时画出心脏、肋骨、肋间肌等循环系统和运动系统的器官,意味着呼吸系统顺利进行各项生理活动与其他系统的配合紧密相关,人体是协调统一的整体。

教师:通过刚才的学习,大家知道了"呼吸"离不开呼吸系统,也离不开其他系统的密切配合。那么你知道这"一呼一吸"是如何完成的吗?"吸进来"的和"呼出去"的到底是什么气体? 这就是我们今天要解决的问题。

二、激活旧知识

学生课前做好如图1所示的锥形罩模型。

要求:若不吹气,有什么办法让空腔里的气球鼓起? 实现这一目的涉及的原理是什么?

(学生容易想到往下拉橡皮膜让气球鼓起的方法,但解释其原理有一定的难度。)

图1 自制锥形罩模型

学生讨论交流原理后,教师帮助梳理:橡皮膜下拉→锥形罩容积变大→锥形罩内气压变小→外界空气被压入→气球鼓起,橡皮膜往上挤压→锥形罩容积变小→锥形罩内气压变大→气球内空气被挤出→气球变扁。

设计意图:锥形罩内容积变化,造成与外界气压差,从而使气球鼓起或变扁,其原理涉及气压的影响因素,是学生之前学习过的知识。人体呼吸运动的原理也是制造气压差,但人体内的结构更复杂。理解此模型的原理有助于对后续人体呼吸运动原理的理解。

三、加工展示新知识

活动1：在图2所示的胸腔正视图中找出胸骨、肋骨、肋间肌、脊柱、横膈膜等，在图3所示的胸腔侧视图中辨认肋骨、肋间肌、脊柱、横膈膜等，并理解由胸骨、肋骨、肋间肌、脊柱、横膈膜等构成一个密闭空间，其中容纳心脏、肺、气管等器官。

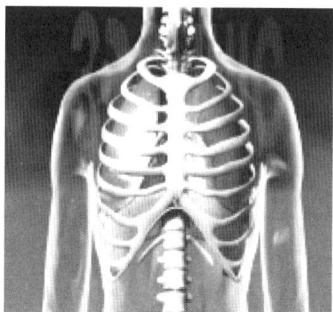

图2　胸腔正视图　　　　图3　胸腔侧视图

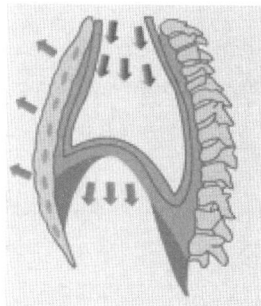

活动2：将锥形罩模型与胸腔结构进行类比，见图4。整个锥形罩相当于由胸骨、肋骨、肋间肌、脊柱、横膈膜等围成的人体胸腔，气球相当于肺，吸管相当于气管。

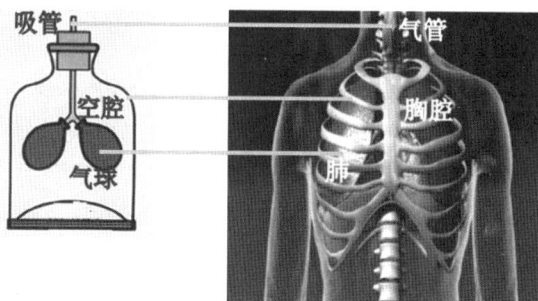

图4　锥形罩模型与胸腔结构类比

活动3：每位学生将双手放在胸前，并做吸气动作，感受肋骨向上、向外移动；做呼气动作，感受肋骨向下、向内移动。

设计意图：认识复杂的人体胸腔结构，将简洁的锥形罩模型与人体胸腔结构进行类比，为深层次理解人呼吸运动的学习迁移做准备，也为"结构和功能相适应""人体是协调统一的整体"等观念建构打下基础。

四、尝试应用新知识

教师向学生提供如下材料：肋间外肌收缩，肋间内肌舒张，能带动肋骨向上、向外移动；与此同时，膈肌收缩，横膈膜顶部下降，两者共同造成胸腔容积变大。

任务1：结合锥形罩模型原理与上述材料，理解并描述人吸气的原理。

学生在理解锥形罩实验的基础上，能顺利迁移知识：当胸腔容积变大时，胸腔内气压变小至小于外界大气压，从而导致空气被压入肺内，即为"吸气"。

教师讲解：肋骨由于重力作用会回落，此时肋间外肌舒张，肋间内肌收缩；膈肌舒张，横膈膜顶回升；两者共同导致胸腔容积变小，气压变大至大于外界大气压，把气体从肺内压出,即为"呼气"。

设计意图:利用具有一定相似度的情境,让学生将较复杂的原理进行迁移应用,从而深层次地理解人体呼吸运动原理。让学生了解肺与外界能顺利进行气体交换,还需要肌肉、骨骼等共同参与,在大气压的作用下完成吸气和呼气,从而深刻感受、逐步建构人体结构和功能相适应、人体是协调同一的整体的科学观念。

任务2:在理解人的"一呼一吸"是如何发生的基础上,大家再思考下,"吸进来"的和"呼出去"的到底是什么气体。

设计意图:上述问题让学生将之前认为的吸进是氧气、呼出是二氧化碳的认知转变为正确的观念,为下一节学习"呼吸作用"做铺垫。

五、迁移解决新问题

1.结合呼吸运动原理,尝试解释以下问题:

(1)初到高原地区,为什么人会感觉呼吸困难。

(2)突然一阵狂风刮过时,为什么人会感觉呼吸困难。

2.海姆立克腹部冲击法(如图5所示)是美国医生海姆立克发明的,对急性呼吸道异物堵塞有良好的急救作用。1974年,他首先应用该法成功抢救了一名因食物堵塞了呼吸道而发生窒息的患者,从此该法在全世界被广泛应用,拯救了无数患者。

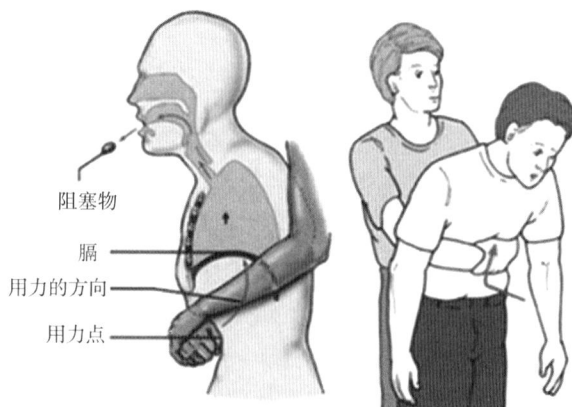

图5 海姆立克腹部冲击法示意图

结合所学知识,对海姆立克腹部冲击法为什么能起到良好疗效做出合理解释。

【板书设计】

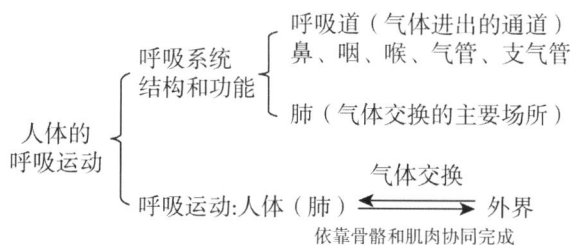

【特色与亮点】

以当代美国课程改革专家威金斯和麦克泰积极倡导"理解为先教育模式"(简称 UbD 理论)为指导,通过教学设计促进学生深层次理解,帮助学生对所学内容进行反思和创新,迁移应用于解决真实问题,所以在教学设计上突出如下几个方面。

1.设计思考问题,让学生在玩模型的基础上获得理解,为迁移应用做准备。

学者温·哈伦在《科学教育的原则和大概念》一书中指出:要注意确保儿童的活动不仅仅停留在兴奋的状态,而是要引导他们加深对他们周围事件的理解。在让学生用锥形罩模型完成不吹气让气球鼓起的活动中设计问题"思考实现这一目的涉及的原理是什么",为学生在理解模型的物理原理后顺利迁移应用知识奠定基础。深层次理解的特征之一就是能迁移应用知识解决新问题。

2.类比锥形罩模型与人体胸腔结构,是促进呼吸运动原理深层次理解的重要设计。

人对知识的理解是以原有的或新近获得的经验、知识为基础而建构起来的。很多学生在课前对"呼吸"有迷思概念,用锥形罩模型中气球的变化作类比,理解人的呼吸实际上是胸腔内部气压发生变化后与大气压形成气压差而引起的,对深层次理解呼吸运动原理有重要作用。

3.将知识形成关联,发展科学观念,是深层次理解的重要特征。

教学活动中,教师通过多种学习支架让学生了解,人体呼吸运动能顺利完成,要依靠骨骼、肌肉等运动系统,甚至神经系统、循环系统等的辅助。教师需要引导学生解释隐藏于深处的知识之间的内在联系,将表面上看彼此孤立的知识联系和沟通。认知科学的研究表明,联系的知识要比分离的知识碎片更容易迁移到新的问题情境。这样的知识关联也更有利于发展学生的"结构和功能相适应""人体是协调同一的整体"的科学观念。

4.用所学知识解决问题可以评估深层次理解是否已经达成。

威金斯、麦克泰在《追求理解的教学设计》一书中指出:如果学生理解了,他们可以通过展示他们知道和能够做到的特定事情来证明自己理解了。因此,在"迁移解决新问题"环节中,通过生活中的真实情境,反馈学生是否真正达成深层次理解,学生的反馈情况也可以作为教师后续教学或教学调整的起点或依据。

光合作用

王馨茁

（杭州市下沙中学）

【课标解读】

《课标》中的内容要求是,知道光合作用的原料、条件、产物及简要过程,认识光合作用过程中物质和能量的转化及其重要意义。学业要求是,逐步形成物质与能量的观念;能建构光合作用的概念或模型,认同植物体内物质和能量的转换原理对农业生产具有重大意义。

【教材分析】

本节课之前,学生已经学习了呼吸作用,通过本节课对光合作用的学习,了解了两个生理过程是相互依存又相互对立的关系,也为下一节课学习大自然中的碳、氧循环做铺垫。

教材中在介绍光合作用概念的基础上,围绕光合作用条件和产物展开多个实验探究活动。设计实验对学生来说难度较大,需要教师搭建问题阶梯启发学生从观看实验过渡到独立设计实验。

学习重点:知道光合作用的原料、条件和产物。

学习难点:设计探究实验方案。

【学情分析】

知识能力:学生通过小学阶段的学习对光合作用有简单的感性认识,知道植物可以通过光合作用产生氧气,但是对于光合作用的探究历程和实验缺乏理性的思考。

探究能力:在探究能力发展方面,学生在小学时期可以依据教材进行完整的探究,但是对于如何设计和评价探究方案,仍需要进一步的加强与提高。

认知发展:由具体运算向形式运算发展,即能够进行抽象逻辑运算,为探究实验方案的设计奠定基础。

【学习目标】

科学观念:①知道光合作用的原料、条件、产物及简要过程。②掌握光合作用的总反应式。

科学思维:①通过探究设计光合作用相关实验,培养科学探究能力。②通过参与科学探究,学习使用控制变量法。

探究实践:由观察教师演示实验并能回答教师提出的问题,到小组合作独立设计实验方案,提升探究能力。

科学态度:①通过探究实验,培养科学的严谨性思维。②通过对植物光合作用的学习,深刻理解生命科学的价值,培养爱护环境的情感。

【教学环节】

一、聚焦挑战性问题

课前活动:制作生态瓶

提前半个月给学生布置实践作业——制作生态瓶,说明生态瓶的制作方法和要求。学生自行分成4～6人一小组完成制作,并将生态瓶带到学校,每天观察记录瓶中生物及环境变化。

全班共分成10组,生态瓶制作情况如下:2组生态瓶敞口放置,不符合制作要求;3组生态瓶内生物种类单一,例如只放了小鱼,生态系统过于简单,导致小鱼很快缺氧死亡;4组生态瓶中生物数量过少,例如放了一只乌龟和一根绿藻,生态系统物质循环缓慢,水质腐烂变臭;1组学生只放了水和鹅卵石,缺乏生物成分。具体情况见图1。

图 1 学生制作的生态瓶

设计意图:通过制作生态瓶的实践活动引起学生的兴趣,激发学生主动学习的动力,实现有效教学。

范示学习:聚焦新课

教师展示学生课前制作的生态瓶,1只瓶放置了绿色植物和2条小鱼,小鱼生命力旺盛,水质清澈;另1只瓶内有2条小鱼,小鱼接近死亡,水质发臭。2只生态瓶为什么出现如此差异?

聚焦挑战性问题:绿色植物在瓶中起到了什么作用?

设计意图:让学生对前期的实践活动进行反馈,展示需要解决的中心问题,在激发学习动机的同时唤起探究欲望,促进主动学习。

二、激活旧知识

问题1:什么是植物的光合作用? 请阅读教材,说出光合作用的原料、条件和产物,写出文字表达式。

问题2:怎样才能知道植物进行了光合作用?

设计意图:学生通过小学的学习,对光合作用已有了解,问题1在教材上有详细解答,难度不高,因此采用自学的方式学习。问题2的提出为接下来的探究实验做铺垫,学生在小学时已经学过淀粉的检验,教师通过启发式提问引导学生回答。

三、加工展示新知识

探究1:植物的光合作用需要光和叶绿体

由于实验时间较长,教师播放提前录制好的实验视频:取暗处理一昼夜的银边天竺葵,叶片上的绿色部分用铝箔做遮光处理,然后放在阳光下照射4h,取下叶片,放在装有酒精的小烧杯中,水浴加热至黄白色后取出,用清水清洗,滴碘液,观察现象。

问题3-1:为什么要将天竺葵放黑暗处一昼夜?

问题3-2:为什么要用铝箔纸在一片完整的叶片上进行部分遮光?

问题3-3:为什么要将叶片放入酒精中水浴?

问题4-1:叶片部分用铝箔盖严,其余部分未盖铝箔,此处的变量是什么?

问题4-2:见光部分变蓝,不见光处未变蓝,可以得出什么结论?

设计意图:光合作用的探究实验相对复杂,难度较大,学生还不能独立设计,因此教师提前做好并录制演示视频,同时通过一系列问题引发学生思考。问题3都是针对实验操作的注意事项提出的,排除其他因素的干扰,使实验进行顺利。问题4的提出使学生思考实验变量,通过现象分析得出结论,并加深对控制变量法的理解。

探究2:植物的光合作用需要叶绿体

问题5-1:活动中使用了银边天竺葵,此处想要控制的变量是什么?

问题5-2:叶片的绿色部分变蓝,而白色部分没有变蓝,你能得出什么结论?

设计意图:演示实验中存在两个变量,引导学生学会分析不同的实验变量,根据不同现象得出相应结论。

四、尝试应用新知识

探究3:植物的光合作用产生了氧气

问题6:光合作用除了制造有机物,还产生了什么? 氧气看不见摸不着,如何检验? 请设计实验证明光合作用产生氧气,并画出实验设计图。

设计意图:鼓励学生在前面两个探究实验的基础上自己设计实验,当遇到困难时可以小组讨论,同伴互助,也可找教师寻求帮助,从而提高探究能力。

五、迁移解决新问题

请拿出自己的生态瓶。通过本节课的学习,大家知道了植物在生物圈中的重要作用,请思考该如何改进生态瓶,使其中的生物长势更好、存活更久。

设计意图:通过本节课的学习,学生对光合作用有了更深的理解,知道其他生物依赖于植物通过光合作用产生的氧气而生存,利用所学知识改进瓶中生态结构、改变环境光照等来使生态瓶中的生物存活更久,在此过程中也可以提升了爱护自然、保护植物的价值观。

【板书设计】

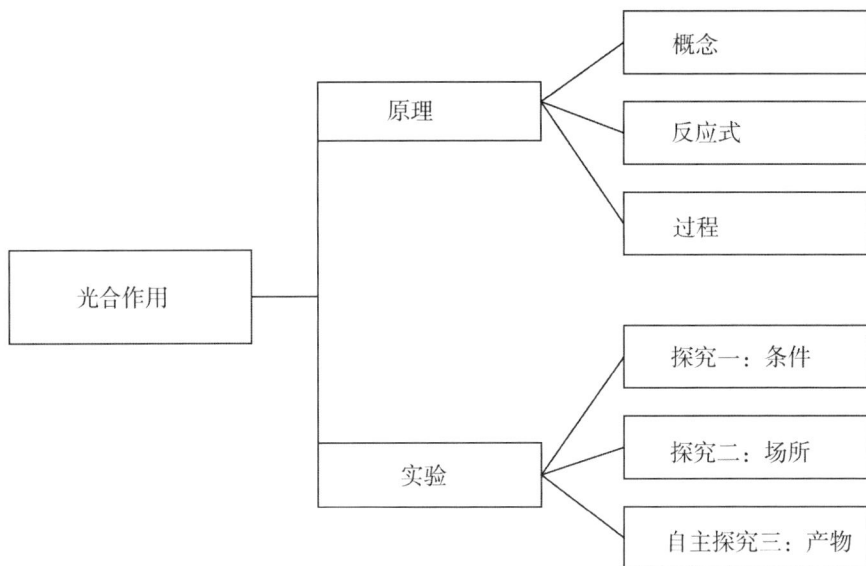

【特色与亮点】

1. 从实践活动中激发动机

课前布置实践活动制作生态瓶,当生态瓶中的生物缺氧死亡,引发学生聚焦挑战性问题,思考植物光合作用对其他生物的影响,在复习旧知的同时又唤起了学生主动学习新知的欲望,激发学习动力,从而主动发现问题、解决问题、建构知识体系,促进达成有效学习。

2. 在范式指导下分层施教

本节课应用问题解决式学习范式,教学方向更加聚焦;分层施教,使教学更具个性化。如一开始探究实验难度较大,教师播放实验视频,启发学生思考问题;有了基础后,后面的实验让学生独立完成。整节课通过搭建脚知识"脚手架",将较难的实验分析透彻后再放手让学生去设计,循序渐进,符合认知发展规律。

3. 在真实情境中首尾呼应

课前制作的生态瓶暴露了很多问题,在学习完光合作用内容后,学生知道了植物在生物圈中的重要作用,课后对生态瓶做改进,首尾呼应,在此过程中也能提升学生爱护自然的情感价值观。

土壤的成分

陈世卿

（杭州市下沙中学）

【课标解读】

《课标》中的要求是,知道土壤由水分、空气、矿物质和腐殖质构成,具有不同的质地和结构,土壤中有大量的生物;用实验证实土壤中有水分和空气,讨论土壤中的矿物质和腐殖质的来源。

【教材分析】

本节课内容选自《科学 八年级下册》（浙江教育出版社）第4章第1节。小学科学教材中对土壤成分有所涉及,但是仅处于感知层面。初中科学教材在《组成地壳的岩石》《光合作用》《自然界碳和氧循环》等章节中对土壤有所提及,但并不系统。本节课系统介绍土壤,之后还将对土壤的类型和土壤对植物的影响进行深入研究。

学习重点:了解土壤的非生命物质成分、土壤成分的检测方法。

学习难点:设计与检验模拟火星土壤改良方案。

【学情分析】

学生在小学学习过土壤成分,但是停留在运用简单实验进行定性感知的层面。大部分八年级学生能说出土壤中的非生物有水、空气、无机盐,但只有少部分学生能明确说出腐殖质;绝大部分能说出土壤中典型动物与植物,但对微生物的认识较少。

【学习目标】

科学观念:①了解土壤的主要非生物成分,认识火星土壤的主要成分。②掌握对比、替代等方法在土壤成分测量中的应用。

科学思维:①了解从学术论文与书籍中查阅关键信息的方法。②通过实验验证土壤改良效果,建立科学实证思维与意识。

探究实践:①掌握土壤成分中空气、水分体积分数的定量检测方法与腐殖质、可溶性矿物质的定性检测方法。②了解模拟火星土壤的基本制作方法,并能设计实验验证改良效果。

科学态度:①通过关注热点问题与学术进展,培养科学研究的热情与态度。②体验科学家进行科学研究的过程,培养科学创新的意识与态度。

【教学环节】

一、聚焦复杂的任务

观看《火星救援》中宇航员在火星上利用火星土壤种植土豆的电影片段,思考该行为的可行性。

任务 1 探讨火星土壤农用改良的可行性

学生讨论:利用火星土壤种植农作物是否可行?

教师总结学生的观点,提出有挑战性的核心问题:如何改良火星土壤用以种植农作物?

引出核心任务"火星土壤农用改良"。

设计意图:核心任务的设定应当恰当、有趣、富有挑战性。科幻电影的引入,能激发起学生的学习兴趣。设置具有真实性和批判性的问题,引发学生猜想,进而提出核心问题。此环节中学生的学习积极性被充分调动,探索运用高阶思维技能去完成任务。培养学生思考生活中、时事热点中的科学问题的意识。

二、激发学生好奇心

改良火星土壤需要进行大量实验,而迄今人类未从火星上运回土壤标本,学习所需的实验材料该如何获取?

任务 2 研究并制作模拟火星土壤

学生通过查阅论文、专业书籍,梳理出火星土壤研究成果。

◀◀ **资料卡** ▶▶

中国地质大学刘汉生等人发表于《载人航天》的《典型模拟火星土壤研究进展》论文中阐述,研究发现火星土壤与地球土壤中玄武岩成分相似(见图 1)。包括中国在内的国际多国科学家已制作出 40 余种模拟火星土壤用于航天研究。中国科学院研制的 JMSS-1 模拟火星土壤以内蒙古集宁玄武岩为原材料,并添加磁铁矿和赤铁矿(配比为 93:5:2),弥补了集宁玄武岩铁含量低于火星土壤的不足。JMSS-1 颗粒粒径小于 1mm。[1]

设计意图:动机设计模型第一个要素就是吸引学生的注意力,使学生产生解决问题的欲望,唤起其探究兴趣。对于学生而言火星土壤能激起他们的好奇心,但是对科研成果又较为陌生,通过事先提供学习资料,拉近科学研究与学生的距离。

活动:模拟火星土壤制作

材料:20~40 目、40~80 目玄武岩矿砂,磁铁矿砂,赤铁矿砂末。

制作方法:将 20~40 目、40~80 目的两种玄武岩矿砂按照质量比 21:23 混合制成基础岩砂,在基础岩砂中添加磁铁矿砂与赤铁矿砂,三者的质量比 93:5:2,制成模拟火星土壤。

设计意图:研究成果向实践运用转化是科学研究中重要的思想,也是学生通过学习科学培养的能力与意识。选取材料制作模拟土壤,重构课程内容,体现了"用教材教"的课程意识,充分调动学生的计算能力、操作能力。

单位:%

物质组成	海盗1号(1975)	海盗2号(1975)	火星探路者(1996)	勇气号(2004)	机遇号(2003)	好奇号(2011)	火壤平均值	火星壳平均值	地球陆壳	地球上陆壳	地球玄武岩
SiO_2	44	43	42.3	45.8	43.8	42.88	45.41	49.3	60.6	66.62	49.67
TiO_2	0.62	0.54	1.01	0.81	1.08	1.19	0.9	0.98	0.72	0.64	1.82
Al_2O_3	7.3	7	7.98	10	8.55	9.43	9.71	10.5	15.9	15.4	16.3
Cr_2O_3	–	–	0.3	0.35	0.46	0.49	0.36	0.38	–	–	–
FeO_T	17.5	17.3	22.3	15.8	22.33	19.19	16.73	18.2	6.71	5.04	10.32
MnO	–	–	0.52	0.31	0.36	0.41	0.33	0.36	0.1	0.1	–
MgO	6	6	8.69	9.3	7.05	8.69	8.35	9.06	4.66	2.48	6.01
CaO	5.7	5.7	6.53	6.1	6.67	7.28	6.37	6.92	6.41	3.59	10.18
Na_2O	–	–	1.09	3.3	1.6	2.72	2.73	2.97	3.07	3.27	2.91
K_2O	<0.5	<0.5	0.61	0.41	0.44	0.49	0.44	0.45	1.81	2.8	0.93
P_2O_5	–	–	0.98	0.84	0.83	0.94	0.83	0.9	0.13	0.15	–
SO_3	6.7	7.9	6.79	5.82	5.57	5.45	6.16	–	–	–	–
Cl	0.8	0.4	0.55	0.53	0.44	0.69	0.68	–	–	–	–
Total	89	88	99.65	99.37	99.18	99.85	99	100	–	–	–

注:海盗1号、海盗2号、火星探路者FeO_T为Fe_2O_3,勇气号、机遇号、好奇号、火壤平均值、火星壳平均值、地球陆壳、地球上陆壳和玄武岩FeO_T为FeO。

图1 火星土壤和地球表面岩石主量元素质量分数的对比[1]

三、分解成递进任务

任务3 模拟火星土壤与地球农田土壤中成分测定与对比

实验1:土壤中空气体积分数的定量测定

测定方法:利用取土器取出一定体积的土壤($V_土$),将土壤置于盛有一定量水(V_1)的量筒中,读出示数(V_2),计算空气体积($V_空$)及体积分数($W_空$)(见图2)。

$$V_空 = V_土 + V_1 - V_2; W_空 = (V_空/V_总) \times 100\%$$

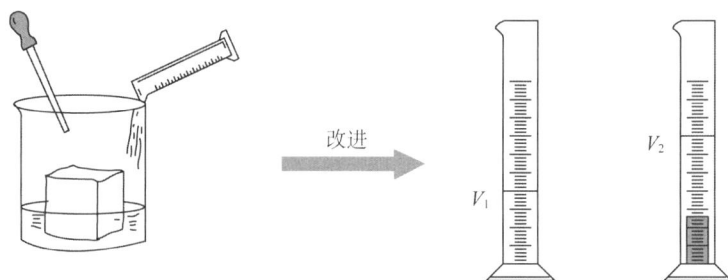

图2 空气体积分数测定实验改进

设计意图:教材中的空气体积分数测量实验面临取土困难、测量不便捷等问题。通过对实验的改进,提升实验的精确性性与可操作性。

实验2:土壤中水分体积分数的定量测定

测定方法:通过加热、风干等方式干燥土壤,测量湿土($m_湿$)与干土($m_干$)质量差,计算水分质量与体积,进而算出水分体积分数$W_水$(见图3)。

$$W_{水} = (m_{湿} - m_{干})/(\rho_{水} V_{土}) \times 100\%$$

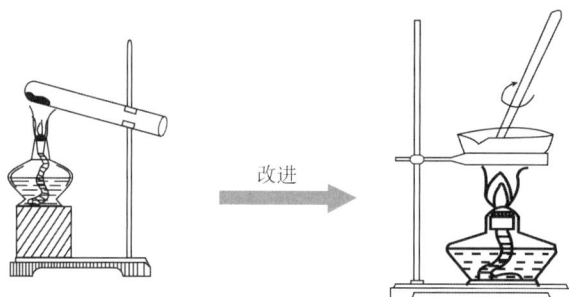

图 3　水分体积分数测定实验改进

设计意图：学生对土壤中水分已有认识，也能阐述多种证明方法。教材中定性检验土壤中水分存在，只是对学生已有知识的重复。教学中将水分定性检验改进为体积分数的定量测量，学生通过替代法，运用测量工具计算体积分数。

实验 3：设计土壤中有机物的定性检验

测定方法：土壤中有机物燃烧会产生焦糊味。将土壤样品置于燃烧匙上，用酒精灯灼烧，扇闻气味（见图 4）。

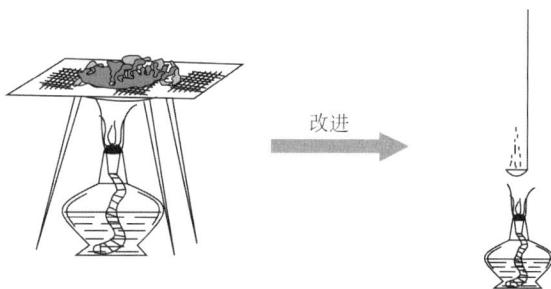

图 4　有机物检验实验改进

设计意图：教材中有机物检验实验的时间较长，且石棉网中的杂质会影响学生对"焦糊味"的判断。本节课教学中将实验"轻量化"，运用燃烧匙取土、灼烧，提升了实验的准确性。

实验 4：设计土壤中可溶性无机物的定性检验

测定方法：将土壤浸入盛有烧杯的水中，滤出土壤浸出液。吸取少量液体滴在玻璃片上，用酒精灯蒸发水分，观察玻璃片上残留物质，即为土壤中可溶性无机物（见图 5）。

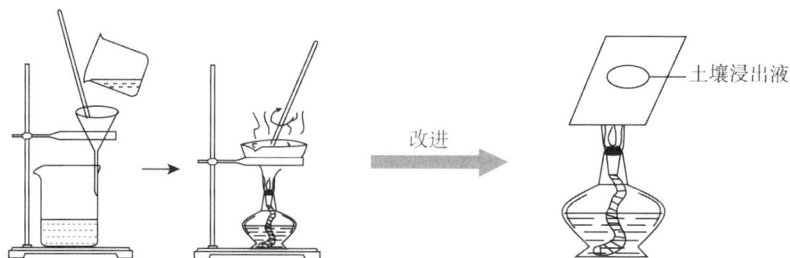

土壤浸出液

图 5　可溶性无机物检验实验改进

设计意图：教材中运用蒸发皿进行可溶性有机物检验，时间长、难度大。教学中改进为加热玻璃片上的少量土壤浸出液,缩短实验时间,实验现象更明显。

通过对土壤中各非生命物质成分的测量,填写成分对比表(见表1)。

表1 土壤非生命物质成分对比

成分	地球土壤(农田)	火星土壤(模拟)
空气体积分数(定量)	22%	37%
水分体积分数(定量)	17%	不含
有机物(定性)	含有	不含
矿物质(定性)	含有	含有

设计意图:赖格卢斯的精细加工理论认为,第一个任务应该以最简单的形式呈现,后续任务的复杂性则依次增加。将完整任务改良模拟土壤分解为测量、对比等小任务序列,让学生将完成前一任务中获得的经验、技能、方法运用在后一任务中,可以提升科学知识与技能的运用能力,建立循序渐进的意识。

四、搭建学习"脚手架"

任务4 设计制定模拟火星土壤改良方案

设计:学习小组研究讨论,制定改良模拟火星土壤的方案。

提供资料:腐殖质具有适度的黏结性,能够使黏土疏松、砂土黏结,具有保水、透气、保肥的功能。腐叶土、堆肥土、泥炭土都富含腐殖质。

要求:改良方案初稿用黑笔进行书写,之后对照评价量表(见表2)进行自评、互评,用红笔修正。

表2 改良方案评价表

评价内容	评价量规	是否通过
原理科学性	依据理想土壤比例添加腐殖质	□通过 □不通过
	对所需腐殖质进行定量计算	□通过 □不通过
	依据立项土壤比例添加水	□通过 □不通过
	对所需水分进行定量计算	□通过 □不通过
	通过搅拌等方式使物质混合均匀	□通过 □不通过
	设计有对照组检验改良效果	□通过 □不通过
操作可行性	有改良过程的图示	□通过 □不通过
	对改良过程描述详细,易操作	□通过 □不通过
	腐殖质易获取,来源广泛	□通过 □不通过
	腐殖质来源物经过腐化处理	□通过 □不通过

设计意图:在真实的学习情境中,需要为学生的学习提供"脚手架",即在设计中建构主体性知识,帮助其逐步解决问题或完成任务,保证每名学生都有成功的体验。此环节的"脚手架"有学习支架与评价量表两种形式。学习支架分为三种。①问题支架,即以问题或

问题链的形式促进学生思考;②资源支架,即给学生提供信息资料、技术讲解等资源包,使其获得必要知识或技能;③策略支架,即给学生提供解决问题的策略。后置评价量表,帮助学生规范方案设计。设计过程中要求学生用不同颜色的笔进行标注与记录,让学生的思维外显,便于评价。此环节培养学生的独立思考能力、创造性思维和解决问题的能力。

五、完成创造性任务

任务5 设计方案检验模拟火星土壤改良效果

设计:小组讨论如何检验土壤改良效果,设计检验方案。

要求:选取合适的农作物,注重改良前后的效果对比,并能在检验方案中体现操作的可行性。验证检验效果需要较长时间的观察与记录。

实践:对模拟火星土壤进行改良,在改良土壤、农田土壤中种植农作物,对比它们的生长状态与果实情况,从而判断土壤改良的效果。

总结:在改良效果验证之后,小组总结项目实施过程,并进行汇报。项目实践汇报包括项目背景、项目核心问题、实践过程、实践总结等部分。

设计意图: 动机设计模型理论强调,要提供在真实情境中运用新获得的知识技能的机会。学生在确定了模拟火星土壤改良方案之后,面临的重要问题即如何验证它。本环节设计验证土壤改良效果的任务,让学生在真实情境中实践操作,建立科学实证意识。通过总结展示,培养学生的表达能力。

任务6 针对特殊农作物进行土壤改良

在学生已有改良方案的基础上,提出开放性问题,鼓励学生查阅资料,进行进一步思考。
问题1:如何针对绿叶蔬菜、根茎蔬菜等进行改良?
问题2:如果需在火星种植果树,应怎样对土壤进行改良?

设计意图: 动机设计模型强调,让学生在完成复杂或创造性任务的过程中持续提高满意度。在改良任务完成之后,提出更高层次、更有针对性的学习要求,满足不同层次学生的学习需求。通过开放性问题,使学生拓宽视野,培养对问题进行多元化思考的意识。

【板书设计】

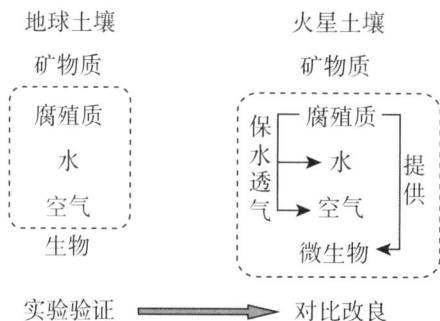

【特色与亮点】

1.充分调研学情，以学定教

对比小学与初中教材中关于土壤的内容，梳理出教学内容的递进关系。在教学之前对学生的认知情况做了充分的调查，以学情薄弱点作为教学的切入口，在学生的最近发展区施教。在成分测量环节，改进后的实验更适合学生学习，有助于其思维的提升。在改良活动环节，引导学生认识"腐殖质"这一知识盲点，形成对模拟火星土壤的全面改造。

2.引入科研资料，重构课程

本节课在《课标》要求的框架内，通过先行引入火星土壤的最新研究成果，将土壤成分的教学向系统化、项目化的方向重新建构。围绕火星土壤农用改良的真实性问题，将教材中的学习资源与科学研究资料整合，从传统的"教教材"转变为"用教材教"的课程意识。教学过程中的任务设计为学生学习的微项目，通过制作模拟火星土壤、设计改良方案、验证改良效果等微项目，层层递进，让学生在学习中不断运用已有知识、技能、方法，收获新知。

3.改进教材实验，提升思维

本节课教材中的实验与学生的学情并不完全契合，对学习的促进作用有限。教学中对实验进行针对性的开发与改进，帮助学生达成目标、提升思维。将土壤空气体积分数的测量实验进行改进，提升实验的准确性与可操作性。在学生对土壤水分有所认识的基础上，将教材中验证土壤水分的定性实验开发为定量实验，匹配学情，提升学生思维。学生对土壤腐殖质的认识不足，通过先行提供资料、将教材中的实验"便携化"，缩短课堂时间，提高成功率。可溶性无机盐的实验做了"轻量化"处理，有效缩短时间，提升安全性。

参考文献

[1] 刘汉生,王江,赵健楠,等.典型模拟火星土壤研究进展[J].载人航天,2020,26(3):389-402.

探究适合酵母菌发酵的温度范围

程 玄

（杭州市钱塘区学正中学）

【课标解读】

《课标》中的要求是，通过酶的催化反应实验，体验酶在生命活动过程中的重要作用。

【教材分析】

本节课是针对《科学 九年级下册》（浙江教育出版社）第4章第2节《探究影响酶催化作用的因素》而设计的项目化学习。以重要概念酶作为基础，聚焦酵母菌的呼吸作用及其影响因素、观测指标等更多的知识信息，并整合成项目，引导学生在完成项目的过程中达成深度学习，建立学科知识与真实的生活世界的联系。

【学情分析】

学生在小学学习过酵母菌是一种微生物，与馒头、面包等食品的发酵制作有关，但只停留在运用简单实验现象进行定性感知的层面。

酶是生物催化剂，能催化体内不同的化学反应。通过探究实验可感知影响酶的催化作用的因素。但如果一味灌输概念，就只会让学生对新概念知识感到迷惑或厌倦，陷入前结构层次状态或无学习状态中。

如果教师只列举事实开展"具体的概念教学"，使用多个孤立的知识点开展"抽象的概念教学"，也会让学生依然停留在浅层学习状态。

【学习目标】

科学观念：①了解酵母菌的呼吸作用，认识影响酶的催化作用的相关因素。②掌握进行实验与获取数据的方法。通过运用颜色的变化比较影响酶的催化作用的因素理解"转换法"，是进行科学探究的重要能力。

科学思维：①了解基于生活经验及科学推理提取关键信息、提出问题的思维与方法。②灵活运用控制变量法设计实验探究方案。明确探究方案，并能根据其进行实验与收集证据，建立科学实证思维和意识。

探究实践：①探究影响酶催化作用的因素。会用简图表示实验流程，基于真实的生活经验设计出现象直观、操作性强、程序严谨的探究方案是关键。②合理分析实验误差，概括不同温度下酵母菌的呼吸相对速率的变化。对与预期不一致的现象做出合理解释。正确区分误差与错误，有新的发现，有进一步改进和完善的想法。③小组合作，用文字、图表等方式表述探究过程、结果与反思,制作交流展板。

科学态度:①体验科学家进行科学研究的过程,培养科学创新的意识与态度。②通过关注真实生活中的问题,培养科学探究的热情与态度。

【教学环节】

一、聚焦复杂任务

杭州三十六道名点之一"严州豆腐包"色香味俱全,而豆腐包制作成功与否与酵母菌发酵的好坏有关。可做包子时经常会遇到面发不起来的情况,做出的包子不好看,也不松软。影响包子发酵的因素有哪些?

产生任务:提供背景知识,引出核心任务"探究促使酵母菌发酵的合适温度范围"。

教师呈现如图 1 所示的相关资料,并回顾自己做包子的过程。

(1)一般发酵用的酵母粉的主要成分为活性干酵母。

(2)酵母是一种单细胞真菌,能将糖发酵成酒精和二氧化碳,在合适的温度下生长在偏酸性的潮湿的含糖环境中。

(3)做包子的酵母菌是从冰箱里拿出来的在保质期内的活性干酵母。

图 1 背景资料

经学生分析讨论后,最终问题指向"包子中的酵母菌发酵的关键因素是温度"。

产生项目:探究促使酵母菌发酵的合适温度范围,引出核心任务。

设计意图:运用生活中的真实情境,激活学生的前概念,激发学生兴趣与求知欲,进而引出核心问题,引导学生筛选信息,引发初步思考。呈现资料,提供背景知识。引导学生基于观察到的现象及科学推理,分析项目的核心问题。

二、激发学生的好奇心

请根据下面提供的条件参与实验设计并完成实验。

实验材料:活性干酵母若干袋、白糖若干袋。

实验用具:带塞和玻璃弯管的大试管 2 套、试管架 1 只、烧杯(50ml)2 只、滴管 2 支、试管 6 支、标签纸、大烧杯(100ml)、温度计 1 支、量筒(10ml)、显微镜、载玻片、盖玻片等。

药品及试剂:溴百里酚蓝(BTB)试剂、热水、冷水。

三、分解成递进任务

任务1 观察酵母菌(见图2)

(1)形态:_____

(2)气味:_____

(3)其他感官延伸工具:_____

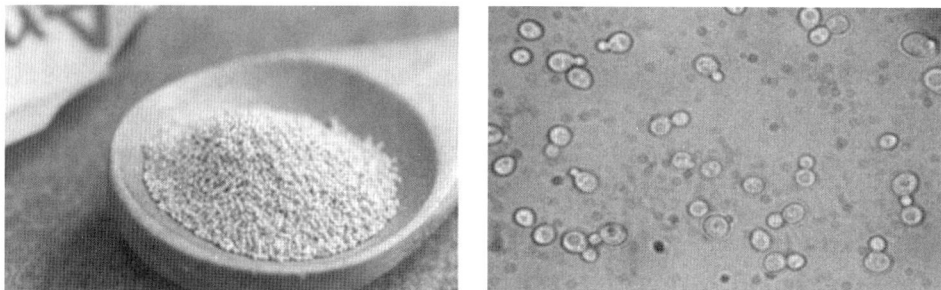

图2 酵母菌

任务2 实验探究适合酵母菌发酵的温度范围

1.实验准备

干酵母
的活化 → 问题:如何判断温度会影响酵母菌的发酵?(基于生活经验及科学推理)
处理   准备验证的假设:_____
         目标:①以_____为指示标志。②比较在不同温度下酵母菌的呼吸
             相对速率的变化。

设计意图:教师通过抛出任务序列,引导学生实施项目,通过完成真实任务来学习隐藏于任务中的知识,从感知层次逐步进入深层次学习。

2.实验设计

(1)请学生根据图3所示要求设计实验方案,采用绘图与文字的方式呈现。

> 设计实验(绘图+文字)
> A.核心问题:
> 酵母菌合适发酵的温度范围是多少?以客观事实为基础。
> B.假设酵母菌发酵的合适温度是:
>
> | 20℃ | 26℃ | 32℃ | 44℃ | 38℃ | 48℃ |
>
> C.目标:
> 1.比较在不同温度下酵母菌的呼吸相对速率的变化。
> 2.以溴百里酚蓝(BTB)试剂的变色程度为指示标志。

图3 实验的核心问题及目标

(2)将学生分成6～8组,每组选定一个温度进行实验,在规定的时间内实验结束,汇总各组的实验结果。

设计意图:引导学生绘制逻辑性强、程序严谨、操作直观、结构完整的实验流程图。温度的选择是关键。每个项目小组选定本组的实验温度,并进行实验。

四、搭建知识"脚手架"

根据量表(见表1)对设计方案进行修正,直至全部通过。

表1 《探索适合酵母菌发酵的温度范围》探究方案评价量表

任务		评价指标	评价规则 (每条3分)	评价等级 (通过)	评分
A. 提出实验探究问题		提出问题	以客观事实为基础	是 否	
B. 建立猜想与假设,说明理由		猜想与假设	陈述的理由基于观察到的现象以及科学推理	是 否	
C. 制定探究方案	1. 建构实验方案	设计实验方案	1. 确定自变量,设计对照实验,并进行分组编号	是 否	
			2. 说出判断合适发酵温度的方法是,测算二氧化碳的产量,转换为观察澄清石灰水的浑浊程度、BTB试剂的变色程度	是 否	
			3. 准确运用控制变量(如反应物的量、反应时间等)等科学思想方法	是 否	
			4. 方案体现对材料的观察、选择和处理(如酵母菌的活化),又有减少外来因素干扰的设计	是 否	
	2. 思考并回答下问题 收集的变色和时间数据是指什么?如何观察、测算变量?如何记录数据?	实验设计思路	1. 实验材料:25mL活化的酵母菌溶液,内有2g酵母菌 2. 将各组酵母菌溶液置于不同温度的水中,对有4mL BTB试剂的试管通气,观察一系列变色反应。记录变色现象 3. 观察并记录数据 4. 每组组员有分工任务	是 否	
	3. 设计实验数据记录表	填写记录表	记录现象,表格简洁、清晰	是 否	
D. 实验操作,记录实验数据		进行实验,获取数据	1. 分组、编号、处理 2. 将实验现象真实、及时、完整记录 3. 关注与记录实验中的"意外"情况,并能妥善处理	是 否	
E. 归纳、概括,写出结论,评估结论的可靠性		得出结论,并进行评估	1. 合理分析实验误差,概括出不同温度下酵母菌的呼吸相对速率的变化。对于与预期不一致的现象,做出合理解释 2. 正确区分误差与错误 3. 有新的发现,有进一步改进和完善的想法	是 否	

续表

任务	评价指标	评价规则 （每条3分）	评价等级 （通过）	评分
F.表达与交流	小组合作，用文字、图表等方式，就探究过程、结果与反思情况，制作交流展板	1.展板内容包括主题、问题、结论、评估、反思 2.简洁、美观、清晰、有逻辑 3.尊重合作者，坚持原则	是　否	

设计意图：根据量表对方案进行修正。学生能够用所学的方法，学会设计完整的实验方案和结果分析。

3.记录实验数据，分析与结论

不同温度下酵母菌培养液呼吸产物二氧化碳导入BTB试剂中的颜色见表2。

表2　不同温度下酵母菌培养液呼吸产物二氧化碳导入BTB试剂中的颜色

温度	常温 （20℃）	25℃	28℃	32℃	35℃	40℃	43℃
25ml酵母菌培养液	蓝色	绿色	浅绿色	黄色	黄色	蓝绿色	蓝色

分析：BTB试剂可鉴定二氧化碳，且随着二氧化碳量的增多，溶液由蓝色变成绿色再变成黄色。温度过高时，酵母菌死亡，不能产生二氧化碳，BTB试剂颜色基本不变。

4.思考

（1）验证假设：你的数据是否支持你的假设？

（2）分析变量：控制相关变量，如反应时间、酵母菌的量，观测BTB试剂的变色情况。从实验结果记录表中寻找有价值的信息，并做出分析。

（3）得出结论：你的结果是否充分说明了酵母菌的发酵与温度变化有关？你认为这种BTB试剂与常规实验室的澄清石灰水比较有什么优缺点？

（4）误差分析：实验过程中有哪些错误及误差？实验方案如何改进？

设计意图：观察比较不同温度下酵母菌培养液呼吸产物二氧化碳导入BTB试剂中的颜色。各组寻找适合的温度范围。

任务3　探究适合酵母菌发酵的温度范围的实验改进

（1）本实验的自变量、应变量和控制变量分别是什么？

（2）实验结果是否支持你的假设？为什么？想要更精准地确定适合发酵的温度，如何设计实验进行定量检测？

（3）根据学生绘制的改进方法（二氧化碳吸收法或排水法），进行评价和分析。

小组合作，用文字、图表等方式，就探究过程、结果与反思情况，制作交流展板。师生共同点评分析，生成评价量表。

设计意图：通过任务推进项目，使定性实验转化为定量实验，并生成评价量表，最后进行本节课的总结和呈现项目成果。

五、完成创造性任务

任务 4 应用与拓展

某学生想在家尝试自制红糖米糕。现在请结合本实验的探究结果,写出你的思路和建议。

思路:粳米充分研磨后,与温水活化后的酵母菌混合,放在 32～35℃ 的环境中缓慢发酵,蒸熟。要小心不能发酵过度,不然米糕会发酸。

设计意图:通过应用拓展,引导学生在实践中达成深度学习,建立学科知识与生活的联系。

【板书设计】

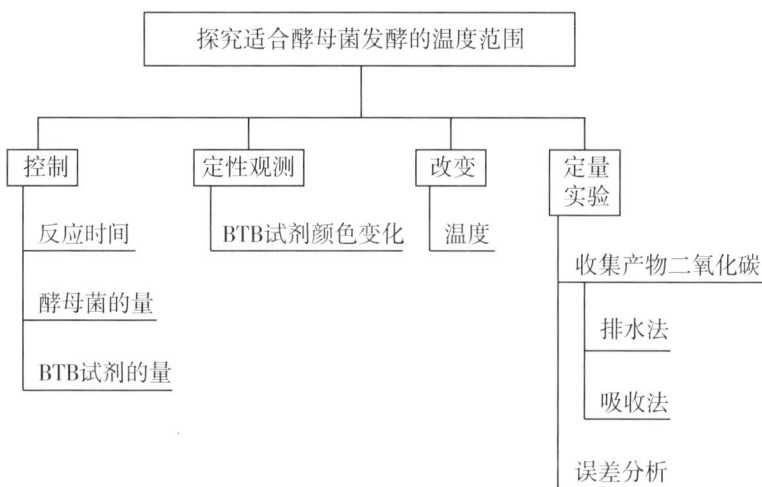

【特色与亮点】

1. 基于学情,以学定教

分析学情,对比小学和初中教材的不同,梳理出内容的递进关系。以学情的薄弱点作为教学的切入口,设计表现性任务、支持性活动。

2. 真实情境,团队合作

结合学生生活情境,聚焦关键性的学科概念,改进教材中的实验,提升实验的可视性和可操作性。将学生分组,完成项目分工。

3. 项目推进,重构课程

根据教学目标,把握核心知识,设计任务,重构课程,通过表现性任务的科学评价促进学生项目的积极开展,注重过程性评价和成果的物化,更注重证据呈现的学习结果,设计不同阶段的预期成果,提升学生的学习效率。

生物的进化

夏　骏

（杭州市钱塘区启源中学）

【课标解读】

《课标》的要求是，列举生物进化现象，认同生物进化观点。

【教材分析】

《生物的进化》是《科学　九年级下册》(浙江教育出版社)第 1 章的内容。在平时的教学中，学生看似对本节课的内容毫无疑问，只需按教材所给的内容按部就班地回答教师提问即可，这样既没有充分调动学生的积极性，对于学生思维的培养又没有任何帮助。另外，在本节课中，"化石"被强调是生物进化最有力的证据，但是"化石为什么会逐渐成为生物进化最有力的证据？""科学家到底是如何研究，如何进行推理的？""除了化石外，解剖学、胚胎学和 DNA 分子等其他证据又是如何论证的呢？"这些问题在教学中并未被很好地解决，学生对于我们所学内容只是被动接受，这样的教学会让学生以为科学知识是永恒不变的，违背了科学本质——科学知识具有可变性。

学习重点:通过观察与分析马化石，得出结构与功能相适应的生物观念；通过分析对不同地质年代所发现的化石的规律，以及马、腔棘鱼的演化与环境之间的关系，了解生物是在不断进化的，并且生物与环境是相适应的。

学习难点:通过学习神创论与进化论之间的对比及进化论不断修正完善的过程，培养质疑能力以及批判性思维能力。学会科学论证:证据需要在事实基础上分析推理、通过论证得出。

【学情分析】

本节课内容离学生的生活较远，也比较抽象，学习中很难找到直观的实验和真实模型的支持，学习难度比较大。虽然一部分学生已听过达尔文进化论的观点，知道生物都是处在不断进化的过程中的，但是对于具体是怎样变化的、变化趋势是怎样的还不清楚。也有部分学生通过电视或者网络见过化石，但可能没办法说出化石研究的意义。如果给出资料和问题引导，可以让学生对于化石和生物进化的研究过程、方法有个简单而正确的科学认识。

【学习目标】

科学观念:通过分析不同的化石，得出生物是不断进化的，以及结构与功能、进化与适应的观点。

科学思维:通过学习神创论与进化论之间的对比及进化论不断修正完善的过程,培养质疑能力和批判性思维能力。

探究实践:通过反驳神创论提出进化论的观点,并在观察、提问、小组合作、交流讨论中得出化石、胚胎比较学、比较解剖学等事实与证据是支持进化论观点。

科学态度:通过学习树立保护环境、保护生物的社会责任意识。

【教学环节】

一、聚焦复杂的任务

聚焦复杂的任务:你支持神创论还是进化论? 并请思考是否有证据支持自己的想法。

设计意图:教师创设是否赞同神创论的情境,吸引学生的注意力,使学生产生疑惑并思考什么证据可以支持神创论、进化论,从而在后面的教学中更好地引导学生用事实推理所得形成的证据支持观点。

二、激发学生好奇心

教师引入外星人的情境并提问:外星人存在吗? 在科技不发达的古时候,人们思考自然界有多种多样的生物,生物中的一些器官是如此精巧,它们是由谁设计的?

激发学生的兴趣,并引导学生思考当时人们的认识会有哪些,同时引出神创论(见图1)。

设计意图:引出神创论,对神创论的具体内容做进一步了解,激发学习积极性。

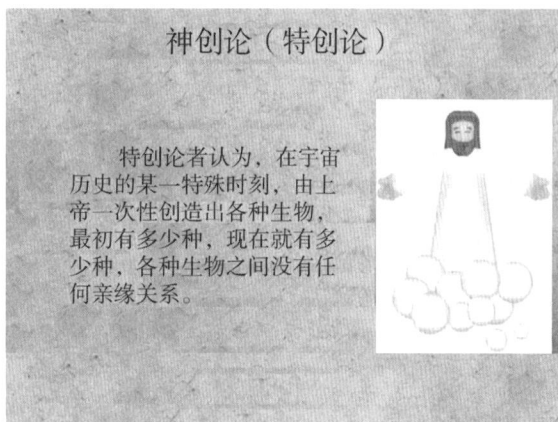

神创论(特创论)

特创论者认为,在宇宙历史的某一特殊时刻,由上帝一次性创造出各种生物,最初有多少种,现在就有多少种,各种生物之间没有任何亲缘关系。

图1 神创论课件

三、分解成递进任务

根据环节一中所提出的复杂任务,教师引导学生分解该项任务:

(1)化石作为进化论最主要的证据,是如何被人们所认识的?

(2)人类发现了哪些化石? 这些化石可以说明什么?

(3)还有哪些证据可以支持你的观点?

四、搭建学习"脚手架"

引导学生思考化石在怎样的岩石中能够被寻找到这一问题,结合已学知识,讨论化石形成的过程(见图2),并将不同的化石图片贴到对应年代的地层中(见图3)。

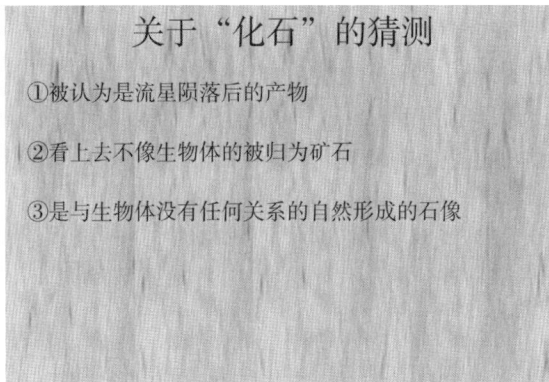

图2 关于"化石"的猜测课件

图3 化石形成及生物演变方向课件

展示科学家们发现了大量的不同地质年代的马化石(见图4),组织学生按照年代顺序将它们排序并小组讨论导学案(见表1)中的问题。

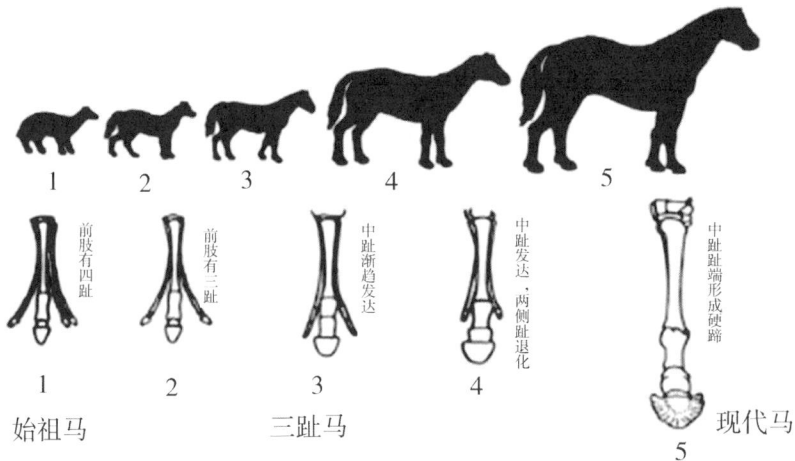

图4 化石形成及生物演变方向课件

表1　不同年代马的生活环境

不同年代	生活环境
始祖马	
三趾马	
现代马	

注:生活环境可填草丛、灌木、草原。

(1)年代不同的马的形态结构有什么不同? 为何不同?

(2)通过以上分析你能得出何种观点?

在海洋中,科学家们找到了腔棘鱼的化石,与现在的腔棘鱼比较,有什么发现? 经过几百万年以后会怎样?

通过以上活动点出生物与环境之间的关系,生物与环境相适应,再次佐证物种是可变的。学生讨论获得化石形成的过程,反驳神创论,初步支持进化论。

设计意图:教师围绕核心,创设知识"脚手架",从学生所掌握的事实着手,引导学生分析推理,引出对应的推论,并以此为证据为进化论提供支持。在此过程中,学生从原先的感性认知(观察事实)转变为逻辑认知(依据事实分析推理),学会在推理分析过程中支持自己的观点。

五、完成创造性任务

除了化石,科学家们还寻找到了其他支持进化论的证据,如胚胎比较法、比较解剖学(见图5),引发学生研究比较不同生物的胚胎,通过分析引导支持假说——生物之间有亲缘关系。

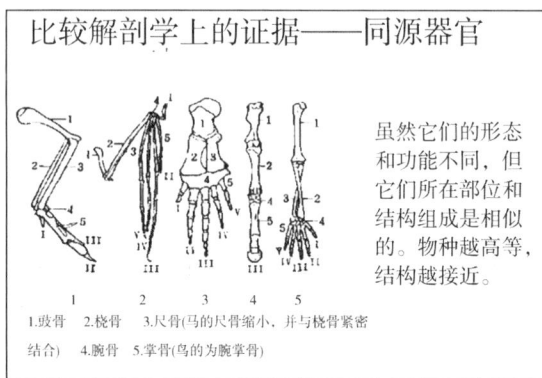

图5　比较解剖学课件

教师设置问题链:除了以上证据以外,还有其他的证据证明生物间有亲缘关系吗? 怎么证明你是你父母亲生的? 我们与猿猴之间到底有没有亲缘关系?

随着科学技术的进步,新的证据不断被发现。引导学生思考在本节课中用到了哪些科学方法,又有哪些感悟。在本环节的最后总结科学方法以及点出科学本质。

设计意图:利用延伸任务,促使学生思考;通过不同证据的支持,让学生感受到一种观点的形成需要多方证据的支持,也让学生认识到观点是不断变化的,很好地体现了科学知识具有可变性这一特点。

【板书设计】

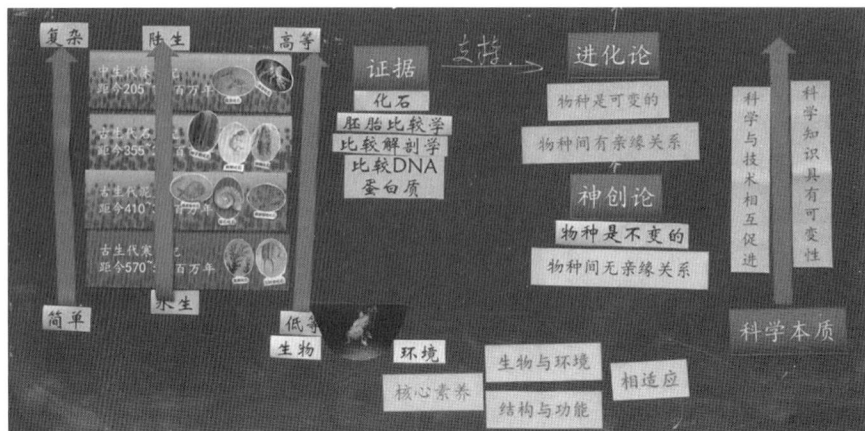

【特色与亮点】

1.本节课为指向深度学习的任务驱动式学习范式,由发现事实引出主线任务,通过事实分析形成证据,设计提升任务支持观点。

2.本节课通过就一系列问题在教学中展开讨论,初步形成证据,佐证观点,在此过程中让学生深刻体会科学知识具有可变性。

3.本节课有遗憾之处,如在教学过程中并未特别突出"时间"这一重要因素,但从学生的反馈及课堂中有效落实教学目标的情况看,这次探索性的尝试是有意义的。

第四篇
地理

地球的形状和内部结构

包青锋　俞丽玮

（杭州市高新实验学校　杭州市滨和中学）

【课标解读】

《初中科学课程标准(2011年版)》中关于本节课的课程内容为:认识地球的形状和大小;活动建议为:查阅有关史料,了解人类认识地球形状和大小的漫长历程。用多种方法说明地球是一个球体。根据此要求,活动和重历是本节课的主要学习手段。学生可通过寻找相关证据来支持自己的观点,与古代科学家进行"对话",逐步形成正确的观念。

【教材分析】

1.知识任务分析

地球的形状及内部结构的相关知识学生已经通过多种场合获取,因此并非本节课的重点。

2.过程任务分析

通过探究证明地球是一个球体,从中渗透科学方法论的学习,尤其强调学科思维方式。将人类发现地球形状及内部结构的过程从教学的角度进行合理的剪辑、编制,引导学生去追根溯源,"像科学家一样思考问题",从而把学生对地球的认识过程改为学生主动参与的"再发现"和"亚研究"过程。因此,过程任务是本节课的学习重点之一。

3.态度任务分析

让学生在沿着前人轨迹经历地球形状及内部结构的探究过程中,经受磨砺,增长才智,同时培养一定的科学态度,即体会古人的浪漫想象力,认同古人对地球形状认识史的贡献,感悟现代科学技术的奥秘和魅力。态度任务是本节课的另一个学习重点。

【学情分析】

1.想法单纯

七年级的学生想法单纯,不具备客观的批判性思考能力,会在了解了古人的地球观后,形成认为古人愚昧不化的错误评价,因此,教师要通过一定的手段,让学生去发现古人地球观的积极意义、浪漫的想象力,以及对后人进一步认识地球的积极影响。

2.知识碎片化

七年级学生虽然有一定的认知和探究素养,但关于地球形状发现史的知识是碎片化的,不成体系,教师应在指导学生与科学家进行"对话"的过程中,以时间轴的形式梳理出认识地球的过程及需要用到的科学方法,使相关知识系统化、条理化。

3.充满好奇

七年级学生对科学知识和科学技术保持着极其浓厚的兴趣,教师要创设各种利于激发学生学习兴趣的情境。例如,观看《地心历险记》视频等能帮助学生发挥想象,想象有一天我们能一探地球内部结构。

【学习目标】

科学双基:经历人类认识地球形状的历史过程,感受人类对地球形状的认识是一个不断被完善、被修正的过程,体会科学知识尽管具有经久性,但仍然具有暂时性的特征。

科学思维:①通过对地球形状及内部结构的"再发现",培养实验探究素养和科学方法素养,初步学会科学家的思维方式。②通过排列地球形状及内部结构研究史,实现知识条理化,同时培养整理归纳的思维能力。③在对科学观点进行质疑、辩驳的过程中,培养批判性思维。

科学实践:通过角色扮演,寻找相关证据来支持自己的观点,与古代科学家进行"对话"。在呈现多方证据的过程中,形成证据链,培养信息综合论证的科学素养。

科学态度:感悟科学技术不断发展、永无止境的特征,理解科技对科学进步的影响,促进对科学本质的进一步理解。

【教学环节】

一、聚焦挑战问题

教师播放南辕北辙的视频,引出地球是一个球体。

设问:我们那么容易就知道地球是一个球体,古人为什么发现不了呢?播放图片、音乐,配合学生朗诵《敕勒歌》,从而让学生仿佛置身于古人的生活中,想象古人的地球观:天圆地方。

模拟实验:利用一根塑料弯管、一个小的地球仪、篮球、瑜伽球,模拟当地球越来越大时,我们视线观测的范围会越来越接近平面。(帮助学生理解为什么古人没有发现地球是一个球体。)

设计意图:通过引导学生想象古人生活的环境,来认识古人的地球观。通过实验帮助学生理解古人产生"天圆地方"的地球观的原因。

二、激活旧知

任务 1 史料再现

将你所知的能证明地球是一个球体的证据用时间轴进行排列,并用最简洁的方式写在纸上(例如:时间、人物、事件、观点。可以图文并用)。

呈现科学史上具有代表意义的三个事件:毕达哥拉斯设想、亚里士多德设想、麦哲伦航海。

（学生以小组为单位，先进行组内合作讨论，教师及时进行引导。各组将完成的结果呈现在黑板上，如图 1 所示。选取其中一组学生对所收集的史料进行展示汇报。）

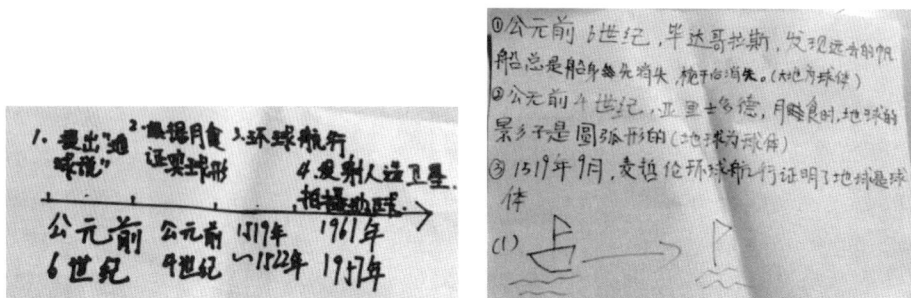

图 1　部分学生成果

设计意图：通过这一环节产生一系列元认知中关于证明地球是一个球体的相关观点。通过史料的呈现，体现科学的经验性、主观性、暂时性。

三、加工展示新知

任务2　寻找证据

1. 在这三个观点中，你最支持谁的观点？

请你以当事人的身份向大家阐述你支持这一观点的理由。（例如，我是＿＿＿＿＿＿＿，我通过＿＿＿＿＿＿＿现象推测地球是一个球体，现在我通过＿＿＿＿＿＿＿模拟实验来证明我的观点。）

2. 假设所有的观点你都不支持，也请说明你的理由。

学生先以小组为单位进行交流讨论，再扮演自己所支持的科学家，介绍观点并呈现模拟实验，如图 2 所示。在小组呈现观点后，不支持该观点的学生可以提出相关证据进行反驳和质疑，开展一场小型的辩论会。

学生在展示、反驳的过程中，逐渐呈现科学家史上的各种观点的局限性：毕达哥拉斯根据远去的帆船船身先消失桅杆后消失的现象，只能得出地球表面为一个弧面；亚里士多德观察到的月食现象也只能说明地球是圆形的（二维），但不一定是球体（三维）；麦哲伦航海只能证明地球是封闭的。通过史料，我们发现麦哲伦在航海前就已经猜想地球可能是一个球体，因此麦哲伦航海是人类历史上第一次从实践层面证实地球是一个球体。

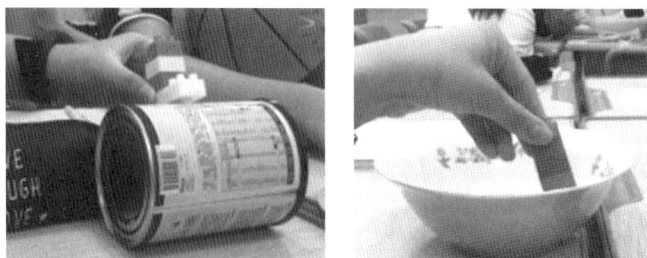

图 2　学生质疑时呈现的部分模拟实验

设计意图:感悟科学结论的得出是受到个人主观意识影响的,体验观点需要有证据的支持,科学是基于实证的。通过对科学家们观点的思考,认识科学的发展具有累积性、暂时性。通过对科学家观点的质疑和反思,体会勇于坚持真理、尊重实证、需要具有怀疑和批判性的精神。

四、尝试应用新知(解决中心问题)

教师:到了17世纪,地球是一个球体的猜想已经被大多数人所接受,人们开始思考:地球到底是一个怎样的球体呢? 是一个正球体吗?

出示史料,并设问:如果你是牛顿,根据地球自转,你会提出怎样的地球观?

通过一个模拟实验模拟地球可能的形状,当实验教具(见图3)转动起来时,中间会鼓一些,两极会扁一点。

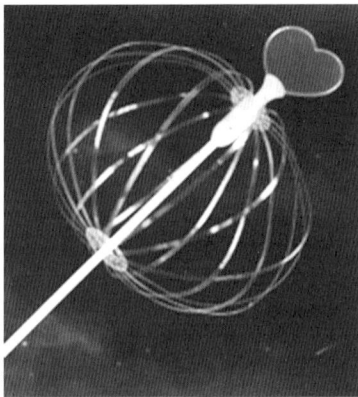

图3　模拟实验教具

但是当时的人们并不接受牛顿的猜想,直到1735—1744年,法国巴黎科学院派出两个探测队分别对南美和北欧的弧度进行测量,测量结果证实地球确实为椭球体。

出示1961年第一张地球照片,直到那时,人们才真正看到地球的形状。

继续出示现代卫星拍摄的地球照片。设问:从照片上看,我并没有发现地球是一个两极稍扁、赤道处略鼓的椭球体呀? 这是为什么呢?

播放关于地球形状和大小的视频,用数据说明地球的确是一个两极稍扁、赤道处略鼓的椭球体。

设计意图:通过介绍牛顿根据地球自转的理论推测地球可能是一个椭球体,体现科学的创造性;通过介绍科学测量证实地球是一个椭球体,体现技术促进科学的发展。

五、迁移解决新疑

在我们建构了地球的模型后,你还想知道地球的内部结构吗? 如果你是科学家,你想怎样了解地球的内部结构?

结合板书建构地球内部结构模型。

播放视频《地心历险记》中的相关视频。

设计意图:猜测科学家从了解地球内部结构到发现地球内部结构是通过根据地震波的相关知识建构的模型推测出来的,体会科学的解释性和技术对科学的影响。

【板书设计】

【特色与亮点】

1.体现科学本质的科学史融入

本节课将大量的展示时间给了学生,让学生重历科学家的研究历程,感悟科学知识受社会与历史环境所影响,体现科学本质的经验性、暂时性、主观性、累积性和创造性。

2.指向深度学习的证据链导向

单一的证据不足以严格证明提出的推测,应寻找多种证据,当多种证据都指向同一种推测的时候,就形成了证据链。本节课开始提供的三个证据:当只有其中一个证据的时候,无法证明地球是一个球体,但是当将它们综合在一起的时候就形成了一条证据链,引导学生进行深度学习,培养信息综合论证的科学素养,体会科学精神。

3.重现科学历程的板书设计

板书是随着课堂教学的不断进行而完善起来的。最初呈现的是一个递进的螺旋状时间轴,在螺旋轴以外,随着科学历史的发展,完善科学事件;内环呈现人类认识地球形状的过程,最外面的圆环则为在这些过程中人们用到的科学方法。最后在地球形状这一部分结束时,呈现出了地球的结构模型板书,继续进行地球内部结构的建模。体现了科学的暂时性、累积性。

地球仪

郭浩佳

（衢州风华学校）

【课标解读】

本节课属于《课标》的核心概念"9.宇宙中的地球"的"地球绕地轴自转"的内容。《课标》的内容要求是,学会在地球仪和地图上,利用经纬度确定某一地点的位置。学业要求是,能在地球仪或地图上通过经纬度定位某一地点,运用二维方式展现三维空间的物体,实现从平面思维到空间思维的转变。教材策略建议是,利用实物模型等创设教学情境,加深学生对所学知识的理解。学习活动建议是,读取地球仪上的经纬度等图注信息,确定地球仪上某一点的经纬度,描述两地之间的相对位置、直线距离等。

【教材分析】

《地球仪》是《科学 七年级上册》(浙江教育出版社)第3章第2节的内容,教材中依次介绍了经纬线、经纬度的制定、半球的划分和利用经纬网定位,随后用乒乓球制作小地球仪的活动,使学生加深对地球仪的认识和了解。教材将制作地球仪作为学习经纬网的一个后置活动,可以看作是对学生已有认知的巩固而非加深。为了激发学生兴趣,本节课尝试将制作地球仪作为贯穿课堂的核心任务,有机融入经纬网基本知识,创设自制地球仪测量距离的情境,通过定极点、标经纬、测距离的进阶任务,达成对经纬网建构及定位的深度学习。

学习重点:建构经纬网确定地球上某地位置的方法。

学习难点:在塑料球上标注经纬网,建构地球仪的原理及方法。

【学情分析】

基于生活经验,学生对经纬网定位有一定认知。此外,学生已在七年级"历史与社会"课程中学习了经纬网定位的相关知识。学生已能运用经纬网定位和划分半球,但是对于经纬线、经纬度概念的理解比较模糊,如果仅通过观察活动让学生重温他们已有的认知,是无趣、低效的,必须引导学生探究地球仪上经纬网的构成,真正理解经纬度的制定,领会建构应用模型的方法,体验深度学习的过程,提升思维品质。

【学习目标】

科学观念:知道地球仪是地球的模型,认识地球仪经纬线与经纬度的空间分布特征,了解经纬度的制定和半球的划分,认识运用经纬网确定地球上某地位置的方法。

科学思维:围绕自制地球仪测量两地距离的核心任务,发展观察、比较、分析、评价等能力,培养发散性思维和建构应用模型的能力。

探究实践:通过小组合作的方式,依次探究极点位置、经纬度标注和距离测算,逐步建构完善经纬网的实物模型,应用模型解决实际问题。

态度责任:关注身边的真实问题,锻炼观察、发现事物的能力,表现出对创新的兴趣,初步形成质疑和创新的品格,增强合作交流的意识。

【教学环节】

一、聚焦复杂的任务

创设情境:青田是浙江著名的侨乡,不少青田人会选择远赴西班牙巴塞罗那。

问题1:浙江青田(28°N,120°E)和西班牙巴塞罗那(41°N,2°E)各属于哪个半球?

问题2:青田距离巴塞罗那有多远?

根据以上两个问题聚焦核心任务:如何测量青田到巴塞罗那的距离?

设计意图:结合地域特征创设情境,基于学生已有认知,创设真实问题,聚焦复杂的核心任务。

二、激发学生好奇心

围绕核心任务,学生发散思维,寻找多种解决路径,如网络搜索资料、利用导航APP查找、利用世界地图量取图上距离并换算成实地距离等。

引导学生对上述方法进行实践评价,结果发现应用这些方法皆难以获取两地间距离,进一步将核心任务聚焦到自制地球仪测量两地间的距离。

设计意图:学生原认为只需要简单搜索就能测量两地间距离,在实践中却发现不可行,这样能有效激发学生的好奇心,能调动其主动性。

三、分解成递进任务

因为青田和巴塞罗那都位于北半球,引导学生将活动目标定位于利用透明塑料半球制成北半球地球仪,并将核心任务分解成递进的三个子任务:一是定极点;二是标经纬;三是测距离。

任务 1 定极点

问题3:透明塑料半球的最高点可表示北极点,如何确定这个点的位置?

支架1:播放定极点的错误方法视频(见图1)。

将塑料半球倒置,球面朝下,目测球面的最低处,将圆规针尖固定在该位置,圆规另一端沿塑料半球的边恰好旋转一周,则圆规针尖所处位置就是塑料半球的最高点,将其标记为北极点。

组织学生交流评价视频中方法的错误之处,需考虑合理性和可操作性。

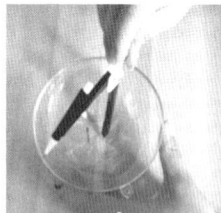
图1 定极点的错误示例

活动1:以四人小组为单位,讨论确定极点的方法,并在塑料半球上完成标注。

交流评价:小组间展示定极点的不同方法。有的采用注水法(将水加入倒置的塑料半球中,若半球底部圆面与水平面平行,接触桌面的是半球顶点);有的采用卡面法(倒置的塑料半球侧面紧靠两个相互垂直的竖直面,接触水平面的就是半球顶点);有的采用目测法(正放塑料半球,标出半球底部圆面的圆心,从半球正上方俯视,标示出圆心竖直正上方的半球顶点)。

问题4:如何判断标注的极点位置是否准确?

支架2:标注准确的极点应竖直投影在底面圆心上。播放检测视频。

将塑料半球正放在水平纸面上,标出半球底面圆心,向半球内充入烟雾,观察光的反射路径。光线朝圆心入射时,会向某一方向反射(见图2),当反射光线和入射光线合二为一时,光线指示竖直方向,该竖直光线接触半球的光点即为半球最高点(见图3)。

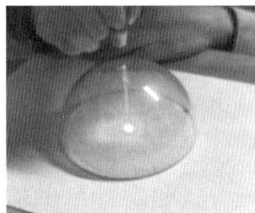

图2 利用投影法定极点　　　图3 竖直光线确定极点位置

各小组利用该方法来检测并修正极点的位置。

设计意图:围绕本节课核心任务,依照制作流程和逻辑关系,将任务依次分解为定极点、标经纬和测距离,三者在难度上存在递进关系。第一项任务有一定的难度且具开放性,囿于课堂时空的限制,可采用错误示例先行的方式,引发学生思考探讨,有利于小组形成更完善的方案。学生的方案皆理论上可行而难以精准操作,实践后需要检验的配合,通过视频演示,有利于激发学生的参与度,为后续准确标注经纬度奠定基础。

四、搭建学习"脚手架"

任务2 标经纬

活动2:观察平面模式图,初识经纬度的制定。

①经度的制定:如图4所示,与0°经线构成经线圈的是180°经线,请学生思考以0°经线为基准,哪个角决定该条经线为180°;在此基础上迁移思考,在图4中标出决定30°E的30°角。

②纬度的制定:如图5所示,赤道又称0°纬线,北极点的纬度为90°N,请学生思考以0°纬线为基准,哪个角决定北极点的纬度为90°;在此基础上迁移思考,在图5中标出决定30°N的30°角。

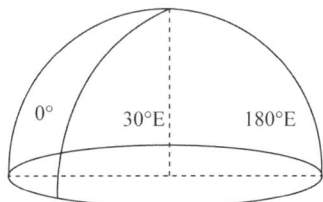

图4 经度平面模式　　　图5 纬度平面模式

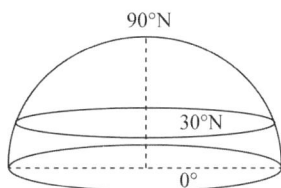

展示学生在平面图中标示的角度,师生交流分析。

支架3:提供立体模型,帮助学生建构经纬度。

将平面模式图立体化,利用泡沫塑料半球制作经度模型,分别沿着0°、30°E到半球轴心切出两个截面,取出切下的部分,观察两个截面间的夹角是30°(见图6);利用1/4泡沫塑料半球制作纬度模型,在其上标示出0°、30°N和60°N,连接赤道圆心和两条纬线上的点,可标出30°和60°(见图7)。

图6 经度立体模型   图7 纬度立体模型

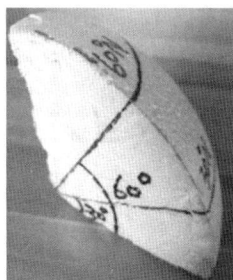

引导学生在平面分析和模型演示的基础上,修正经纬线模式图上30°和60°的角度标示(见图8),加深对经纬度制定的理解。

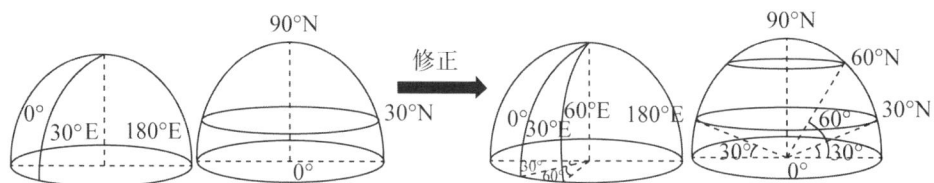

图8 修正后的经纬度模式

组织学生进一步观察模式图中不同角度和对应圆弧的关系,归纳总结绘制经纬线的方法——等分法。若标示30°、60°、90°、120°、150°、180°经线,可将赤道等分为十二份,然后连接北极点和各等分点;若标示30°N和60°N,只需将任一半条经线三等分,连接各等分点,形成与赤道平行的纬线。

活动3:制作半球地球仪,建构经纬网实物模型。

四人小组分工合作,两位组员绘制经线,另两位组员绘制纬线,经线标注在1/2泡沫球上,利用1/4泡沫球将纬线标注在透明塑料半球上(见图9),然后将泡沫球上的经线整合到透明塑料半球上。为保证线条的平整,在绘制曲线时可以使用塑料软条。

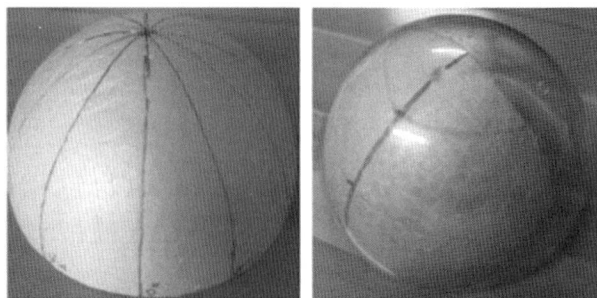

图9 在塑料球上绘制经线与纬线

设计意图：标注经纬线的难点在于确定经纬度，从操作层面来看，学生有能力等距离划分经纬线，但不知其所以然。提供经纬线模式图和立体模型作为知识"脚手架"，先让学生观察模式图，分析经纬度的由来，以此暴露学生的思维障碍，然后演示立体模型，直观呈现经纬线的角度，帮助学生建构认知模型，最后回到模式图，让学生修正完善，以此检测学生是否深度理解经纬度。进一步引导学生观察角度与圆弧的对应关系，发现等分角度就是等分圆弧，从而真正理解等分法可用于经纬线的绘制。

五、完成创造性任务

任务3 测距离

让学生在自制地球仪上近似标注出青田和巴塞罗那的位置，引导学生思考测量两地间实际距离需要获得哪些量。学生经讨论交流后明确需要测量两地间的球上距离、地球仪赤道半径（或周长）和地球赤道半径（或周长），依据比值的方法求得两地间的实地距离。

活动4：测算青田到巴塞罗那的实际距离。

反馈评价：提供青田到巴塞罗那实际距离的数据，比较各小组测算结果，分析差距原因，反思制作及测算的过程。

设计意图：自制地球仪的精确度不高，难以标示两地的准确位置，所以采用近似标注的方法，学生在此主要体会测算的方法。利用地球仪上距离测算实地距离，需要用到比例的概念，可用学生熟悉的地图比例尺类比地球仪比例尺，困难在于选择哪些距离计算比例尺，需要教师引导学生发现可用地球仪和地球的赤道半径（或周长）之比来表示。测算结果的分析促使学生对地球仪制作的精确度和测算过程的合理性进行反思。

【板书设计】

地球仪

核心任务	子任务	操作方法	科学方法
自制地球仪测量两地距离	定极点	投影	比较
	标经纬	等分	模型
	测距离	比例	类比

【特色与亮点】

1.整合内容，引发深度学习

依照教材设置，经纬网基本知识和制作地球仪原是课内学习和课外实践内容，而学生通过"历史与社会"课程已习得。教学时应避免照本宣科"炒陈饭"，需要将概念教学和实践操作整合成具有挑战性的任务，才能引发学生深度学习和思维发展，将经纬网的知识分解为点、线、网融合穿插到制作地球仪的三个环节中，使学生在挑战任务的过程中逐步实现对经纬网模型的深度理解。

2.设置任务,凸显方法提炼

根据经纬网知识的逻辑关系,将核心任务分解成三个子任务:定极点、标经纬和测距离。每个子任务都设置了实践、交流和反思等环节,帮助学生在建构知识的同时提炼方法;从制作技能层面看,每个子任务对应的方法依次是投影法、等分法和比例法,操作方法的确立蕴含着科学思想和方法;从科学方法层面看,三种操作方法的确立依次应用了比较法、模型法和类比法。

3.提供支架,助力思维发展

每个子任务都有一定的难度,难之所在恰是思之所始,应着眼学生的最近发展区,提供适当的"支架"推动其思维发展。比如,学生关注定极点方法的多样性,但缺乏判断优劣的标准,教师应提供竖直光路作为评判标准,增强学生评价方案的意识和能力;学生缺乏对空间角度的认知,需要教师提供经纬线模型,先依托平面图训练学生的空间想象和分析能力,后利用立体模型发展学生的空间思维和建模能力。

地　图

叶　胤

（杭州市钱塘区景苑中学）

【课标解读】

《初中科学课程标准(2011 年版)》中关于本节课的课程内容为:在地图上确定某地的经纬度位置,学会绘制简单平面示意图,关注卫星遥感技术和卫星定位仪的应用;活动建议为:观看电子地图和遥感图像。

【教材分析】

在本节课之前,学生已经初步认识了地球的形状和内部结构,本节课将从地球仪的模型学习(三维)转向地图的学习(二维)。学生在本节课中应学会地图的三要素和如何绘制平面示意图,为之后学习等高线地图、地形图打下基础。本节课具有承上启下的作用。

【学情分析】

小学期间,学生已对地球和地图的概念有了初步的了解,但是对于地图的三要素的认识还停留在表面。此外,21 世纪的学生生活于数字时代,或多或少都接触过地图APP。因此,本节课以高德地图 APP 为载体,学生将利用该 APP 完成若干个活动,在活动中建构地图三要素;利用三要素绘制平面示意图;并通过古今地图对比,能从地图的基本要素方向分析实际问题。

【学习目标】

科学观念:①通过观察和使用地图 APP,掌握地图的基本"语言"。②通过探究绘制学校平面图,体会学习有助于生活的科学观念。

科学思维:①能从纷繁复杂的信息中把握客观规律,把握不同知识信息之间的辩证关系。②自主使用高德地图 APP,获取有用信息,能利用证据证明自己的观点,培养信息意识和理性思维。

探究实践:①学习阅读、应用地图的基本技能。②形成利用地图分析事物分布和获取科学知识的能力。

科学态度:①通过地图 APP 的使用,感受科技发展对生活的影响。②体会知识来源于实际,服务于实践。

【教学环节】

一、聚焦复杂任务

从"新冠"肺炎疫情后期支援武汉说起(假设杭州市钱塘区景苑中学与湖北荆门市育才中学结对),引入主课。

师:杭州市钱塘区景苑中学要给湖北荆门市育才中学送去一些物资,但是不知道具体地址。首先请大家在高德地图 APP 上找到湖北荆门市育才中学的所在位置。

设计意图: 本环节创设在真实情境中遇到的真实问题,吸引学生的注意。

二、激发学生好奇心

任务 1 使用高德地图 APP

任务 1.1 用高德地图 APP 搜索湖北荆门市育才中学。

学生在平板上运用高德地图 APP 先找到湖北荆门市育才中学,再将地图放大一些观察,确认自己找得是否正确,并告诉学生和教师在地图上所观察到的事物(在地图上看到了一个"文"的标记,边上写着"荆门市育才中学"7 个字)。

三、分解成递进任务

任务 1.2 将地图放大一些观察。

还能看到湖北荆门市育才中学附近的小区、审计局和交通局等。

了解表示地理事物的符号,包括它的说明和数字,即图例与注记。

设计意图: 通过探究高德地图 APP,学习地图的基本要素 1——图例与注记。

任务 1.3 湖北荆门市育才中学在浙江杭州市钱塘区景苑中学的哪个方向? 你是如何判断的?

学生在前概念(上北下南左西右东)的基础上进行判断,或是利用平板电脑学习确定方向的新方法——点击"路线-导航",然后出现了一个箭头(指向标),红色箭头所指的方向就是北方。教师引导学生思考在什么情况下采用何种方法更加适合。学生通过观看平板电脑上的图像,说说思路并加以讨论,明白科学和生活之间紧密联系。

设计意图: 培养学生的读图能力,学习地图的基本要素 2——方向中的两种表示方法(一般定向法和指向标定向法)。

教师追问:还有更精确的表示方向的方法吗?

教师可引导学生回顾之前所学知识(经纬线),通过图像法确认方位——经纬网定向法。

设计意图: 培养学生的讨论探究能力,学习地图的基本要素 2——方向中的第三种表示方法(经纬网定向法)

任务 1.4 请你测出杭州市钱塘区景苑中学到荆门市育才中学的直线距离。

有的学生直接点击"导航",会显示距离数据。这时引导学生发现矛盾:显示的数据是开车的曲线距离,不是直线距离。继而引导学生借助比例尺(知道图上 1 单位长度的线段表示实地距离100km),先量地图上的长度,再乘上地图左下角显示的比例,即实际距离。

教师追问:比例尺还有什么表示方法?

通过校内导视图和地图图片尝试讲讲比例尺的其他表示方法。

设计意图:培养学生的读图能力和计算换算能力,学习地图的基本要素3——比例尺及其三种表示形式。

任务1.5　如果我们在湖北荆门市高铁站下车,如何去荆门市育才中学?

运用高德地图APP导航从荆门市高铁站到荆门市育才中学的路线,并对比从杭州市钱塘区景苑中学到荆门市育才中学的路线图中比例尺的变化、表示的范围和详略情况。通过讨论明确科学上大比例尺、小比例尺的界定和它们的特点。

设计意图:培养学生的讨论探究能力,通过具体情境认知,比例尺越大,表示的范围越小,事物越详细。随后,分析讨论得出,分母越大,分数越小,则比例尺越小;分母越小,分数越大,则比例尺越大。

四、搭建学习"脚手架"

任务2　制作校园平面图

任务2.1　如果你第1次自行参观杭州市钱塘区景苑中学,你最需要的是什么?

任务2.2　画出杭州市钱塘区景苑中学的平面图的步骤是什么? 请排序。

(1)选择和设定合适的比例尺;

(2)测量各个地理事物间的实地距离;

(3)设计所要反映的主要地理事物的图例;

(4)绘制草图,然后进行细加工;

(5)确定校园内各个地点的方位、方向,并记录下来。

设计意图:本环节是对之前学习的过程性评价。学生通过应用地图三要素的新知识解决实际问题,学生不仅需要明白三要素的概念、作用,而且需要厘清三要素之间的关系和在绘制中的实际情况。考虑到一节课的时间有限,教学环节并没有真的让学生在课上完成校园平面示意图的绘制,而是选择了对给出的绘图步骤进行排序的任务。这样的设计既保证了课堂效率,又最大限度地保留了真实问题的复杂性。学生虽然没有在事实上解决这个问题,但是完成了解决问题的思维过程。

五、完成创造性任务

任务3　古今地图对比

出示古今巫溪县及周边地图。请学生在两幅地图上找一下明月沱、一碗泉、核桃坝及大宁县(古巫溪县),从地图的基本要素出发谈谈感想。

学生通过观察讨论,发现古代地图缺少比例尺,并且古代人画地图时主观意识比较强,将认为重要的地方画得比较详细,使得各部分比例不一致。

设计意图:本环节学生通过对比古今地图和回答问题完成知识的迁移评价。学生通过对比古今地图的差异,以发展的角度看待地图学,知道地图学的发展与人类的需求和现代科技的发展密不可分。

任务4 即时反馈

1.下列比例尺中,属于线段式比例尺的是 （   ）

A.1：50000

B.五千万分之一

C. |———| 5km

D.图上1cm表示实地距离500km

2.下面四幅平面图中,大树位于学校东北方向的是 （   ）

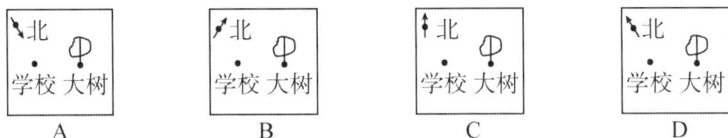

A   B   C   D

3.在图上1cm代表实地距离2000km的世界地图上,赤道线的长度是 （   ）

A.200cm   B.100cm   C.50cm   D.20cm

4.四幅图中,阴影部分表示的实际范围相同的是（   ）

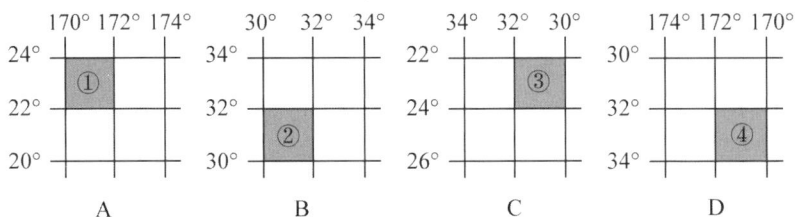

A   B   C   D

A.①②   B.①③   C.②④   D.①②③④

设计意图:用平板电脑答题的优点是,教师可以通过后台即时获得学生的答案,并且学生可以直接在平板电脑上边作图边解释,其他学生可以通过同屏看到大家的分析思路。

【板书设计】

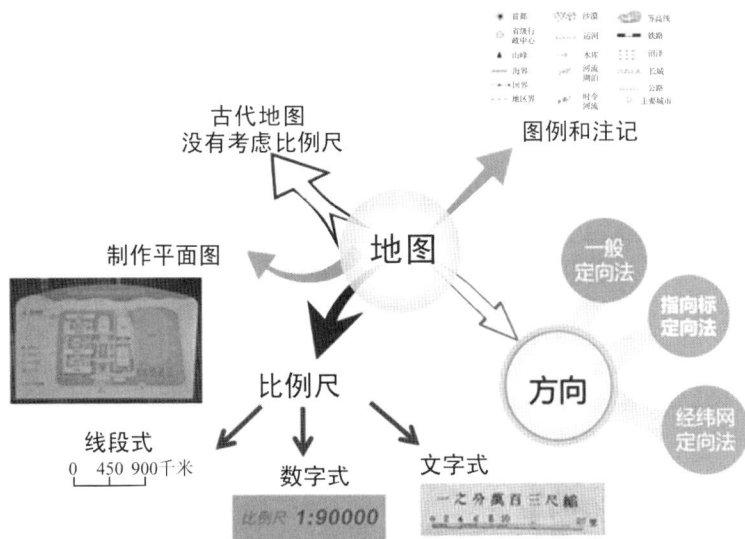

【特色与亮点】

1.体现素养本位的教学活动设计

根据素养本位的教学目标,确定教学活动中采用的完整任务,再根据聚焦完整任务的教学范式将教学分成以下四个环节:引起学生的兴趣、指导学生自觉投入新概念的学习、应用新知解决实际问题获得自信、利用新概念解决新问题获得满足感。

2.信息技术嵌入科学课堂

以生活中常用的 APP 为学习创设真实性情境。以高德地图 APP 作为学习情境的新载体,体现科学从生活中来、科学向生活中去的思想,引出学习主题,使学生提高学习兴趣,并随着情境的迁移,将新知识应用到新的情境之中。

第三方软件为学习评价提供更多支持。通过第三方软件后台获取学生答案的统计数据,帮助教师及时准确地发现学生的问题所在。

3.板书以双重形式呈现

板书用文字＋图片的形式呈现,使学生增强对信息的记忆和理解,降低认知负荷,提高学习效率。

地壳变动的证据

孙超群

（东阳市吴宁第一初级中学）

【课标解读】

"地壳变动与火山地震"属于《课标》中"人类生存的地球"主题中的"地壳运动"专题。本主题的教学过程中，要尽可能多地采取活动形式，让学生认识大自然，了解地壳运动的证据和表现形式，同时也要引导学生认识科学不断发展的本质观。

【教材分析】

本节课的教学主题是"地壳变动的证据"，是学生了解人类生存的地球的范畴、在地球的形状和内部结构基础上的深化学习。从知识原理层面上分析，学生只需了解地壳是不断变动的；从科学方法层面上分析，学生需从具体的学习实践中领悟"科学实证""科学模型""科学本质"等内涵。

【学情分析】

学生尽管已经了解了地球的形状与圈层结构，以及地震、火山等地壳变动的形式，但地壳变动的证据可能是抽象的，且证据与本质之间缺乏一定的关联性，因此，寻找地壳变动的科学证据，并对证据进行分类研究，是学生学习的重点，也是教学需要突破的难点。

【学习目标】

科学观念：通过从"寻找地壳变动的证据"着手，帮助学生形成地壳不断变动的观念，并引导学生感悟科学不断发展的本质观，通过课堂的质疑，引导学生养成科学需要普遍性的实证观念。

科学思维：通过青藏高原成因的建模、地壳变动证据的分类等活动，引领学生感受科学有一套研究方法，形成一系列合理的思维方式。

科学探究：通过建立青藏高原形成的模型，培养提出问题、探究问题、分析问题、获取并分析证据的能力。

社会责任：通过寻找地壳变动的证据，培养"实证意识""求真态度""创新精神"等科学情感态度与价值观。

【教学环节】

一、聚焦挑战性问题

1. 创设情境,引入探究

课前播放歌曲《青藏高原》。

◀◀◀ **资料卡** ▶▶▶

青藏高原海拔在 4000m 以上,号称"世界屋脊",有世界最高大的山脉——喜马拉雅山脉和海拔 8848.86m 的世界第一高峰——珠穆朗玛峰。

信息 1:一位在青藏高原跋涉的旅者,从路边岩层中随手拿起一块小石头玩赏,受小石头纹线的吸引,不禁仔细观察,发现这竟是古代海洋生物化石!近几十年来,科学工作者在青藏高原考察时,发现了许多海洋古生物的化石。

信息 2:一条在三四百万年前天天喝"石灰水"的鱼,以其全身非常粗大的骨骼,见证了青藏高原的隆起和气候的持续干旱化。《美国科学院院刊》曾在线发表了中美古生物学家的最新发现。2005—2006 年,在青藏高原北部、荒凉的柴达木盆地,美国洛杉矶自然历史博物馆的王晓鸣博士与中国科学院的几位古生物学家一起,在干旱的古盐湖沉积地层中取出了一些古鱼类的化石。当化石修复出来后,大家都惊呆了:这条鱼全身的骨骼非常粗大,几乎没有多少空间可供肌肉生长——这在现生鱼类中可是闻所未闻!且这条鱼不是特例,古生物学家们还发现了另外四条相同的鱼,其中三条鱼的长度均在半米以上,估计年龄在 10~15 岁——这对于鱼而言,可算得是高寿。(2008 年 8 月 22 日《新华网》)

2. 提出问题,建立假设

根据以上信息,请提出有科学价值的问题。

整合问题 1:青藏高原上古代海洋生物化石是怎样形成的?

整合问题 2:青藏高原上的鱼化石怎么会有如此大的骨骼?

假设 1:青藏高原曾经是海洋。

假设 2:青藏高原是地壳变动形成的。

3. 寻求依据,链接知识

问题 3:你建立假设的依据是什么?

链接:地球内部的圈层结构分为:地壳、地幔、地核。岩石圈包括地壳和地幔顶部的软流层。

问题 4:若地壳位于软流层上,可能会引起什么现象?

猜想:地壳在软流层上部移动(运动)。

设计意图:教学的问题来源于学生,学生是教学活动的主体。教师的任务不是直接提出问题,而是创设激发学生探究热情的情境,引导学生利用已有知识和科学素养提出有研究价值的问题。

二、激活旧知识,科学解释"青藏高原成因"

(一)建模解释

活动 1

建立模型:请利用橡皮泥、扑克牌及现有的其他材料,建立青藏高原形成的模型。

解释模型:

模型 1:形成过程的不同阶段模型如图 1 所示。

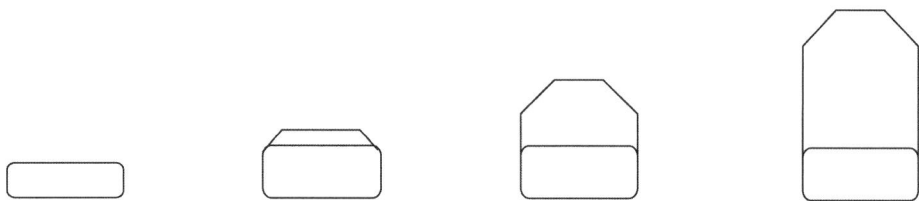

图 1　形成过程的不同阶段模型

模型 2:板块碰撞形成模型如图 2 所示。

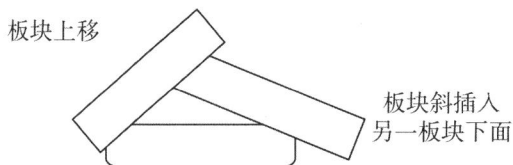

板块上移

板块斜插入
另一板块下面

图 2　板块碰撞形成模型

模型 3:地壳隆起形成模型如图 3 所示。

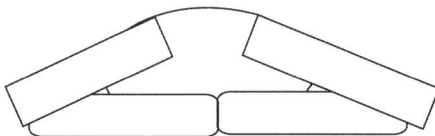

图 3　地壳隆起形成模型

(二)科学假说

1.播放视频:目前科学界认为青藏高原形成的原因。

2.科学家解释粗大骨骼鱼化石的成因:科学家经过两年多的探寻,终于破解了这条被命名为"伍氏献文鱼"的身世之谜。约在 5000 万年前,印度板块与欧亚板块相撞,青藏高原不断隆升。高山阻断了来自印度洋的水汽,使青藏高原北部气候持续变干。原本水草丰美的柴达木盆地,慢慢蒸发成了荒漠和大大小小的盐湖。水越来越咸,到 300 万年前,唯有属于鲤科裂腹鱼亚科的伍氏献文鱼还顽强地生活在盐湖中——它们每天喝着饱含石灰(碳酸钙)和石膏(硫酸钙)的苦咸湖水。在如此"高钙"的环境中,随着年岁的增大,它们的骨骼不断增生,甚至连能长肌肉的地方都很少了。

三、拓展教学,加工展示新知识

(一)证据不能是唯一的

活动 2

证据不能是唯一的:青藏高原的隆起只是一个例子,要得到科学的普遍性结论,还需要大量实例,请寻找证据证明地壳是不断变动的。

学生收集的证据:东非大裂谷的形成、岩石断层的形成、火山和地震的形成、意大利那不勒斯海湾三根大理石柱子的变迁等。

设计意图:该教学环节设计侧重于渗透归纳思维方式,主要培养以下观念:①个别现象也许具有偶然性;②由某类事物的部分对象具有某些特征推出该类事物的全部对象都具有这些特征的推理,或者由个别事实概括出一般结论的推理称为归纳推理(简称归纳);③归纳科学的普遍性结论,需要大量的证据,即科学结论的归纳需要遵从从个别到一般的原理。要得到普遍性的结论,证据不能是唯一的。青藏高原的隆起证明了地壳在不断变动。教学中继续设计第二个核心问题——活动 2,以渗透"证据不能是唯一的"的思维方式。

(二)信息是可以分类的

问题:有许多证据或信息可以证明地壳是不断变动的,那么,这么多证据可否进行分类呢?(即地壳变动的形式有哪些?)

讨论:分类需要一定的分类标准,那么分类标准如何确定?

分类标准 1:按运动的方向分类。

上升运动:喜马拉雅山脉的形成、刚果盆地的形成等。

下降运动:汶川地震、渤海没变浅等。

断裂运动:东非大裂谷的形成、岩石断层的形成等。

分类标准 2:按地壳运动的剧烈程度分类。

缓慢运动:喜马拉雅山脉的形成、刚果盆地的形成、渤海没变浅等。

剧烈运动:火山、地震等。

设计意图:该教学环节设计侧重于渗透分类思维方式,树立以下观念:①分类有利于寻找普遍规律;②分类标准不同,分类结果不同。

(三)结论是可以再现的

大量证据可以证明地壳是不断变动的,那么能否用地壳变动的理论解释一些现象呢?

活动 3

用地壳变动的理论解释现象(小组合作)。

学生分析:意大利那不勒斯海湾三根大理石柱子的变迁。

从其建成时到 15 世纪,地壳下降 6.3m;15—18 世纪,地壳上升 6.3m;18 世纪到 1955 年,地壳下降 2.5m(见图 4)。这是地壳的上升、下降运动,属于缓慢运动。

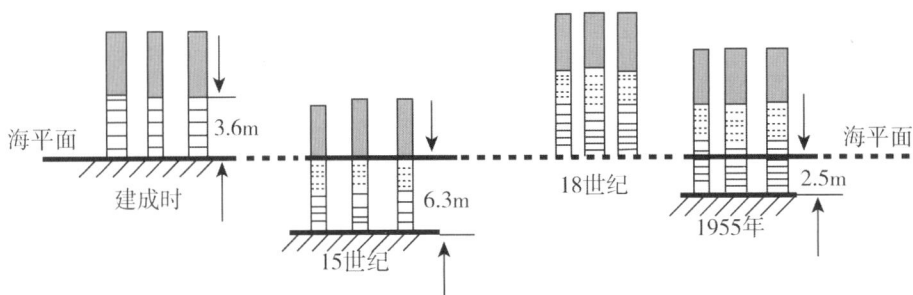

图 4　意大利那不勒斯海湾三根大理石柱子的变迁

应用地壳变动的理论解释其他现象,如华山断层的形成、雅安地震的成因、日本大海啸的成因等。

设计意图:该教学环节设计侧重于渗透演绎的思维方式,树立以下观念:①演绎法或称演绎推理是指人们以一定的反映客观规律的理论认识为依据,从服从该认识的已知部分推知事物的未知部分的思维方法。②演绎法的思维运动方向是由一般到个别,由抽象到具体,即演绎的前提是一般性知识,是抽象性的,而它的结论是个别性知识,是具体的。

四、渗透质疑,尝试应用新知识

活动 4

展开想象的翅膀,讨论:

(1)意大利的那三根大理石柱的升降一定是地壳变动引起的吗?

(2)假如青藏高原并不是地壳变动形成的,那是如何形成的?

(3)你对今天所学知识有怀疑吗?

设计意图:科学是不断发展的思想的渗透:科学知识是开放的、不断发展的。科学知识不是绝对的真理,而是相对的。科学知识可能有偏见或谬误,会随着时代的发展而不断发展。

【课外活动】

为了在教学中渗透 STSE 的理念,设计课外活动:在课堂中制作的青藏高原形成模型的基础上,制作地壳变动的模型,并提倡"废物利用"和注意环境保护。

设计意图:该教学环节设计侧重于引导学生培养良好的态度与责任感,树立以下观念:①科学实证态度;②节能环保意识;③养成实践创新意识。

开展课内外渗透 STSE 的学习活动,以培养学生应用科学知识解决问题的能力,以及科学态度、情感、价值观。在课内开展利用简易材料进行小实验等活动,在课外开展一些与 STSE 相关的社会实践活动,能培养学生的 STSE 理念。还可以开展关于 STSE 问题的讨论或辩论活动,培养学生科学质疑、交流合作的能力,以及培养求真的科学态度。

【板书设计】

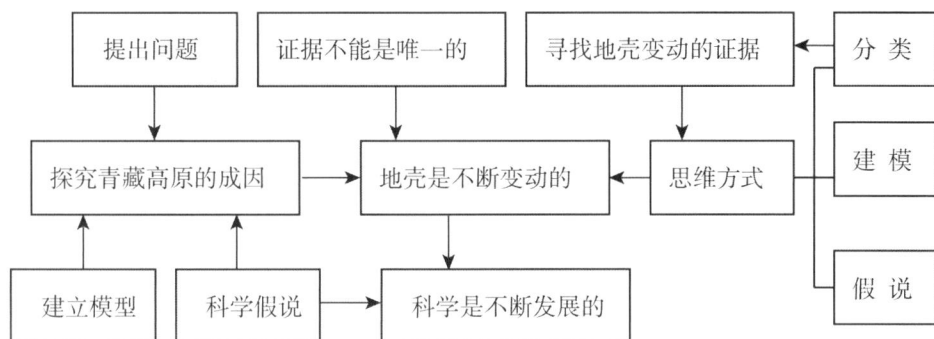

【特色与亮点】

1. 在探究中引导学生体验科学研究的方法

科学本质观规定"探究"是科学的本质特征。科学探究是科学教学的核心,科学教学应体现探究的本质。科学探究的方式多种多样,但科学有一套研究方法。

2. 在活动中引导学生领悟科学思维的方式

科学是一系列的思维方式。教师要让学生掌握科学探究的方法,就需要一系列合理的思维方式。一般来说,科学探究有质疑、观察、提出问题、假设、计划、设计、实验、推理、评价及交流等要素。教师要根据学生和教学的实际,让学生循序渐进地经历部分或全部科学探究所需的思维方式,在科学教学中应对学生的多种思维方式进行潜移默化的渗透式的培养。

3. 在实践中引导学生领悟科学是不断发展的本质观

科学是一个相对完整的知识体系。科学知识是人们对自然界的意义建构,是人们在一定范围和条件下对自然事物合乎逻辑的阐释;科学知识需要观察或实验证据的论证;科学不是绝对真理,它可能有偏见或谬误,它会随着时代的发展而不断发展。

(1)科学知识的追求是过程取向

课堂教学的目的并不在于向学生传授多少知识,更不在于对学生进行多大程度的约束,而是在于促进学生快乐地成长和发展,使他们感悟获取知识的过程远比简单接受知识快乐得多。因此,科学知识的追求是过程取向。

本节课从探究青藏高原的成因开始,到建立模型、解释模型,提出学界目前关于青藏高原成因的假说;从证据不能是唯一的思维方式的渗透,到大量实例的拓展证明;从对证据信息的分类,到渗透分类的思维方式,以及运用理论解释现象等。这些都是对科学知识的追求过程,学生在探究与体验中重视知识背后的精神意义,在探究与体验中养育着科学素养。

（2）科学知识是可认知的

科学知识是可认知的。建构主义学习理论认为,学习不是教师向学生传递知识信息、学生被动地吸收的过程,而是学生自己主动地建构知识意义的过程。每个学生都是在原有学习经验的基础上,对新的信息进行主动选择加工,从而建构自己的理解。学生在原有学习经验的基础上通过自我理解建构的过程,是积极有效的学习过程。

（3）科学知识是相对的

科学知识并非永恒不变的真理,需要通过不断地补充新知识、删除被实践证明错误的旧知识来逐渐积累和发展,因此科学知识体系是开放的,是依靠研究成果来建立、充实和完善的。科学知识是科学研究的基础,即某些科学研究是建立在已有的科学知识的基础上,用现成的科学理论来验证一些新生事物。科学研究是科学知识的来源,在科学研究的过程中可能产生新的科学知识。

4.在科学课内外有机渗透 STSE 理念

渗透科学本质观的教育是新课程改革中要求的"观念课程",是对科学理解的核心,是成功进行科学教育改革的关键。让学生在科学学习中领悟科学的本质,就是接受科学文化的熏陶,是提升科学素养的基本途径。当然,在科学的某一节课上不可能也无需面面俱到地渗透科学本质观教育,但我们教师必须在平常的教育教学实践中多留一个"心眼",从而开发教学资源,在教学中合理、自然、有效地渗透科学本质观,使学生在长期的学习实践中,接受科学本质观的洗礼,在潜移默化中真正提升学生的科学素养。

月　相

——寻找中国文化中的月亮

陈　敏

（杭州市文澜实验中学）

【课标解读】

《初中科学课程标准(2011 年版)》中"地球和宇宙科学领域"中有关月相的内容是，知道阴历与月相的关系，知道朔、望、上弦、下弦的月相。

【教材分析】

月相与我们的实际生活联系十分紧密。通过对月相成因和变化规律的探究，掌握月相变化的规律，并学会应用月相判断日期、时间等。

本节课主要通过实验来探究月相形成的原因。实验学习为学生学好科学奠定了很好的基础。为探究月相的成因，学生以日常的观察作为实验设计的基础，用实验模拟月相的形成，通过实验感受日、地、月三者在不同的位置时呈现的月相，从而得出月相成因以及变化的规律，观察培养良好的科学实验能力。

【学情分析】

学生在小学时已经学习过月相，知道月相在一个月中是有规律地变化的，并能通过观察游戏模拟月相的变化规律，画出不同的月相。七年级学生的认知能力与小学时相比有了很大的提高，可以通过实验寻找月相变化规律，并探究得出月相成因。从小学直观的、感性的学习方法，逐渐衔接到初中理性的，需通过分析、归纳、综合等多种方式的学习方法，在学习方法上逐步提升。

本节课可以采用任务驱动式教学，一条明线和一条暗线并进贯穿始终。明线是以"'寻访'中国文化中的月亮"为中心任务，在回顾了学生六年级所学月相知识的基础上，布置三个任务："寻访"节日中的月亮、"寻访"诗歌中的月亮、"寻访"书画中的月亮。学生在回顾旧知的基础上，积极完成各项任务，最终达成本节课的学习目标。暗线则是通过课堂教学，让学生认识到科学知识的一些本质特征：可检验性、相对真理性、批判性。同时，通过质疑等手段使学生提升科学素养。

在教学过程中可采用以下教学方法：观察法、实验法、比较法、作图法等。

【学习目标】

科学观念：①通过回顾已学知识，掌握月相变化的正确顺序，能熟练地对月相变化进行排序。②通过知识学习及实验，能准确地描述月相变化的原因和月相变化的规律。

科学思维:①通过月相形成的实验和1个月月相观察记录,培养实验探究素养和科学方法素养;通过解读名人书画中的月相,初步接触批判性思维。②通过整理月相知识,以及对月相排序,形成知识与方法的结构化,同时培养学习整理能力。

探究实践:通过模拟实验、观察记录、数据图表信息提取等多种探究方式,培养信息综合论证能力。

科学态度:在探究月相成因的实验中,培养严谨务实的科学态度、细致认真的科学精神;在甄别古人书画中的月相时,培养不迷信、不盲从、求真的科学态度。

【教学环节】

一、聚焦复杂的任务

播放视频《水调歌头》。

提问:古人看到的月亮是怎么样的? 他们所描绘的月亮与我们今天所讲到的月亮是否一样?

聚焦复杂任务:今天,我们要一起来"寻访"中国古文化中的月亮。

设计意图:引起学生的兴趣,让学生体会到中国文化的博大精深,同时聚焦本节课的中心任务——"寻访"中国古文化中的月亮。

二、激发学生好奇心

提问:《水调歌头》中的"月有阴晴圆缺"描写了月亮的什么现象?

月相的定义:地球上看到月亮被照亮部分的形状的变化。

继续追问:它有什么特点? 有什么变化规律? 为什么会有不同的月相? 形成原因如何?

回顾小学所学知识:六年级时,我们已经学习了月相,观察过月亮在一个月中发生的变化,我们当时用了哪些方法来学习月相?

第一种方法:模型法。用一个球制作模型,模拟演示月球绕地球公转——月相形成。

教师引导学生回忆在模拟实验过程中的各个注意点。

第二种方法:观察记录法。

学生记录一个月的月相,并将它们画下来(见图1)。

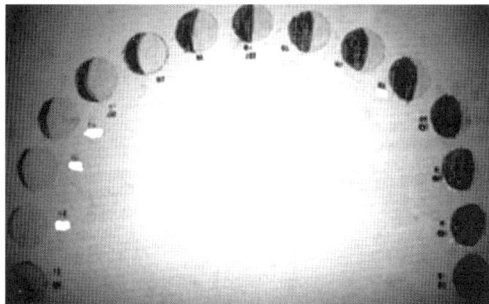

图1 学生绘制的一月月相变化图

设计意图:通过古诗词激发学生兴趣后,引发学生思考一系列问题,激发学生探求科学本质的欲望,激发学生的好奇心,为进一步的科学探究提供动力。

三、分解递进任务

任务 1　给月相排序

将以下杂乱的月相按照正确的顺序排列。

　①　　②　　③　　④　　⑤　　⑥　　⑦　　⑧

学生活动:有的小组重做月相模拟实验,有的小组通过讨论完成月相的排序。

提问:你是怎么记住这些月相的变化规律的?

学生自我小结:最开始是从图片中的右边开始亮,全部亮了之后又是从图片中的右边开始变暗。

教师小结:月相变化周期一般从新月开始,时间是在农历初一,所以我们又把它叫作朔。然后,自西向东月面越来越大,经过峨眉月,到农历初七、初八,变成上弦月,然后是凸月,到了农历十五、十六,这时的月面最大最亮,就是满月了,也叫望。过了望,自西向东月面开始减小,此时为凸月,到了农历二十二、二十三变成下弦月,然后是残月,又到了下一个月的新月。这样一个月相变化的周期时间约为 29.53 天。我们又把它叫朔望月。农历的月份就是以这个变化周期为依据来确定的!

设计意图:提前 1～2 个月布置学生观察月相,每天定时观察与记录,与大家共享,最好是拍照。培养学生观察的意识和记录的习惯,同时激发学生的学习兴趣。这样的方式激活学生的旧知,通过检测了解学生的知识缺陷。

四、搭建学习"脚手架"

任务 2　体验月相不同时日、地、月三者的相对位置

提问:新月、上弦月、满月、下弦月是四个比较特殊的月相,此时,日、地、月三者的位置特殊,到底是怎么样的? 你们可以先回顾之前做模拟实验时的情形,然后以小组为单位,体验当发生这四个月相时,日、地、月三者的位置关系。

学生活动:学生以小组为单位进行活动。选择其中一个月相站出它的位置关系,小组汇报,裁判汇报,本小组所展示的月相,并说明日、地、月三者的位置关系。

设计意图:设计模拟实验,激发学生观察、思考、解惑、质疑,理解月相的形成与本身是不透明球体有关,与日、地、月相对位置,以及月球绕地球公转有关。同时,让学生亲身体验三者的位置关系,直观可见,易于学生理解。

任务 3　分析月出和月落的时间规律

2014 年 7 月,杭州月出和月落的时间见表 1。

表 1　2014 年农历七月杭州月亮起落时间表

农历	月出时间	月落时间	农历	月出时间	月落时间
一日	6:48	18:48	十六日	18:48	6:48
二日	7:36	19:36	十七日	19:36	7:36

续表

农历	月出时间	月落时间	农历	月出时间	月落时间
三日	8:24	20:24	十八日	20:24	8:24
四日	9:12	21:12	十九日	21:12	9:12
五日	10:00	22:00	二十日	22:00	10:00
六日	10:48	22:48	二十一日	22:48	10:48
七日	11:36	23:36	二十二日	23:36	11:36
八日	12:24	0:24	二十三日	0:24	12:24
九日	13:12	1:12	二十四日	1:12	13:12
十日	14:00	2:00	二十五日	2:00	14:00
十一日	14:48	2:48	二十六日	2:48	14:48
十二日	15:36	3:36	二十七日	3:36	15:36
十三日	16:24	4:24	二十八日	4:24	16:24
十四日	17:12	5:12	二十九日	5:12	17:12
十五日	18:00	6:00	三十日	6:00	18:00

请你分析这份数据,特别是针对四个特殊月相,思考三个问题:你能看到新月(或其他月相)这个月相吗? 如果你能看到,是在什么时候? 它在哪一边的天空?

学生思考后得出:上半月的月相出现在上半夜、西边的天空,亮的月面是西半边。下半月的月相出现在下半夜、东边的天空,亮的半面是东半边。

设计意图:学生通过分析数据得出结论,既培养了获取信息、处理信息的能力,也为后续学习打下基础。通过质疑教学,让学生意识到不能迷信书本知识,科学知识是一个相对的真理,提高科学素养。通过对知识的检验,学生认识到科学知识的本质特征之一是具有可检验性。

五、完成创造性任务

任务4 "寻访"传统节日中的月亮

说一说我国传统节日中,哪些是以农历日期定的? 分别是哪一天?

画一画:春节、端午、七夕、中秋四个传统节日的月相。

任务5 "寻访"诗歌中的月亮

说一说有哪些描写月亮的诗句?

小组讨论:张继的《枫桥夜泊》和欧阳修的《生查子·元夕》分别描写的是哪一天的月亮? 为什么?

任务6 "寻访"书画中的月亮

仔细观看丰子恺名画《人散后,一钩新月天如水》。有人认为画中的月亮画错了,有人认为没错,你对此有何理解?

设计意图:通过设立创造性任务,引导学生自主完成,体现了科学探究的可持续性。

在活动中,学生以小组为单位进行合作探究,理解月相的概念、月相的变化规律,认识四个特殊月相。学生对这一部分内容有极其浓厚的兴趣,同时也有很多疑惑,在教学中要力争能把时间充分交给学生,激其思考。

【板书设计】

【特色与亮点】

1.遴选中国文化中的月亮,开发驱动性任务

中国文化博大精深,蕴藏了很多科学知识。将其作为科学教学资源,既将科学知识与人文知识紧密融合,又让科学知识具有生动的内涵。

2.充分利用前概念,开展概念转变教学

学生在生活中对月亮有一定的认识,在课前让学生观察并动手画月亮,以挖掘学生的前概念,帮助他们将头脑中比较零散的影像进行整理。对六年级已经学过的知识,课堂上尽量不再重复,而是利用课前任务及让学生将月相排序的方式,激活学生旧知。这样的教学安排将中、小学科学中月相的相关知识相衔接,学生通过逻辑推理、分析数据等手段,使知识更加完善。

3.运用多种体验方法,让学生学会科学方法

本节课采用让学生自己画月相,结合自己的观察和教师的讲解,再综合利用合作交流、收集信息、优化模拟实验,以及质疑、推理等多种科学方法,培养学生的科学精神,让学生更好地建构知识,充分体现了科学具有可检验性和求真的本质。

指南针为什么能指方向（2）

陈 蕾

（衢州市兴华中学）

【课标解读】

本节课是《课标》核心概念"3.物质的运动与相互作用"的"电磁相互作用"的相关内容。《课标》要求学生知道磁体周围存在磁场并能说出证据，能用磁感线描述磁场特征，知道地磁场的存在及特点，释疑地球表面的指南针为什么能指示南北。

【教材分析】

本节课在初中物质科学部分、物质的运动与相互作用的学习中起到承上启下的作用。磁力知识是运动和力主题下的一个分支，认识磁场需要借助力和运动的知识的。例如，根据力的作用效果判断力的存在、力的方向和大小，是七年级《运动和力》章节学习的应用和深化；本节课内容位于《科学 八年级下册》（浙江教育出版社）第 1 章第 1节，后续内容的学习都需要运用磁场存在、磁场强弱等知识。其中涉及的建模思想方法在之前学习"力的示意图"时有所涉及，在《科学 八年级下册》（浙江教育出版社）第 2 章《物质的模型与结构》中也有系统介绍，因此在教授"磁感线模型"这一内容时要让学生在建模过程中获得丰富的感性体验，理解模型能揭示事物的本质。

教师应该以学生丰富的感性认知为研究起点，通过实验、探究、问题讨论等方式，引发学生理性思考，认识磁场及磁感线模型。本节课知识看似熟悉，但内容较抽象，应考虑将知识内容的学习作为载体，重视已有力学知识的迁移运用，将科学方法、科学思想的渗透等素养指标的落实作为本节课的另一个重点，引导学生观察比较、推测分析、归纳总结，发展理性思维，培养实事求是的科学态度。

学习重点：通过观察、比较和总结，知道磁场的存在及其特点。在合作中探索分析磁场分布的特点，建立模型，揭示磁场的主要特点。了解地磁场和地磁的南极和北极。

学习难点：通过设计实验和观察比较，提炼磁场的主要特点，建立磁感线模型解释磁场的方向和强弱。

【学情分析】

对于磁体、磁极、磁性、磁化知识，学生有比较丰富的认知基础。在小学学习中，学生已经学习过磁铁、磁极、磁极间的作用和指南针能指示南北等知识；初中阶段，学生在本节课之前学习了运动和力、磁性的概念、磁体、磁化等知识。但之前学生对磁性和磁力的认识停留在对现象的描述，没有触及磁力产生的原因、磁力的特征要素描述等。故本节课的关键在于让学生认识到磁场的存在、磁场的存在是磁体受力的本质原因，并通过建模的方式揭示磁场的主要性质。

八年级学生开始由具体思维向抽象思维发展,抽象思维能力逐渐增强;具有较好的观察记录能力,能通过自主学习、合作等多种方式进行探究学习。因此应在教学中,安排合适的学习任务,引导学生观察记录、比较分析,从力的角度确认磁场的存在;从"点、线、面、体"四个维度去发现磁场分布的特点,了解典型磁场的磁感线模型;推测地球表面的磁场分布情况,揭示"指南针为什么能指示南北"。

【学习目标】

科学观念:能用科学语言描述磁场的性质,用小磁针判断磁场的存在和方向;能用磁感线描述磁场特点;知道地磁场的存在及特点。

科学思维:通过创设的问题情境发现问题,运用观察、比较、推测等方法对问题进行论证解释,根据具体现象抽象出事物的本质特征来建立模型,形成知识,并利用所学新知解决新问题。

探究实践:在观察活动和自主探究过程中提升合作意识和探究能力,如根据具体问题提出并优化实验方案,根据方案进行操作并通过观察获取有效依据。

科学态度:经历实事求是获取事实依据并进行论证的过程,培养实证意识;培养坚持不懈地改进研究方法,获取科学事实的精神;坚定客观事实能被科学知识和规律解释的意识。

【教学环节】

一、聚焦挑战问题

教师展示:司南图片(见图1)。

教师展示演示实验:不指示南北的指南针(见图2)。

教师用指南针确认教室方位后,将条形磁体移近指南针,引导学生观察现象,展示不指示南北的指南针,引发学生认知冲突。

图1　司南

设计意图:既展示指南针能指示南北的常见现象,又展示在条形磁体的影响下小磁针无法指示南北的现象,两个现象形成鲜明对比,引发学生认知冲突,为后续引导学生将小磁针的指向改变定位到"受力现象"做好铺垫,激发学生的探究欲望。

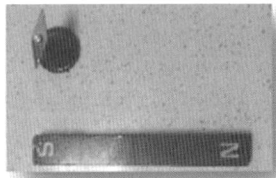

图2　指南针受条形磁体影响

二、激活旧知

引导学生观察分析。

问题1:在条形磁体靠近指南针时,观察到什么?

问题2:物体在什么情况下运动状态会发生变化?

在上述两个问题的指引下,引导学生用运动和力的知识判定小磁针受到力的作用。

思考讨论:条形磁体通过什么使小磁针受力?

问题3:是通过空气吗?

问题4:小磁针在哪里才能受力?

问题5:其他材料能否在磁体周围受力?

针对问题3,学生可能会提出小磁针通过条形磁体受力,这里应引导学生观察两者是否接触(是否必须要接触才能受力)。引导学生举例或进行小实验证明条形磁体不是通过空气使小磁针受力。针对问题4和问题5,引导学生总结出磁体周围存在一种特殊物质,能使放入其中的磁体受到力的作用。

教师总结:磁场存在于磁体周围,能使放入其中的磁体受到磁力的作用。

设计意图:运用七年级力学知识,确认小磁针受力;再进一步分析确认施力物体和受力物体之间的介质,推测不可见的特殊物质的存在。通过问题链引导思考特殊物质存在在哪里、能使哪些材料在磁体周围受力,层层明确磁场的存在和性质。

活动:用小磁针判断磁场的存在。

问题6:判断磁场存在的依据是什么?

问题7:磁体周围空间的什么位置存在磁场?

设计意图:引导学生运用磁场的性质进行磁场存在的判断,明确磁场存在于磁体周围的立体空间中,为接下来从"点、线、面、体"四个维度探究磁场分布特点做好铺垫。

三、加工展示新知

1.一维建模:点

问题1:磁场中的小磁针在某个位置受力,这个力有确定的方向吗?

演示实验:用笔使小磁针转过一个角度,观察小磁针的变化。

带着问题进行实验,确定小磁针在磁场中受到力的作用有确定的方向,两极受到的力方向相反且沿着两极连线朝外。为方便描述某点磁场方向,科学上我们把小磁针北极的受力方向,也就是静止时北极所指的方向,规定为此处的磁场方向。

活动1:观察小磁针的指向,确定条形磁体周围8个特殊位置的磁场方向(见图3),并用箭头表示在图4a中。图4b为正确示范。

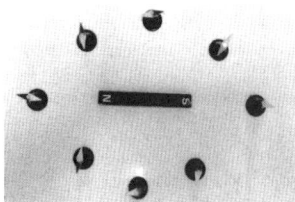

图3 条形磁体周围的小磁针　　　　图4 用箭头表示磁场方向

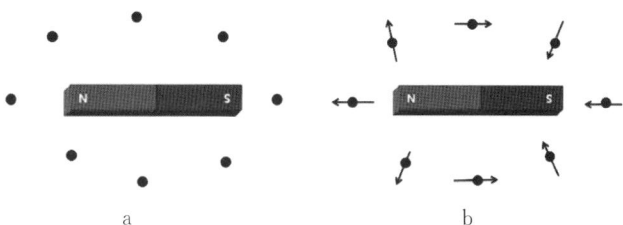

问题2:说一说这8个位置的磁场方向有什么特点。

设计意图:以条形磁体为例,从"点"出发探究磁场方向的特点,引导学生尝试从特殊位置总结规律:北极附近的磁场方向朝外,南极附近的磁场方向朝内;再引发对平面上其他位置磁场方向的猜测:好像总是从北极出发指向南极;进一步激发学生获取事实依据进行探究的动力。

2.二维建模:线和面

问题3:8个位置能否体现整个面的磁场方向?如何确定其他位置的磁场方向?

演示实验:在条形磁体周围排放更多小磁针(见图5)。

问题4:图5a中的小磁针的指向有什么特点?

问题5:标出每个点的磁场方向如图5b所示后,我们能发现磁场方向有什么规律?

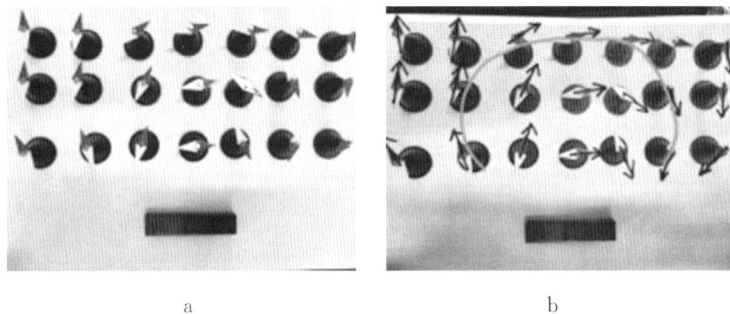

a   b

图5 条形磁体周围的小磁针

小组讨论:还有类似这样由条形磁体的北极指向南极的曲线吗?它们在平面怎么分布?我们怎么寻找?

针对问题4和问题5,学生会想到用更多的小磁针排放在平面上进行探究,在探讨交流中会发现小磁针有一定的体积,需要使用更小的磁针并排放得更密。在教师进一步追问如何寻找更小的小磁针时,可应用前一节课所学的磁化知识,用铁屑进行磁化。

设计意图:基于观察,在问题4和问题5的引导下,学生不难发现平面上的磁场方向有有序的规律,由一条曲线具象化地表示各点有序渐变的方向,引发学生思考这样的趋势在其他位置如何分布。

小组实验:铁屑玻璃板实验。

引导观察:铁屑分布情况见图6。说一说铁屑分布的特点。

任务1:用曲线画出铁屑分布的特点。

学生展示范例见图7。

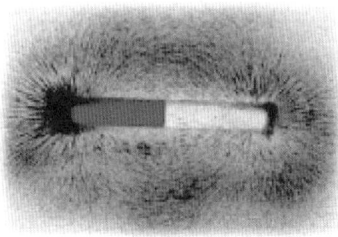

图6 条形磁体周围铁屑的分布   图7 用曲线表示铁屑的分布

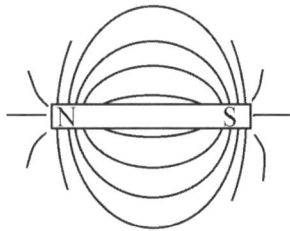

学生可以总结出:铁屑在两极分布较密,在中间分布较疏;铁屑在两极间的排列出现很多曲线,曲线的疏密是两极较密、中间较疏。

任务 2：这些曲线是连续的方向趋势，如何确定磁场方向？请在曲线上用箭头标出。

根据前期确定磁场方向、寻找磁场方向规律的学习经历（见图 8），学生能顺利地在曲线上标出箭头，表示磁场方向（见图 9）。点出法拉第也是这样用带箭头的曲线描述磁场强弱和方向，北极出来，回到南极。曲线越密，磁场越强；曲线越疏，磁场越弱。

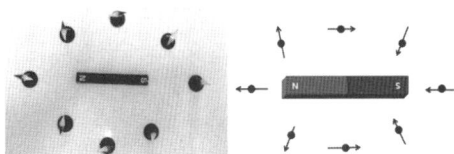

图 8　用小磁针确定磁场的方向　　　　　图 9　用带箭头的曲线描述磁场

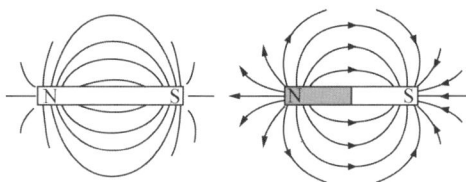

设计意图：从"点"到"线"，从"线"到"面"，从单个的特点到各个点之间的联系，从双方向的特点到方向和强弱两个特点，引导学生在观察分析、明确问题、解决问题中自主思考和探究。

自主建构：马蹄形磁体磁感线模型见图 10。

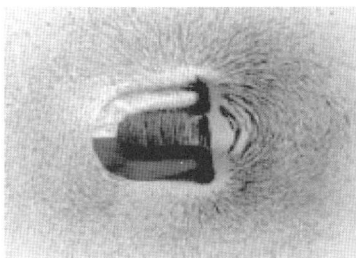

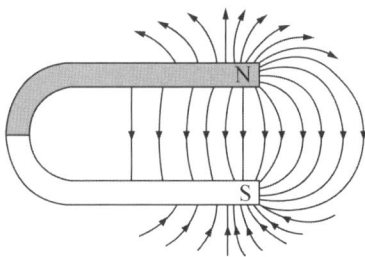

图 10　建构马蹄形磁体磁感线模型

设计意图：进一步巩固探究磁场特点的方法，明确磁感线模型能解释磁场分布特点。

3．三维建模：体

演示实验：以条形磁体为例，观察磁场的立体分布（见图 11）。

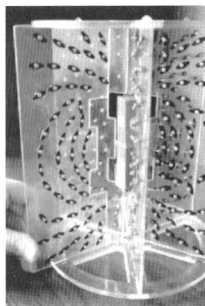

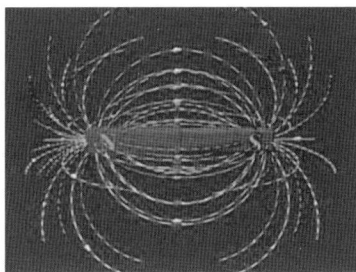

图 11　条形磁体周围立体空间的磁场

设计意图：磁场的立体分布虽不是教学重点，但有助于学生从平面到立体更全面地认识磁场，也是对前面磁场存在于磁体周围的立体空间的呼应。

四、尝试应用新知

问题1：小磁针北极在地球表面总是指向北方（见图12），是什么原因？

问题2：地球表面的磁场具有什么特点？

问题3：地球表面的磁场来自哪里？

基于上述引导性问题，学生可以应用磁场的性质、磁场的方向等知识推测出地球表面的磁场特点，从而推测出地球本身是一个磁体（见图13）。

图12 地球表面的小磁针

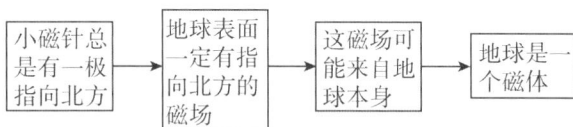

小磁针总是有一极指向北方 → 地球表面一定有指向北方的磁场 → 这磁场可能来自地球本身 → 地球是一个磁体

图13 推测地球本身是一个磁体

设计意图：充分应用新知对地球表面的情况进行推测，依据充分，逻辑严密。

思考讨论：如何理解地磁南极就在地理北极附近？

教师引导：回忆磁感线总是从磁体北极发出，回到南极，可以判断地磁南极就在地理北极附近（见图14）。

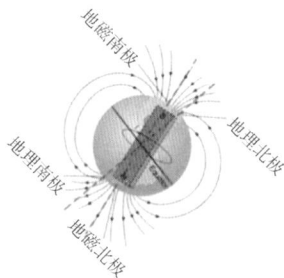

图14 地理南北极和地磁南北极

五、迁移解决新疑

◀◀ **资料卡** ▶▶

罗盘失灵事件

嵊州这个小山村怪石嶙峋，罗盘一靠近就失灵。2021年9月，地质队员正在嵊州白雁坑村做野外调查，发现罗盘失灵。地质队员反复试验，最后确认，正是该地的某一块岩石引起了指南针的失灵。

这究竟是怎么回事呢？

请学生思考并联系引课中指南针不指示南北的现象：

指南针在地磁场的作用下来指示南北。当碰到具有强磁性物质时，指南针的小磁针就会受到强磁场的影响而不再指示南北，即造成了罗盘"失灵"。

设计意图：新闻事件与指南针、地磁场知识密切联系，首尾呼应。引用该情境引导学生应用所学知识解释现象,体现科学STSE的教学理念,使学生认识到科学的本质即能更深刻地解释现象和认识自然。

【板书设计】

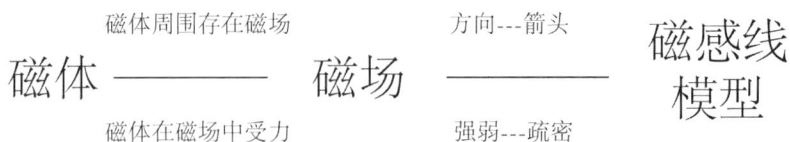

【特色与亮点】

1. 基于学生的认识和能力进行教学

本节课设计的起点牢牢抓住学生已有的知识和经验,通过引导观察、比较、分析来激发学生新知识的形成,促使学生能力的提升。

2. 教学设计重视问题的解决

科学方法的价值在于运用,探究能力的提升在于能解决真实的问题。本节课在建立磁感线模型的过程中,充分暴露探究过程中遇到的困难,让学生在解决实际问题的过程中运用科学方法、获取客观依据,在自主探究和合作学习中提升思维能力和探究能力。

3. 培养学生的实证意识

本节课每一个核心问题的解决都需要充分的事实依据,学生在想办法获取实证、分析实证的全过程中培养了事求是的实证意识。